公務員試験

出るとこ過去問

3 民法II
債権、親族及び相続

国家一般職・地方上級レベル対応

新装第2版

セレクト SELECT

80

JN015598

TAC出版

TAC PUBLISHING Group

● はじめに ●

目指す場所に必ずたどり着きたい方のために──
『出るとこ過去問』は、超実践的 "要点整理集＋過去問集" です。

「公務員試験に合格したい」
この本を手にされた方は、きっと心からそう願っていると思います。

　公務員試験に合格することは、けっして容易なものではありません。勉強すべき科目は多く、参考書は分厚い。合格に必要な勉強時間はおおよそ1500〜2000時間といわれており、準備に半年〜1年かける方が大半でしょう。覚悟を決め、必死で取り組まなければなりません。

　たとえ予備校に通っていても、カリキュラムをひたすらこなすだけでせいいっぱいという方もいるでしょう。独学の場合はなおさら、スケジュールどおりに勉強を進めていくには、相当な自制心が必要です。試験の日程が近づいているにもかかわらず、「まだ手をつけていない科目がこんなにある」と落ち込んでしまう方もいるかもしれません。

　そんな時こそ、本書の出番です。この『出るとこ過去問』は、公務員試験合格のための超実践的 "要点整理集＋過去問集" です。絶対に合格を勝ち取りたい方が最後に頼る存在になるべく作られました。

　おさえるべき要点はきちんと整理して理解する。解けるべき過去問はきちんと解けるようにしておく。それが公務員試験で合格するためには必須です。**本書は、合格のために "絶対理解しておかなければならない要点" の簡潔なまとめと、これまで公務員試験の中で "何度も出題されてきた過去問" だけを掲載しています。**だからこそ、超実践的なのです。

　たくさんの時間を使い、たくさん勉強してきたけれど、まだ完全に消化しきれていない科目がある。そんな方にとって、本書は道を照らす最後の明かりです。**本書のPOINT整理やPointCheckを頼りに重要事項を整理して理解し、過去問が解けるところまでいけば、合格はもうすぐです。**

　いろいろと参考書を手にしてみたものの、どれもしっくりとせず、試験の日程ばかりが迫ってきている。そんな方にとって、本書は頼もしい最後の武器です。**本書をぎりぎりまで何度も繰り返し勉強することで、合格レベルまで底上げが可能となります。**

　道がどんなに険しくても、そこに行き先を照らす明かりがあれば、効果的な武器があれば、目指す場所に必ずたどり着くことができます。

　みなさんが輝かしい未来を勝ち取るために、本書がお役に立てれば幸いです。

2020年3月　ＴＡＣ出版編集部

本書のコンセプト

1. 過去問の洗い直しをし、得点力になる問題だけを厳選

その年度だけ出題された難問・奇問は省く一方、近年の傾向に合わせた過去問の類題・改題はしっかり掲載しています。本書で得点力になる問題を把握しましょう。

<出題形式について>
　旧国家II種・裁判所事務官の出題内容も、国家一般・裁判所職員に含め表記しています。また、地方上級レベルの問題は地方上級と表示しています。

2. 基本問題の Level 1 、発展問題の Level 2 のレベルアップ構成

Level 1 の基本問題は、これまでの公務員試験でたびたび出題されてきた問題です。何回か繰り返して解くことをおすすめします。科目学習の優先順位が低い人でも、最低限ここまではきちんとマスターしておくことが重要です。さらに得点力をアップしたい方は Level 2 の発展問題へ進みましょう。

3. POINT整理と見開き2ページ完結の問題演習

各章の冒頭の**POINT整理**では、その章の全体像がつかめるように内容をまとめています。全体の把握、知識の確認・整理に活用しましょう。この内容は、Level 1 、Level 2 の両方に対応しています。また、**Q&A**形式の問題演習では、問題、解答解説および、その問題に対応する**PointCheck**を見開きで掲載しています。重要ポイントの理解を深めましょう。

注意 本シリーズの「民法I」「民法II」は、下記の国家一般職の科目区分に対応しています。
「民法I」＝民法（総則及び物権）　**「民法II」**＝民法（債権、親族及び相続）
・国家一般職試験で両方を選択される方、民法に区分のないその他の試験種を受験される方は、本シリーズの「民法I」「民法II」の両方を学習する必要があります。

● 基本的な学習の進め方

①理解する　②整理する　③暗記する　④演習する

本書の扱う範囲

　どんな勉強にもいえる、学習に必要な4つのポイントは次のとおりです。本書は、この①〜④のポイントに沿って学習を進めていきます。

①理解する

　問題を解くためには、必要な知識を得て、理解することが大切です。

②整理する

　ただ知っているだけでは、必要なときに取り出して使うことができません。理解したあとは、整理して自分のものにする必要があります。

③暗記する　④演習する

　問題に行き詰まったときは、その原因がどこにあるのか、上記①〜④をふりかえって考え、対処しましょう。

本書の活用法

1. POINT整理で全体像をつかむ

　POINT整理を読み、わからないところがあれば、各問題の**PointCheck**および解説を参照して疑問点をつぶしておきましょう。関連する**Q&A**のリンクも掲載しています。

2. Level 1 ・ Level 2 のQ&Aに取り組む

　ここからは自分にあった学習スタイルを選びましょう。苦手な論点は、繰り返し問題を解いて何度も確認をすることで自然と力がついてきます。

　Level 2 の **Level up Point!** は得点力をつけるアドバイスです。当該テーマの出題傾向や、問題文の目のつけどころ、今後の学習の指針などを簡潔にまとめています。

●本書を繰り返し解き、力をつけたら、本試験形式の問題集にも取り組んでみましょう。公務員試験では、問題の時間配分も重要なポイントです。

　➡ 本試験形式問題集

　『**本試験過去問題集**』(国家一般職・国税専門官・裁判所職員ほか)

●全体像をつかむ POINT整理

① 学習内容の概略
全体像・概略をつかむ

② 関連問題リンク
各項目に関連する問題を表示

③ 詳細解説リンク
PointCheckの対応する解説を表示

●Q&A　Level 1・Level 2

④ 問題
過去問題あるいは過去問題の類題・改題で構成

⑤ PointCheck
問題のポイントに対応した、論点の体系、参考資料、発展テーマなど

⑥ 重要度
学習項目の重要度を★マークの3段階で表示

⑦ 解答解説
正誤のポイントをわかりやすく解説

● 効率的『出るとこ過去問』学習法 ●

1周目

　最初は科目の骨組みをつかんで、計画どおりスムーズに学習を進めることが大切です。1周目は学習ポイントの①概要・体系の理解と、②整理の仕方を把握することが目標になります。

> 最初は、誰でも、「わからなくて当然」「難しくて当たり前」です。初めての内容を無理やり覚えようとしても混乱するだけで終わってしまうことがあります。頭に残るのは全体像やイメージといった形で大丈夫です。また、自力で問題を解いたり、暗記に時間をかけたりするのは効率的ではありません。問題・解説を使って整理・理解していきましょう。

1. POINT整理をチェック

　やみくもに問題を解いても、学習範囲の概要がわからなければ知識として定着させることはできません。知識の中身を学習する前に、その章の流れ・体系をつかんでおきます。

> **POINT整理**は見開き構成で、章の全体像がつかめるようになっています。一目で学習範囲がわかるので、演習の問題・解説がスムーズに進むだけでなく、しっかりした知識の定着が可能になります。ここは重要な準備作業なので詳しく説明します。

(1)**各項目を概観**（5分程度）

　次の3点をテンポよく行ってください。
　①章の内容がどんな構成になっているか確認
　②何が中心的なテーマか、どのあたりが難しそうかを把握
　③まとめの文章を読んで、理解できる部分を探す

> 最初はわからなくても大丈夫です。大切なのは問題・解説を学習するときに、その項目・位置づけがわかることです。ここでは知識の中身よりも、組立て・骨組み・章の全体像をイメージします。

(2)**気になる項目を確認**（30分程度）

　問題・解説の内容を、先取りして予習する感覚で確認します。
　①リファレンスを頼りに各問題や、問題の**PointCheck**を確認
　②まったく知らない用語・理論などは「眺めるだけ」
　③知っている、聞いたことがある用語・理論などは自分の理解との違いをチェック

> 全体像を確認したら、次にやることは「道しるべ」を作っておくことです。内容を軽く確認する作業ですが、知らないことや細かい内容はとばして、自分が知っている用語や理解できる内容を確認し、学習を進める時の印をつけておきます。

2. Level 1 の問題にトライ （問題・解説で1問あたり15分以内が目標）

まずは読む訓練と割り切りましょう。正解をみてもかまいません。むしろ○×を確認してから、どこが間違っているのか、理解が難しいのかを判断する程度で十分です。問題を読んで理解できない場合は、すぐに解説を読んで正誤のポイントを理解するようにしてください。

> はじめは、問題を自力で解くことや、答えの正解不正解は全く考慮しません。また、ここで深く考える必要もありません。大切だとされる知識を「初めて学ぶ」感覚で十分です。問題で学ぶメリットを最大限に生かしましょう。

3. Level 1 の Point Check を確認 （15分程度）

学習内容の理解の仕方や程度を**PointCheck**で把握します。問題を解くための、理解のコツ、整理の仕方、解法テクニックなどを確認する作業です。暗記が必要な部分は、**PointCheck**の文中に印をしておき、次の学習ですぐ目につくようにします。

4. Level 2 の問題の正誤ポイントを確認

Level 1 の問題と同様に読む訓練だと考えて、正誤のポイントを確認するようにしましょう。ただ、長い文章や、**POINT整理**にない知識、未履修の範囲などが混在している場合があるので、学習効果を考えると1回目は軽く流す程度でいいでしょう。また、Level 1 の**PointCheck**と同様、覚えておくべき部分には印をしておきます。

> Level 2 は2周目で重点的に確認するようにします。1周目はとばしてもかまいません。ただ、これからやる学習範囲でも、眺めておくだけで後の理解の役に立ちます。「なんとなくわかった」レベルの理解で先に進んでも大丈夫です。

2周目以降

ここからは、問題を解きながら覚える作業です。大切なのは、「理解できたか・できないか」「整理されているか・されていないか」「暗記したか・していないか」を、自分なりにチェックしていくこと。できたところと、難しいところを分けていきましょう。

> 2周目でも、100パーセントの体系的理解は必要ありません。どうすれば正解に至ることができるかを自分なりに把握できればいいのです。最終的には自分の頭で処理できることが目標なのです。

2周目以降は、もうやらなくていい問題を見つける作業だと考えてください。「ここだけ覚えればいい」「もう忘れない」と感じた問題は切り捨てて、「反復が必要」「他の問題もあたっておく」と感じる問題にチェックをしていきます。

> ここからが一般的な問題集の学習です。3周目は1日で全体の確認・復習ができるようになります。ここまで本書で学習を進めれば、あとは問題を解いていくことで、より得点力を上げていくこともできます。一覧性を高め、内容を絞り込んだ本書の利点を生かして、短期間のスピード完成を目指してください。

出るとこ過去問　民法Ⅱセレクト80

CONTENTS

CONTENTS

公務員試験

国家一般職
地方上級レベル対応

出るとこ
過去問

③

民法Ⅱ

債権、親族及び相続

セレクト80

Level 1　p4～p17　Level 2　p18～p23

1 債権の種類

Level 1 ▷ **Q07**

債権：特定人が特定人に対して財産上の行為を要求する権利

債権の性質：①相対性（特定人のみに主張）、②平等性（同内容のものが同時に成立）

　　　　　　③譲渡性、④不可侵性（債権侵害に損害賠償・妨害排除が可能）

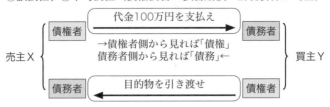

(1)特定物債権

特定物の引渡しを内容とする債権。

①特定物：不動産・中古車など物の個性に着目してそれを取引する場合。

②特定物の引渡し：債務者は、契約・社会通念で品質を定められない時は、履行期の現状で、目的物を引き渡せばよい（善管注意義務あり）。

(2)不特定物債権（種類債権）

不特定物の引渡しを内容とする債権。完全の物を引き渡すまで債務者は義務を免れない。

①不特定物：引渡しの目的物を物の種類と数量で定めた場合（例：ビールを1ダース配達せよ）。代替物に限らず、不代替物でもよい。

②不特定物の特定：引き渡すべき物が、「このビール」というように、具体的に決まること。特定が生ずると、特定物とほぼ同じになる。

③特定が生ずる時点：a．債務者が給付をするのに必要な行為を完了したとき　b．債務者が債権者の同意の下に給付すべき物を指定したとき

種類	給付に必要な行為	特定が生じる時点
持参債務	債権者の元に届ける	債務者が完全な目的物を債権者の住所まで持参
取立債務	債権者が引き取りに行く	債務者が債権者に催告をし目的物を他の物と分離

(3)選択債権　▶p16

数個の給付の中で、選択によって定まる物の給付を目的とする債権。

①選択権者：a．特約（債権者・債務者・第三者）　b．債務者

②選択権の移転：弁済期到来後選択なし→催告→相手方に選択権移転

③選択債権の特定：選択（遡及して目的物が特定）、不能（選択権者過失なら残部に特定）

2 債務不履行の態様

Level 1 ▷ **Q01,Q02**　Level 2 ▷ **Q08,Q09**

(1)債務不履行による損害賠償 (415条1項)

①債務者がその債務の本旨に従った履行をしないとき（履行遅滞・不完全履行）

②債務の履行が不能であるとき（履行不能）　→債権者は損害賠償請求が可能

(2)債務不履行損害賠償の帰責事由（＝免責事由、415条1項ただし書）

　債務の不履行が「契約その他の債務の発生原因及び取引上の社会通念に照らして債務者の責めに帰することができない事由」によるものであるときは、賠償責任は負わない。

(3)債務不履行による填補賠償（415条2項）

　1項の損害賠償の請求をすることができる場合に債務の履行に代わる損害賠償の請求をすることができる（①債務の履行が不能であるとき、②債務者がその債務の履行を拒絶する意思を明確に表示したとき、③契約が解除され、または債務の不履行による契約の解除権が発生したとき）。

3 債務不履行と契約の解除　　Level 1 ▷ **Q03〜Q06**　Level 2 ▷ **Q09,Q10**

(1)債務不履行による損害賠償責任 ▶ p6　▶ p8

　①損害賠償の範囲（416条）：相当因果関係の範囲内の損害（a＋b）

　　a．債務不履行によって通常生じる損害（通常損害、1項）

　　b．債務者が不履行当時、予見すべきだった事情から生じる損害（特別損害、2項）

　②過失相殺→債権者にも過失のあるときは、必ず減額する。免責も可能

　③金銭債務の場合の特則→責任の要件・責任の内容について特則あり

(2)契約の解除 ▶ p12

　①催告による解除権発生（541条）

　　相当の期間を定めて催告→その期間内に履行なし→解除権発生

　②無催告による解除権発生（542条）

　　履行不能、債務者の履行拒絶、定期行為など

　③債務者に帰責事由がない場合でも、債権者は解除が可能

　④契約・社会通念に照らし期間徒過の不履行が軽微なら解除権不発生（541条ただし書）

　⑤債権者に不履行の帰責事由がある場合は解除できない（543条）

(3)解除権の行使 ▶ p10

　①相手方に対する意思表示で行う（単独行為）

　②解除権の不可分性（544条）

　　契約の当事者が複数いる場合は、全員が全員に対して解除の意思表示をすること（例外：共有物の賃貸借契約を解除する場合、持分の価格の過半数でよい）。

　　当事者の一人について解除権が消滅した場合、他の者の解除権も消滅する。

(4)契約の解除の効果 ▶ p14　▶ p22

　契約関係の遡及的消滅（直接効果説）→原状回復請求権発生

　①解除前の第三者との関係

　　解除の遡及効は、第三者の権利を害することができず（545条1項但書）、第三者が保護される。ただし、第三者には登記を得ることが必要とされる（権利保護要件）。

　②解除後の第三者との関係

　　解除により復帰的物権変動が生じたものとし、第三者との間に二重譲渡があったものと扱う（177条により登記の早い者勝ち）。

Q01 履行遅滞

問 履行遅滞に関する次の記述のうち明らかに誤っているものは、次のうちどれか（争いのあるときは、判例の見解による）。 (裁判所職員改題)

1 平成30年4月1日に支払うという約束の債務は、その日の経過により履行遅滞となる。
2 Aが死亡したら支払うという約束の債務は、Aが死亡した日の翌日から履行遅滞となる。
3 弁済期の定めのない消費貸借に基づく借主の返還債務は、貸主が期間を定めずに催告した場合、催告後相当期間を経過した時に履行遅滞となる。
4 錯誤による取消しを理由とする売主の代金返還債務は、買主が履行を催告した日の翌日から履行遅滞となる。
5 不法行為に基づく損害賠償債務は、損害の発生と同時に履行遅滞となる。

PointCheck

◉履行遅滞の発生時期と消滅時効の起算点の比較……………………………………【★★★】
・履行遅滞は、債務者が履行できるのに履行しない場合に発生する。
・債権の消滅時効は、債権者が権利を行使できるのに行使しない場合に発生する。

	履行遅滞になる時	消滅時効の起算点
確定期限のある債務	期限が到来した時	期限が到来した時
不確定期限のある債務	①期限到来後、債権者が請求した時、②期限の到来を債務者が知った時のいずれか早い時	期限が到来した時
期限の定めのない債務	債権者の請求があった時	債権が成立した時
	（消費貸借の場合）債権者が催告した後、相当の期間が経過した時	（消費貸借の場合）債権成立時※相当期間経過後とする説もある
	（不法行為の場合）不法行為の時＝損害発生時	（不法行為の場合）被害者（法定代理人）が損害と加害者の両方を知った時

◉履行遅滞の要件（履行期以外）のポイント……………………………………【★★★】
⑴履行遅滞中の不能の場合
　履行遅滞中に債務の履行が不能になれば、その時から履行遅滞ではなくなり、履行不能となる。この遅滞中の不能は、遅滞と不能との間に因果関係がある限り、たとえ不可抗力によるものであった場合でも、債務者の責めに帰すべき事由と扱われる（判例）。債務者が履行すべき時期に履行していれば不能にならなかったはずだからである。改正された413条の2第1項は、遅滞中の不能は債務者の帰責事由として明文化している。

⑵**債務者の帰責事由（免責事由）**

①債務不履行を理由に損害賠償の請求をなすためには、不履行が債務者の責めに帰すべき事由に基づいて生じたことか否かが問題となる。415条1項ただし書はこの帰責事由を「契約その他の債務の発生原因及び取引上の社会通念に照らして債務者の責めに帰すことができない事由」と規定し、帰責事由がないことは、債務者側で証明しなければならないとする（免責事由）。これに対し、強制履行の手段をとるのであれば、債務者の帰責事由は問題にならない。債務者は、その債務を履行して当然だからである。

②債務者の責めに帰すべき事由には、履行補助者の故意・過失が含まれる（改正前の判例）。履行補助者とは、債務者が債務の履行にあたり、自分の手足のように使用するものであり、履行補助者の使用はすべての債務において可能である。履行補助者の例としては、賃貸借の目的物を賃貸人の承諾を得て転借した転借人がある。転借人の故意・過失がある不履行は免責事由にならない（**Q08** 参照）。

③金銭債務についての不履行は、債務者に帰責事由がなくとも債務不履行責任が発生する（**Q03** 参照）。

⑶**不履行の違法性**

債務者に、同時履行の抗弁権や留置権がある場合には、債務者は履行を拒めるのであり、履行期を過ぎて履行していなくても、「契約その他の債務の発生原因に照らして」違法とはいえない。

A01 **正解—2**

1—正　4月1日が期限であるから4月1日に履行すればよい。その日が経過した翌日から履行遅滞となる。

2—誤　Aが死亡した時という期限は、不確定期限である。不確定期限の場合は、期限の到来した後に請求を受けた時または期限到来を債務者が知った時から遅滞になるのであって、期限到来（Aの死亡）の翌日からではない。

3—正　消費貸借の場合、返還の期限を定めていない場合であってもすぐ返還せよとはいえない。債権者は「相当の期間」を定めて返還の催告をすることが必要である。その相当の期間内に返還すれば、債務者は履行遅滞とはならない。このように扱う理由は、消費貸借では返還すべき物を借主は消費してしまっており手元に置いてはいないからである。

4—正　契約が取消しによって無効となった場合、売主がすでに受け取っていた代金は不当利得となる。この返還債務は、期限の定めのないものであるから、債権者の履行の請求を受けた時から（正確には、その翌日）から、履行遅滞となる。

5—正　本来、不法行為に基づく損害賠償債務は期限の定めのない債務として、債権者（被害者）の請求の時から遅滞になりそうであるが、判例は、被害者保護の見地から、政策的に、損害の発生と同時に履行遅滞になるとしている。

5

Q02 債務不履行・相当因果関係

問 民法に規定する債務不履行に関するA〜Dの記述のうち、通説に照らして、妥当なものを選んだ組合せはどれか。 (地方上級改題)

A 契約から生じた債務が、債務者の責めに帰すべき事由によって不能になった場合において、債権者は、その契約を解除しなければ、本来の履行に代わる損害賠償を求めることはできない。

B 債務の履行について確定期限があるときは、その期限が到来しても、債権者からの履行の請求を受けなければ、債務者は遅滞の責任を負うことはない。

C 債務不履行に対する損害賠償の請求は、通常生ずべき損害の賠償をさせることを目的とするが、特別の事情により生じた損害であっても、当事者がその事情を予見すべきであったときは、債権者は、その賠償を請求することができる。

D 金銭給付を目的とする債務不履行については、その損害賠償額は、法定利率により定めるが、約定利率が法定利率を超えるときは、約定利率によるものとする。

1 A、B
2 A、C
3 A、D
4 B、C
5 C、D

PointCheck

◉相当因果関係の範囲の損害 ･･･【★★★】

債務不履行によって生じた損害のうち、債務者が賠償すべき責任を負うのは、債権者がそれによって被った全損害ではなく、債務不履行と相当因果関係に立つ損害に限られる。相当因果関係に立つ損害とは、その債務の不履行によって、経験上、通常発生するといえる損害である。その場合、債権者がどのような状況下に置かれていたかによって、通常発生するといえる損害の範囲に差異が生ずる。そこで、相当因果関係説は、

①通常の事情から生ずる損害（通常損害）は、誰でもその事情は想定できるのであるから、その事情があれば通常発生するといえる損害は、当然に相当因果関係の範囲内にある。

②特別の事情、すなわち、その債権者のみに存在したような特殊事情から生じた損害（特別損害）は、原則として、相当因果関係の範囲外となる。しかし、債務者が債務不履行の当時、そのような特別の事情があるとことを予見すべきであったときには、その特別の事情も踏まえて、相当因果関係の有無を判断してよいとしている。

〈特別損害として重要なもの〉

⑴債務不履行の後、目的物の価格が騰貴した場合

→価格が騰貴する状況にあったということを特別の事情としてとらえる（判例）。債務者が、その特別の事情を知っていたか、または知り得べき場合には、騰貴した価格で損害を算定することができる。

⑵債務不履行の後、目的物の価格が騰貴したが、その後下落している場合

→⑴の要件に加えて、債権者が転売などの方法により、その騰貴した利益を確実に取得したと予想される場合に限り、騰貴していた最高価格（中間最高価格）を基準にして損害を算定することができる。

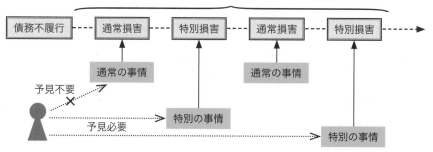

A02 正解—5

A—誤 履行不能になったことによって、本来の履行は「本来の履行に代わる損害賠償（填補賠償）」に変形していると考えられ、解除をしなくても、この賠償を請求することはできる。改正によって、履行不能・債務者の履行拒絶・契約解除の場合に、本来の債務の履行に代わる損害賠償請求が明文化されている（415条2項）。

B—誤 確定期限のある債務では、債務者はいつ履行すべきかを知っているわけであるから、期限が到来したのに履行しなければ、それだけで履行遅滞となる。

C—正 416条2項は、当事者が特別の事情を予見すべきであったときはその特別の事情により生じた損害（特別損害）も請求できると規定している。よって、Cは正しい。なお、判例・通説は、法文上は「当事者」となっているものの、「債務者」が予見できれば足りると解している。

D—正 例えば、年利10％（これが約定利率）で金銭を借りていた場合には、履行遅滞になったときも、年10％の割合で遅延賠償を払わなければならず、法定利率の年3％では足りないということである（419条1項ただし書）。

以上より、妥当なものは**C、D**であり、正解は肢5となる。

Q03 債務不履行の損害賠償

問 債務不履行に基づく損害賠償の請求に関する次の記述のうち、妥当なものはどれか。

(地方上級改題)

1 履行が債務者の責に帰すべき事由で遅滞となった後であっても、不可抗力によって債務の履行が不能となった場合には、履行不能に関しては債務者の責任は生じない。

2 当事者があらかじめ債務不履行の場合に賠償すべき額を定めた場合は、その額が過大または過少である場合であっても、裁判所はその額を増減することができない。

3 金銭債務の遅滞については、その原因が不可抗力に基づくことを証明しても、賠償義務を免れえない。

4 精神的損害に対する賠償請求は、不法行為については認められるが、債務不履行については認められない。

5 違約金は、民法上、損害賠償の最低額の予定と推定される。

PointCheck

◉損害賠償···【★☆☆】

⑴損害

　①財産的損害（積極的損害・消極的損害）、②精神的損害

⑵賠償額

　①過失相殺：債権者にも過失があった場合に、過失の割合に応じて賠償額を減額

　②損益相殺：債務不履行で債権者が得た利益や免れた出費を損害額から控除

　③損害賠償の予定：損害・賠償額立証の困難性を回避するため賠償額を予定

　④金銭債権の特則：履行遅滞があれば、常に法定利息相当額の損害が発生

　⑤中間利息の控除：逸失利益や費用負担の利息の控除は法定利率による

◉金銭債務の債務不履行の場合の特則······················【★★★】

　金銭債務、すなわち金銭の支払いを内容とする債務は、履行不能ということがない。金銭は利息を払えばいつでも入手可能なものだからである。そこで金銭債務については、債務者は不可抗力をもって抗弁することができないと規定した（419条3項）。また、債権者は損害賠償を請求するにあたり、いちいち損害を証明する必要がないものとして（同条2項）、損害については、一律に法定利率（年3％）を基準に算定する。ただし、約定利率が法定利率を超える場合には、約定利率によるものとした（同条1項）。

◉損害賠償額の予定··【★★☆】

　損害賠償額の予定とは、契約の当事者が、債務不履行があった場合に相手方に賠償すべき金額をあらかじめ定めておくことである（420条）。債務不履行があれば、損害額の証明を

しなくても、予定されていた賠償額を請求することができる。したがって、債権者はいちいち損害額の証明をする手間を省くことができて有利である。また、その予定額が実損害よりも多めに定められていたときは、債務の履行を確保するという機能も果たす。逆に、その額が実損害よりも低めに定められていた場合には、債務不履行の場合における債務者の負担を少なくするという機能を果たす。例えば、公共輸送機関に遅れが生じた場合、急行などの料金の払戻ししか行われないことになっているのがこの例である。

　損害賠償額の予定がなされている場合には、裁判所はその合意に従って裁判することになる。債務不履行の責任の内容を定めることも契約の自由に含まれるからである。ただし、以前規定されていた「裁判所は、その額を増減することができない」の文言は削除された。当然、賠償額の予定が著しく債務者に酷な場合には、暴利行為（公序良俗違反）ともなり、民法90条によりその合意は無効となる（判例）。もちろん、利息制限法や消費者契約法の「賠償額の予定の制限」も適用される。

〈損害賠償額の予定と過失相殺〉

　損害賠償額の予定（履行遅滞の場合の予定）が定められていた場合であっても、履行が遅れたことについて債権者にも過失が認められるときは、損害賠償の予定額に対して過失相殺をすることができるとするのが判例である（最判平6.4.21）。

◉違約金‥‥‥‥‥‥‥‥‥‥‥‥‥‥‥‥‥‥‥‥‥‥‥‥‥‥‥‥【★☆☆】

　違約金というのは、約束に違反した場合に支払う金銭であるが、これには、債務不履行の場合に、実損害の賠償とは別に、制裁金として払わされる金銭として定めた場合（違約罰）と、制裁金ではなく損害賠償責任を負う場合の予定額すなわち賠償額の予定として定めた場合とがある。どちらの合意も有効であるから、債権者は合意の内容を立証してどちらの請求でもなし得る。どちらの合意であるかを立証できない場合には、民法は、賠償額の予定になると推定している（420条3項）。

A03 正解－3

1－誤　履行遅滞中に生じた履行不能の場合であるから、遅滞がなければそのようなことにならなかったといえる限り、たとえ不可抗力によって不能となった場合でも、債務不履行の責任は免れない（413条の2第1項）。

2－誤　損害賠償の予定額を裁判所は、増減することはできないとの規定は改正により削除された（420条1項、後段のみ削除）。

3－正　金銭債務については、履行遅滞が不可抗力に基づいたといえる場合であっても、債務不履行の責任を免れることはできない（419条3項）。

4－誤　債務不履行により精神的損害を受けた場合（例えば、手術の失敗など）にも、その賠償（慰謝料）を請求することができる。

5－誤　民法は、違約金を賠償額の予定と推定しているが（420条3項）、その額を最低額と扱うとは規定されていない。

Q04 契約の解除

問 法定解除に関する次の記述のうち、妥当なものはどれか。

1 解除は、契約が初めから存在しなかったと同様の効果を生じさせるので、債務不履行も初めからなかったことになり、損害賠償請求権は発生しない。

2 相手方が同時履行の抗弁権を有する場合には、自己の債務の履行の提供をしなければ解除することはできない。

3 いわゆる定期行為の履行遅滞についても、相当の期間を定めて催告をした上でなければ契約を解除することはできない。

4 解除は相手方に対する一方的な意思表示によってこれをすることができ、その後にこれを法的に撤回することができる。

5 解除される方の当事者が多数ある場合にも、そのうちの一人に対して解除の意思表示をすれば、全員について解除の効果が生ずる。

PointCheck

◉解除権の不可分性 ·······························【★★☆】

　解除権の不可分性とは、「当事者の一方が数人ある場合には、契約の解除は、その全員からまたはその全員に対して」しなければならないことをいう（544条1項）。例えば、ＡＢがその共有地をＣに売却したが、Ｃがなかなか代金を支払わないので、ＡＢの側から契約を解除しようとする場合、ＡＢは2人そろって解除の意思表示をしなければならない。また、逆に、ＡＢが土地を引き渡そうとしないので、ＣのほうからＡＢとの契約を解除しようとする場合にも、Ｃは、ＡとＢ2人に対して解除の意思表示をしなければならない。

　民法がこのように定めた理由は、契約がＡまたはＢどちらか一方との間でだけ解除されたのでは、法律関係が複雑になってしまうことと、一人の解除が全員に効果を生じると不都合があることからである。そこで、全員で解除の意思表示をすることとしたのである。さらに、この場合、解除権を持っていた数人のうち、ある者の解除権だけが消滅することがある。その場合には、解除権のある残りの者だけでなした解除の効果を全員に及ぼすか、あるいは一人の解除権が消滅したら全員の解除権が消滅するとするか、どちらかにしなければならない。この点について民法は、当事者の一方が数人ある場合において、当事者の一人について解除権が消滅したときは、他の当事者の解除権も消滅すると規定した（同条2項）。要するに、民法は、解除ができるだけ「やりにくくなる方向」で規定を置いているのである。

◉解除権の消滅する場合 ·······························【★★☆】

①相手方の催告（547条）

　解除権の行使について期間が定められていない場合は、相手方に催告権が認められている。すなわち、相手方は、相当の期間を定めてその期間内に解除するかどうか確答すべ

問題でPointを理解する
Level 1 **Q04**

第1章
第2章
第3章
第4章
第5章
第6章
第7章
第8章

き旨を催告することができる。その期間内に解除の通知を受けないときは、解除権は消滅する。

②目的物の損傷等（548条）

解除権を有する者が、故意・過失によって目的物を著しく損傷させたり、返還できなくさせた場合など。この場合には、その者の解除権は消滅する（約定解除権を有していた場合にはこのような場合が起こる）。ただし、解除権を有することを知らない場合は消滅しない。

③消滅時効

解除権も時効により消滅し得る（改正前の判例は、解除権の消滅時効期間を10年としている）。その起算点は、解除権の発生した時である。

●定期行為………………………………………………………………………………【★★★】

定期行為というのは、「契約の性質または当事者の意思表示により、特定の日時または一定の期間内に履行をしなければ契約をした目的を達することができない場合」をいう（542条1項4号）。例えば、葬儀用の花を葬儀の日時に合わせて届けてもらうことにした場合や、クリスマスケーキをクリスマスに届けてもらうこととした場合が定期行為の例である。定期行為の場合には、所定の時期に履行がなされなければ、債権者は、ただちに契約を解除することができる（542条1項本文）。相当の期間を定めた履行の催告は不要である。なぜなら、定期行為が履行期になされなかった以上、それは債権者にとってはもはや履行してもらっても何の価値もないものとなっているからである。

A04 正解—2

1—誤　解除をしても、債務不履行により発生していた損害賠償責任まで消滅するのは不当であるから、民法は、解除をしても損害賠償は請求できるとしている（545条4項）。通説は、この規定が損害賠償に関して解除の遡及効を制限したものであると解している。

2—正　債務者が契約に基づく同時履行の抗弁権を有している場合には、履行期に履行しなくても違法とはいえないから、債務不履行の責任は発生しない。したがって、債権者は、自己の債務の弁済の提供をして同時履行の抗弁権を消滅させ催告しなければ、損害賠償の請求も解除もできない。

3—誤　定期行為の場合には、催告不要である（542条1項4号）。

4—誤　解除が相手方に対する一方的な意思表示によってなされるという点は、正しい。しかし、いったん解除の意思表示をした場合、意思の瑕疵などを理由にする「取消し」はできるが、このような理由もないのに、解除を撤回することは認められない（540条2項）。

5—誤　解除権の不可分性により、全員に対して解除の意思表示をしなければならない。1人に対して解除の意思表示をしても解除は無効である（544条1項）。

Q05 債務不履行と解除

問 民法に定める契約の解除に関する記述として、妥当なものはどれか。 （地方上級改題）

1 債務不履行の場合に契約を解除するには、相当の期間を定めて催告しなければならない
が、不相当な期間を定めて催告した場合、催告は無効であるから、契約の解除の効力は生
じないとされる。

2 債務が履行不能となった場合の契約の解除において、給付が不能かどうかの判断基準時
は履行期であり、履行期到来前に、履行期に行の不能なことが確実になっても、履行期
の到来まで契約を解除することはできないとされる。

3 契約の一方または双方の当事者が複数あるときは、その全員からまたは全員に対しての
み、解除の意思表示をしなければならないとされ、この場合に、当事者の中の一人につい
て解除権が消滅したときは、他の者についても消滅する。

4 契約が解除された場合、各当事者には原状回復義務が生じるが、契約の効果が遡及的に
消滅するため、当事者の一方から相手方に対して、原状回復の請求に加え、債務不履行に
よる損害賠償を請求することはできない。

5 解除権者が、故意または過失によって契約の目的物を著しく損傷し、もしくはこれを返
還することができなくなった場合、価格返還で原状に復することが定められており、契約
の解除権は消滅しない。

PointCheck

◉履行遅滞による解除に関する判例……………………………………………………【★★★】

⑴期限の定めのない債務の場合

期限の定めのない債務について、履行遅滞を理由に解除するのに、二度の催告は不要であ
る。債権者が一度相当の期間を定めて履行を催告し、相手方がその期間内に履行をしなけれ
ば、解除権は発生する（大判大 6.6.27）。

> →この判例の意味は次のようなものである。すなわち、解除権発生のための履行の催告は、
> 履行遅滞に陥っている債務者に対してなすものである。とすると、期限の定めのない債
> 務の場合の履行遅滞は債権者の請求（催告）のあった時から発生するから、債権者は、
> ①履行遅滞に陥らせるための催告（遅滞に付すための催告）をし、その後に、②解除権
> を発生させるための催告（541 条所定の催告）をしなければならないかのように見える。
> しかし、そのような二度手間は不要としたのである。

⑵相当な期間を定めないで催告をした場合

期間を定めないで催告をした場合でも、催告の時から相当の期間を経過すれば、契約を解
除できる（大判昭 2.2.2、最判昭 31.12.6）。

> →これは一見すると債務者に酷なように見えるが、債務者はすでに履行遅滞に陥っている
> のであるから、期間の定めがない催告があった場合でも、できるだけ速やかに履行すべ

き立場にあるといえるので不当とはいえない。

⑶不相当な期間を定めた場合

　債権者が特約で定められていた期間よりも短い期間を指定して催告した場合でも、債務者が催告から相当の期間を経過してもなお債務を履行しないときは、債権者は契約の解除権を取得する（最判昭44.4.15）。

⑷債務者に同時履行の抗弁権がある場合

　債務者に同時履行の抗弁権がある場合には、債権者が弁済の提供をしない限り、債務者は履行遅滞の責任を負わない。したがって、期限の定めのない債務の場合には、債権者は履行遅滞に付すための催告をするにあたり、債権者自身の債務について弁済の提供をして、債務者の同時履行の抗弁権を消滅させておく必要がある。しかし、(1)で述べたように、付遅滞の催告と541条所定の催告とを一度の催告で済ませる場合には、この弁済の提供は緩やかに解され、催告で示した相当の期間内にすればよいとされている（大判大6.6.27）。

⑸債務者が履行しない意思を明らかにした場合

　催告期間内であっても、債務者が履行しない意思を明白に表明した場合は、その時から解除権が発生する（大判昭7.7.7）。542条1項2号はこれを明定したものである。

⑹過小催告・過大催告

　催告で示された金額が少なかった過小催告の場合や逆に多かった過大催告の場合であっても、「債務の同一性」が客観的に認識できれば、有効な催告となり解除権が発生する（最判昭29.4.2）。

A05 正解—3

1—誤　不相当な期間を定めて催告した場合であっても、客観的に見て相当の期間が経過すれば、解除権は発生すると解されている（判例）。要は、債務者に履行するチャンスが与えられればよいのである。

2—誤　履行期に履行できないことが履行期到来前に確実になった場合には、その時に履行不能となる。履行期を待っても無意味だからである。

3—正　解除権の不可分性である（544条）。民法は解除をできるだけやりにくい方向で規定したと覚えるとよい。

4—誤　解除によって契約は遡及的に消滅するが、債務不履行による損害賠償責任は遡及効の例外として存続すると解されているので、原状回復の請求に加え、債務不履行による損害賠償を請求することもできる（545条4項）。

5—誤　本肢のような場合には、解除権は消滅すると定められている（548条）。

Q06 解除と登記

問 債務不履行による契約の解除に関する記述として、正しいものはどれか（争いのあるときは、判例の見解による）。 （裁判所職員）

1 債権者が、期間を定めないで催告をした場合であっても、催告後相当期間が経過すれば、債権者は契約を解除することができる。
2 履行不能により解除をするには、債権者は、債務者に対し、その債務の履行を催告しなければならない。
3 履行期の定めのない債務においては、債権者は履行を催告して債務者を遅滞に付し、その後、あらためて催告をしなければ契約を解除することができない。
4 債権者は、契約を解除すると損害賠償の請求をすることができない。
5 Aを売主、Bを買主とする土地の売買契約において、AがBの代金支払債務の履行遅滞を理由として契約を解除したが、解除前にCがBから土地を買い受け、所有権移転登記をしていた場合、CがBの履行遅滞の事実を知って土地を買い受けていたならば、AはCに土地の所有権を主張することができる。

PointCheck

●解除前の第三者と登記・・・・・・・・・・・・・・・・・・・・・・・・・・・・・・・・・・・・・【★★★】

　解除は「第三者の権利を害することはできない」（545条1項ただし書）。この規定は、解除前の第三者について適用される。例えば、Aが不動産をBに売却し、Bはその不動産をCに転売した。その後、AがBの代金不払いを理由に契約を解除したという場合のCにこの規定が適用される。Cは、解除前にすでに登場していた第三者であり、解除の効果をCにも及ぼすとCが権利を失うことになり、それはできないということである。この場合、Cから見れば不動産の所有権は、A→B→Cと移転していることになるから、一般論としては、CはAに所有権の取得を対抗するのに登記は不要のはずである。なぜなら、所有権はA→B→Cと流れているだけであり、AとCとの間には、権利を取り合う関係は存在しないからである。それにもかかわらず判例は、Cに登記を要求する。この登記は、対抗問題における登記ではなく、Cが545条1項ただし書の適用を受けて法的保護を得るための資格として要求されているものである。これを「権利保護要件」としての登記と呼ぶ。権利保護要件としての登記と対抗問題としての登記との違いは、権利保護要件としての登記の場合は、Cに登記がなければそれだけでCは保護に値しないのであるから、Aは自分で登記を取得しているか否かに関係なく、Cに不動産の返還を請求することができることになる点である。

　なお、解除前の第三者Cが善意か悪意は不問に付されている。その理由は、解除がなされるのは将来のことであり、悪意といっても、BがまだAに代金を支払っていないということを知っているという程度にすぎないからである。

　これに対して、解除後に登場した第三者Cとの関係は、Bを基点とするAとCへの二重譲

渡の関係となり、対抗問題そのものとして177条の適用により登記の早い者勝ちとなる。

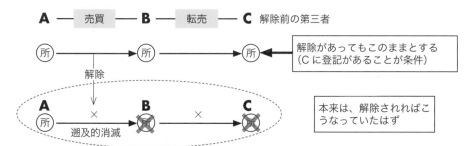

A06 　正解—1

1—正　解除するのに「相当の期間」を定めて催告することが必要なのは、債務者に履行するチャンスを与えるためであるから、期間を定めないで催告をした場合であっても、客観的に見て相当な期間が経過すれば解除権は発生すると解されている（判例）。

2—誤　催告をするのは、債務者に履行するチャンスを与えるためであるから、履行不能には催告は無意味である（542条1項1号）。改正によって、契約・社会通念に照らして債務の履行が不能である場合は、債務者は債務の履行を請求することができないと規定されている（412条の2第1項）。

3—誤　履行期の定めのない債務は、債権者が履行を請求（催告）して初めて履行遅滞になる。したがって、そこでもう一度解除をするための「相当の期間」を定めた催告が必要になるはずである。しかし、それが必要なのは、債務者に履行するチャンスを与えるためであるが、そのチャンスは2度も与える必要はないと考えられる。そこで、履行遅滞にするための催告と解除をするための催告とを1つの催告で兼ねてもよいと解されている（判例）。

4—誤　解除により契約は遡及的に無効になると考えると、解除をすると、債務は当初より発生しなかったことになり、債務不履行の責任も発生しなかったことになりそうである。しかし、それでは不当な結果になるので、545条4項は、遡及効を制限して、すでに生じていた損害賠償責任は消滅しないとした。

5—誤　解除の効果（遡及効）は第三者の権利を害することができない（545条1項ただし書）。Cは解除前の第三者であるから、この規定によって保護されることになる。この規定は第三者の善意・悪意を問わないので、Cが悪意であることは問題にならない。ただ判例は、第三者がこの規定による保護を受けるためには、登記を取得していなければならない（権利保護要件としての登記）としているので登記の有無が問題となるが、Cには登記もある。よって、本肢ではCに対して解除の効果は主張し得ず、AはCに土地の所有権を主張することができない。

Q07 選択債権

問 甲が自己の所有するＡ住宅またはＢ住宅のいずれかを乙に与える贈与契約を締結した場合において、次の記述のうち正しいものはどれか。　　　　　　　　　（裁判所職員）

1 乙が選択権を有する場合、Ｂ住宅が甲の過失で焼失したときは、債権はＡ住宅に特定する。

2 選択権の帰属が当事者間で特約されていないとき、住宅の選択権は乙が有する。

3 甲が選択権を有する場合、弁済期になっても甲が選択しないときは、選択権は当然乙に移転する。

4 第三者が選択権を有する場合、それを行使するときは、甲乙双方に通知しなければならない。

5 甲が選択権を有する場合、甲が選択の意思表示をした後、乙の承諾がないかぎり取り消すことはできない。

PointCheck

◉選択債権……………………………………………………………………………【★★★】

選択債権も種類債権と同様に、契約をした時点では給付すべき物はまだ定まっていない。しかし種類債権では、ある種類の中からどれを選んでも同じことであるのに対し、選択債権の場合には、どれを選ぶかに当事者が利害を持つことになる。そこで選択債権では、まず選択権を誰が持つかが重要となる。

(1)選択権者
　①特約で、債権者・債務者・第三者のいずれにも決めることができる。
　②特約のない場合には、選択権は債務者に属する（406条）。

(2)選択の方法
　①債権者または債務者が選択権者の場合：相手方に対する意思表示で行う。いったん選択したら、相手方の承諾がなければ撤回できない（407条）。
　②第三者が選択権者の場合：債権者または債務者のどちらかに対してなす意思表示で行う（409条1項）。

(3)選択による特定
　選択がなされると、選択された物が初めから契約の目的物だったものとして扱われる（選択の遡及効、411条）。

(4)不能による特定
　債権の目的である給付の中に不能のものがある場合は、その不能が選択権を有する者の過失によるものであるときは、債権は残存するものに特定する（410条）。不能の原因が選択権者の過失でない場合は特定せず、選択権者は選択権の行使ができることになる。

問題でPointを理解する

Level 1 **Q07**

第1章

第2章

第3章

第4章

第5章

第6章

第7章

第8章

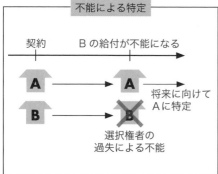

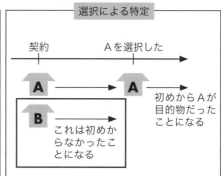

A07 正解ー5

1—誤　特約で債権者乙が選択権を有することにした場合である。債務者甲の過失によりB住宅が焼失しているが、甲は選択権を有しない方の当事者であるから、この場合には残存する物に特定したりはしない。依然として乙は、ABどちらでも選択できる。B住宅を選択した場合には、初めからB住宅を購入したが、引き渡される前に債務者甲の過失により履行不能になったものとして処理されることになる。

2—誤　特約のないときは、選択権は債務者甲に帰属する（406条）。

3—誤　当事者のどちらかに選択権がある場合に、弁済期が到来しているのにもかかわらずまだ選択がなされていないというのでは、相手方当事者は困る。そこで、相手方当事者は、相当の期間を定めて選択するよう催告することができ、その期間内に選択がなされないときは、選択権は相手方当事者に移転すると規定されている（408条）。催告が必要であり、当然に移転するのではない。

4—誤　当事者のどちらか一方に対して意思表示をすればよい（409条1項）。

5—正　いったん選択の意思表示をすれば特定が生ずるから、勝手に撤回することはできないが、相手方の承諾を得れば撤回できると規定されている（407条2項）。

Q08 履行補助者

問 債務者が債務の履行のために自らの手足として使用する履行補助者と、債務者に代わって履行の全部を引き受けて行う履行代行者に関する次の記述のうち、妥当なものはどれか。

(地方上級)

1 履行補助者の履行過程における故意・過失による損害に対して、債務者は原則として責任を負わない。
2 明文上履行代行者の使用が許されている場合には、履行代行者の履行過程における故意・過失による損害に対して、債務者は原則として責任を負う。
3 履行代行者の使用が禁じられていない場合で、給付の性質からはこれを使用しても差し支えないという場合には、履行代行者の履行過程における故意・過失による損害に対して、債務者は原則として責任を負う。
4 履行代行者の使用が禁じられている場合には、履行補助者も使用することができない。
5 債務者の法定代理人は、債務者の履行代行者とみなされ、履行補助者とは扱わないとするのが通説である。

PointCheck

◉履行代行者と履行補助者··【★★☆】

　債務者が債務の履行のために使用する者を広く履行補助者という。その中には、債務者が自由に指示を与えて自己の手足のように使用する者である「狭義の履行補助者」と債務者に代わって履行の全部を引き受けてする「履行代行者」が含まれる。例えば、歯科医師の助手は狭義の履行補助者であり、復代理人は履行代行者である。

　債務者がこのような履行補助者（広義）を使用した場合に、その者の責めに帰すべき事由によって債務不履行が発生した場合、債務者の「取引上の社会通念に照らして」責に帰すべき事由といえるかが本問のテーマである。

　この点について、従来の通説は以下のように考えている。

(1)狭義の履行補助者

　債務者が自由に指示を与えてあたかも自己の手足のように使用する狭義の履行補助者は、債務がどのようなものである場合でも使用可能である。

　狭義の履行補助者については、債務者はその者を自由にコントロールできたのであるから、その者に故意・過失があれば債務者自身に帰責事由があったものと考えてよい。債務者はいつでも指示を出して不注意を未然に防げたはずだからである。

　ゆえに、狭義の履行補助者の故意・過失は債務者自身の帰責事由と同様に扱われる。

(2)履行代行者

　①債務の履行の全部を債務者に代わって引き受けてする履行代行者については、まず債務が債務者本人が自ら行うべきものとされていた場合には、使用することは許されない。

これに違反して履行代行者を使用した場合には、そのこと自体が債務不履行であるから、履行代行者の故意・過失に関係なく生じた損害について債務者は債務不履行の責任を負う。

②法律の明文上履行代行者を使用することが認められている場合には、法律自体にその履行代行者の選任・監督について責任を負えば足りる旨が規定されているのが普通である（105条、1016条）。履行の全部を代わってやらせることを容認する以上、細かいことまでの指示を与えることはできないのであるから、選任・監督に不注意がない限り免責を与えることとしたのである。

③履行代行者を使用することについて、明文上許容するわけでもなく、しかし、禁止されているわけでもない、という場合は、その給付の性質が履行代行者の使用を許すものである限り、履行代行者の使用を認めてよい。その場合、債務者は自分の責任において使用すべきであるから、その履行代行者の故意・過失をあたかも自分の帰責事由と同様にとらえて責任を負う。

Level up Point!

狭義の履行補助者は債務者の手足となる。よって、給付の内容がどんなものでも使用できるが、その者の過失は債務者の手足の過失となる。履行代行者の行為について債務者の責任が選任・監督に限定される場合というのは、履行代行者の使用を法律が明文で許容していた場合に限る。

A08 正解—3

1—誤　履行補助者は、債務者が自らの手足として使用する者であるから、その者の故意・過失は、債務者自身の「責めに帰すべき事由」とされる（判例）。よって、履行補助者の故意・過失による損害に対しては、原則として債務者は全責任を負い、免責（415条1項ただし書）を主張することはできない。

2—誤　履行代行者の使用が許されている場合には、債務者はその者の選任・監督に過失があったときのみ責任を負う、と通説は解している。

3—正　履行代行者の使用が、明文上許されているわけでも、禁止されているわけでもない場合には、履行補助者を使用したのと同様に、履行代行者の故意・過失について責任を負うのが原則である（通説）。

4—誤　履行代行者の使用が明文によって禁止されている場合でも、債務者の手足となるにすぎない履行補助者は使用してよい。

5—誤　債務者の法定代理人は債務者の履行補助者と扱うのが通説である。これを履行代行者と扱うとすると、債務者が責任を負うのは、その選任・監督についての過失があったときに限る、という不当な結論になってしまう。

Q09 債務不履行と不法行為の比較

問　民法上の債務不履行と不法行為に関するア～オの記述のうち、妥当なもののみをすべて挙げているのはどれか。 (国家一般)

ア　民法の条文上、不法行為の場合は、生命侵害を受けた者の一定の近親者に固有の慰謝料請求権を認める規定が置かれているが、債務不履行の場合には、そのような遺族固有の慰謝料請求権を認める規定は置かれていない。

イ　債務不履行による損害賠償債務は、債務の履行について期限を定めていなければ債権者からの履行の請求によって遅滞に陥るが、不法行為による損害賠償債務は、不法行為により損害が発生した時から遅滞に陥る。

ウ　債務不履行による損害賠償請求権は、原則として10年で消滅時効が完成するが、不法行為による損害賠償請求権は、損害および加害者を知った時から5年で消滅時効が完成する。

エ　債務不履行の場合は、債権者が債務者に帰責事由があることを立証しなければならないが、不法行為の場合は、加害者側が自己に帰責事由がないことを立証しなければならない。

オ　不法行為の被害者が、不法行為による損害賠償請求権を自働債権とする相殺をすることは禁止されているが、債務不履行の場合においては、このような制限はない。

1　ア、イ
2　ア、ウ、オ
3　イ、ウ、エ
4　イ、エ、オ
5　エ、オ

PointCheck

◉債務不履行の場合の立証責任と不法行為の場合の立証責任の違い………………【★★☆】

　債務不履行の責任を負うのは、その不履行の事実が債務者の帰責事由に基づいた場合になる（免責事由）。また、不法行為の責任を負うのは、加害行為が加害者の故意・過失に基づいた場合に限る。裁判になれば、この帰責事由が認定されなければならないが、その立証責任を負う者は、債務不履行の場合と不法行為の場合とで異なる。債務不履行の場合には、約束どおりの履行がなされて当然なのであるから、不履行があったときは、債務者の側がそれについて自分に落ち度がなかったことを明らかにすべきである。したがって、債務不履行の場合の免責事由の立証責任は当然に債務者側にある（判例、415条1項ただし書参照）。これに対し、不法行為の場合には、加害者と名指しされた者は、突然言いがかりをつけられたようなものである。したがって、不法行為の場合には、被害者の側で加害者に落ち度（故意・過失）のあったことを証明していくべきことになる。

問題でPoint を理解する
Level 2 **Q09**

第1章
第2章
第3章
第4章
第5章
第6章
第7章
第8章

●**不法行為等により生じた債権を受働債権とする相殺禁止**………………………【★★★】

　不法行為等により生じた債権を受働債権として相殺に用いることは禁止されている（509条）。それは、①「薬代は現金」で払うべきであるということと、②これを認めると不法行為を誘発するおそれがあることに基づく。まず、「薬代は現金」でというのは、損害賠償責任を相殺によって帳消しにされては被害者が困るということである。次に、不法行為の誘発防止というのは、例えば、BがAから借りていた借金をなかなか返さないので、AがBの腕時計を奪い取ってこれを売却し、その損害賠償債務と、貸金債権とを相殺することを防ぐことを指す。なおこの場合は、被害者のBから相殺することは構わない。すなわち、禁止されるのは、加害者が不法行為等により生じた債権を「受働債権として相殺」することであって、被害者が不法行為債権を自働債権として相殺することは禁止されていない。

　以上のような趣旨を徹底するために、改正された509条は、①悪意による不法行為に基づく損害賠償の債務、②人の生命又は身体の侵害による損害賠償の債務、という2つの不法行為債権を相殺禁止としている。そして、この改正によって、Aの債権とBの債権がともに不法行為債権の場合に、相殺ができる場合が生じることになる。例えば、Aの運転する自動車とBの運転する自動車とが狭い道ですれ違う際に双方の過失で接触し、双方に物的損害が生じたとする。この場合、旧規定により判例は相殺を否定していたが、AB いずれかが無資力の場合などの不都合が指摘され、相殺禁止規定が合理的な範囲に限定されたのである。

 Level up Point!　アは難しい。民法の規定をよく知らないと答えが出ないからである。しかし、イは、基本知識で「正」とわかる。オも基本知識で「誤」とわかる。ここまで解ければ、選択肢は肢1と肢3だけとなる。結局ウの「5年」を間違いと判断できたかどうかが分かれ目となる。

A**09**　正解―1

ア―正　不法行為の場合には、711条が、生命侵害を受けた者の一定の近親者に固有の慰謝料請求権を認めている。しかし、債務不履行の場合にはこのような規定は置かれていない。

イ―正　判例は、被害者保護の視点より、不法行為による損害賠償債務は損害が発生した時から遅滞に陥ると解している。

ウ―誤　不法行為による損害賠償請求権は、原則、損害および加害者を知った時から3年で消滅時効にかかる。5年の期間となるのは生命・身体の侵害による損害賠償請求権である（724条の2）。

エ―誤　逆である。債務不履行の場合は、債務者が自分に免責事由があることを立証しなければならないが、不法行為の場合は、被害者（債権者）が加害者（債務者）に帰責事由があることを立証しなければならない。

オ―誤　不法行為の被害者が、不法行為による損害賠償請求権を自働債権とする相殺をすることは禁止されていない。禁止されているのは、悪意による不法行為の加害者が、不法行為による損害賠償請求権を受働債権として相殺することである。

　以上より、妥当なものは**ア**、**イ**であり、正解は肢1となる。

Q10 解除

問 解除の効果に関する次の甲及び乙の見解についてのア〜オの記述のうち、適当なものはいくつあるか。 (裁判所職員改題)

甲：解除により契約の効力は遡及的に消滅する。

乙：解除によって契約の効力は遡及的に消滅せず、原状回復が認められることによる間接的な影響を受けるに過ぎない。

ア 甲説によれば、原状回復義務の性質は不当利得返還義務ないしその特則である。

イ 甲説によれば、解除とともに債務不履行に基づく損害賠償請求をすることは、民法545条4項の有無にかかわらず、当然認められる。

ウ 乙説によれば、売買契約が解除された場合、当該売買契約により売主から買主に移転した目的物の所有権は、解除により買主から売主に復帰することになる。

エ 乙説によれば、未履行の債務は、解除時に当然に消滅する。

オ 乙説によれば、民法545条1項但書は、解除により不測の損害を被る第三者を特に保護するための規定ということになる。

(参照条文)
民法545条1項 当事者の一方がその解除権を行使したときは、各当事者は、その相手方を原状に復させる義務を負う。ただし、第三者の権利を害することはできない。
民法545条4項 解除権の行使は、損害賠償の請求を妨げない。

1 1個 **2** 2個 **3** 3個 **4** 4個 **5** 5個

PointCheck

●解除の効果・・【★★★】

545条	①未履行債務は履行する必要がなくなる
	②既履行債務は互いに返還する
	③以上①②によっても償われない損害は賠償させる

●解除の効果に関する学説・・【★★★】

　判例・通説である直接効果説によれば、解除によって、契約に基づくすべての効力が遡及的に消滅することになる。したがって、①は当然として、②は性格は不当利得返還義務であり（545条2項、3項により返還義務の範囲は広くなる）、③については損害賠償の範囲で遡及効が制限されると見るか(判例)、あるいは政策的に認められた法定責任と見るしかない。

問題でPointを理解する
Level 2 **Q10**

第1章

第2章

第3章

第4章

第5章

第6章

第7章

第8章

間接効果説は、解除によっても契約は遡及的に消滅しないとし、当事者間に原状回復の債権債務関係が発生すると見る（未履行債務については、履行拒絶の抗弁権が生ずるとする）。

折衷説は、未履行債務について解除時に債務が消滅すると見る点で、間接効果説と異なる。

	遡及効	結　論
直接効果説	○	①は当然、②の性格は不当利得返還義務
間接効果説	×	当事者間に原状回復の債権債務が発生

Level up Point!　解除についてのあやふやな理解を払拭しておくこと、特に学説の対立点をまとめておくことが、確実に正解するための近道である。

A10　正解—2

甲説は直接効果説（判例・通説）、乙説は間接効果説に基づく折衷説的見解である。

ア—正　判例・通説である甲説・直接効果説によれば、解除は取消しと同じ効果をもたらす行為となる。したがって、すでに履行として受け取っていた物の返還義務（原状回復義務）は、不当利得の返還義務である。それを原状（履行前の状態）回復にまで広げたのが解除の効果としての原状回復義務である。これに対して、乙説・間接効果説では、契約が遡及的に消滅するのではなく、新たな原状回復の債権債務になると考える。受け取っている物が不当利得だとは考えない。

イ—誤　本肢は乙説・間接効果説に関する記述である。間接効果説によれば、解除がなされても契約の効果はそのまま維持されているとする。解除は、先の契約の逆の契約をしたのと同じ効果を生ずる行為である。したがって、契約に基づいた原状回復債務がある以上、545条4項がなくとも415条などにより債務不履行の損害賠償をすることが認められる。これに対して、直接効果説では、解除により契約が遡及的に消滅するので、債務不履行に基づく損害賠償請求はできない。したがって、545条4項は損害賠償の部分について遡及的無効が制限されていると考える（判例）。

ウ—誤　直接効果説ではこのように考えるが、間接効果説では、解除しても契約は維持され目的物の所有権は買主にあり、売主は原状回復請求ができると考える。

エ—正　間接効果説では、既履行債務は、履行した物の返還請求となる。ただ、未履行債務については、学説によって説明の仕方が異なる。乙説のように、原契約が間接的な影響を受けると考えると、未履行債務は変容して原状回復済みの債務となり、解除時に消滅する。（間接適用説でも、新たな原状回復の債権債務が「発生」すると考えれば、未履行債務については履行拒絶権が発生すると説明する。）

オ—誤　直接効果説では、545条1項ただし書は契約の遡及的消滅から第三者を保護する規定としての意味がある。しかし、間接効果説では契約は存続するから、解除による第三者への影響はなく、545条1項ただし書は当然のことを定めた規定となる。

第2章

責任財産の保全

Level 1 p26 ～ p39　　Level 2 p40 ～ p45

1 債権者代位権

Level 1 ▷ **Q11～Q13**　Level 2 ▷ **Q18,Q19**

(1)意義 ▶ p30

　債務者がその権利を行使せず、責任財産の保全を怠る場合に、債権者は債務者に代わって被代位権利を行使することが認められる（423条）。これを債権者代位権という。

　責任財産の保全と関係なくこの制度が利用される→「債権者代位権の転用」（423条の7）

(2)要件 ▶ p28

　①債権保全の必要性

　　ａ．被保全債権が金銭債権で、強制執行により実現できるものであること

　　　債務者の一般財産を強制執行の対象とするから。

　　　→特定の債権（非金銭債権）を保全する場合の「転用」が認められている。

　　ｂ．債務者の無資力→債務者のプラス財産＜マイナス財産

　　　債務者の財産管理の自由の調和のため。

　　　→「転用」事例の場合には、無資力要件不要。

　②債権の履行期到来

　　　例外：保存行為

　③債務者の権利不行使

　　　債務者が自分で権利を行使する以上、債権者は介入できない。

　　　→債務者のなした権利行使が債権者にとって不利益なものであっても債権者は介入すべ

　　　　きでない（判例）。代位権行使後であっても債務者は権利行使が可能（423条の5）。

　④代位行使できない権利

　　ａ．債務者の一身専属権→認知請求権・離婚請求権等。

　　ｂ．差押えを許さない権利→そもそも責任財産に含まれない。

　　ｃ．財産分与請求権→具体的金額が決まるまでは代位できない（判例）。

　　ｄ．慰謝料請求権→具体的に権利の内容が決まるまでは代位できない（判例）。

(3)行使の方法・内容 ▶ p26

　①債権者が自分の名で債務者の権利を行使する（代理ではない）

　②訴訟以外でも行使可（⇔詐害行為取消権）

　③代位権利の目的が可分の場合被保全債権の金額内で代位行使すること（423条の2）

　④代位行使する債権者に金銭・動産を直接引き渡せといえる(423条の3、移転登記は除く)

　⑤被代位権利行使の訴え提起時、遅滞なく債務者に訴訟告知（423条の6）

2 詐害行為取消権 　Level 1 ▷ **Q14〜Q17**　Level 2 ▷ **Q19,Q20**

(1)意義

債務者が責任財産を減少させるなど債権者を害する行為を行った場合に、債権者はその行為を取り消すことができる（424条）。これを詐害行為取消請求（詐害行為取消権）という。

(2)要件　▶p32　▶p36

①詐害行為（→債権者を害する行為）のなされたこと

a．債務者のなす行為であること

財産権を目的としない行為（身分行為）は除く（424条2項）。

例：婚姻×、離婚×、相続の承認・放棄×

※離婚による財産分与

原則として、取消しの対象とはならないが、不相当に過大で財産分与に仮託してなされた財産の処分といえる特段の事情の認められるときは対象となる。

b．債務者の無資力→債務者のプラス財産＜マイナス財産

c．被保全債権は金銭債権で、強制執行により実現できるものであること

特定物債権（特定物の引渡請求権）でも、詐害行為の結果、損害賠償債権（金銭債権）になれば、被保全債権となる。

d．被保全債権は詐害行為が行われる前の原因に基づいて発生していること

(3)詐害行為となる場合の特則

・相当の対価を得てした財産の処分行為が詐害行為となる要件（424条の2）

・特定の債権者に対する担保の供与・債務消滅等が詐害行為となる要件（424条の3第1項）

・義務でない担保の供与・債務消滅等が詐害行為となる要件（424条の3第2項）

・過大な代物弁済等が詐害行為となる要件（424条の4）

(4)債務者の詐害の意思・受益者または転得者の悪意

①債務者の詐害の意思：債権者を害することを認識していればよい。

②債務者の詐害の意思＋受益者の悪意→「受益者」に対する詐害行為取消

③債務者の詐害の意思＋受益者の悪意＋転得者悪意…＋転得者悪意

→「転得者」に対する詐害行為取消

※受益者・転得者は取得の当時に詐害行為を知っていること要する

(5)「詐害行為取消請求の訴え」の方法・内容・効果

①財産返還または価額償還（424条の6）：債権者の名で裁判で請求、債務者へ訴訟告知

行為の取消し＋移転財産の返還または価額償還→受益者または転得者に対する訴え

②詐害行為の取消しの範囲（424条の8）

行為の目的が可分なら、自己の債権額の限度で行為の取消しを請求

③債権者への支払・引渡し（424条の9）

受益者又は転得者に対して金銭・動産の返還を請求→債権者に対して支払い・引渡し

④認容判決の効力が及ぶ者の範囲（425条）

詐害行為取消の認容判決は、債務者及びその全ての債権者に対して効力を有する。

⑤詐害行為取消権の訴え期間制限：債権者が知った時から2年、行為時から10年

Q11 債権者代位権の行使

問 AはBに対して80万円のX債権を有し、BはCに対して100万円のY債権を有している。この事例に関する次の記述のうち、正しいものはどれか。 (地方上級)

1 Aは、債権者代位権によりY債権を行使し、Cに対して直接自己へ100万円の支払いを請求することができる。

2 Aが、債権者代位権によりY債権を行使するには、X債権とY債権の履行期が到来していることが常に必要である。

3 BがみずからY債権を行使している場合でも、その行使の方法または結果の良否によっては、Aは債権者代位権を行使することができる。

4 Aが、債権者代位権によりY債権を行使する場合、X債権はY債権よりも先に成立したものでなければならない。

5 Aが、債権者代位権によりY債権を行使する場合、CはBに対して有する同時履行の抗弁権をAに対して主張することができる。

PointCheck

●債権者代位権の行使‥‥‥‥‥‥‥‥‥‥‥‥‥‥‥‥‥‥‥‥‥‥‥‥‥【★★★】

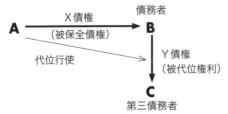

(1)債権者代位権の行使方法

Aが債権者代位権を行使するには、Aが第三債務者Cの所に行って、自分はBの債権者だが、債権者代位権に基づいてBの権利を行使すると言って行使すればよい。これは裁判外での行使であるが、Cが応じてくれればこれですむ。Cが応じてくれないときは、裁判所に訴えることになる。詐害行為取消請求と異なり、債権者代位権は裁判外でも行使できる点がその特徴である。この場合、AはBの代理人となるのではなく、債権者としての地位において自己の名でBの権利を行使する。

(2)金銭や物を直接に債権者に対して引き渡せと請求できるか

責任財産の保全という制度の趣旨からいえば、債権者Aは債務者Bへ履行してもらえればそれでよいはずで、直接自分に対して引き渡せとはいえないはずである。しかし、自分の権利の行使を拒絶していた債務者BはCの履行を受け入れない可能性がある。そこで、債権者Aは第三債務者Cに対し、直接自己へ引き渡すように請求することもできる（423条の3）。

被代位権利の目的が可分の場合、代位行使することができる範囲は被保全債権の範囲に限定される（423条の2）。なお、CからBの名義に移転登記をするべき場合には（423条の7）、債権者として請求することができるのは、B名義へ移転登記をせよということだけであって、直接、債権者の名義に移転登記をせよという請求はできない（判例）。なぜなら、移転登記ならば、債務者Bが拒んでいてもBの手を煩わせることなく債権者だけでもB名義に移転することは可能だからである。

(3)債権者代位権が行使された場合の相手方の地位

債権者代位権は、債務者の権利を債権者が行使するだけのことであるから、第三債務者は債務者自身がその権利を行使してきたのと同じだと考えて行動してよい（423条の3参照）。したがって、第三債務者が同時履行の抗弁権を有していれば、債権者の請求に対して、同時履行の抗弁権を行使して履行を拒むことができる（423条の4）。また、反対債権を有していたときは、債権者に対して、債務者に対して有する債権を自働債権として相殺をすることもできる。

(4)債権者代位権行使の効果

債権者代位権の行使があると債務者はどのような影響を受けるか。

①債権者代位権を行使しても、債務者は自ら取立てその他処分をすることができる（423条の5）。

②債権者が債務者の権利を行使した効果は、直接に債務者に帰属する。

→債権者に対して履行した相手方は、債務者に対して履行したのと同様の効果を受ける。

③債権者が代位権の行使として訴訟を提起した場合、債権者は遅滞なく債務者に訴訟告知をしなければならず、その判決の効力は債務者にも及ぶ。

A11 正解ー5

1—誤　Aは、債権者代位権によって、Cに対し直接自己へ引き渡すように請求することができるが、金額はAの債権額である80万円を限度とする（423条の2）。

2—誤　「常に」という部分が正しくない。債権者代位権を行使するためには、行使される被代位債権（Y債権）はもちろん、被保全債権（X債権）も履行期になければならないのが原則であるが、例外として、保存行為となる場合には、X債権の履行期が未到来の場合でも、債権者代位権を行使できる（423条2項）。

3—誤　被代位権利の債務者自身が権利を行使している以上、たとえ被保全債権の債権者にとって不利益であっても、自ら債権者としての権利行使を妨げることはできない。代位行使があっても自ら被代位権利の行使は可能である（423条の5）。

4—誤　債権の成立は先後は無関係である。詐害行為取消請求と異なる点である。

5—正　AはBの権利を行使するわけであるから、CはBに対して有するすべての抗弁権（同時履行の抗弁権、相殺、権利の消滅など）をAに対して行使することができる（423条の4）。

第1章
第2章
第3章
第4章
第5章
第6章
第7章
第8章

Q12 債権者代位権の要件

問 債権者代位権に関する記述として正しいものはどれか。 （地方上級）

1 債権者代位権の行使は、債務者がすでに譲受人に権利行使をしている場合は原則として許されないが、その権利行使の結果が債権者に不利な場合は許される。

2 債権者代位権の行使は、債権者の債権が弁済期に達していることが絶対的な要件であり、弁済期前の行使はいかなる場合も許されない。

3 債権者代位権は、債権の保全に必要な限りにおいて、配偶者の同居請求権といった非財産的な権利も代位の目的とすることができる。

4 債権者代位権は、強制執行の準備的作用をなす訴訟法上の権利であり、債権が譲渡されるとこの権利は消滅する。

5 債権者代位権の行使は、債務者の権利を行使するものであるから、その行使の結果は直接に債務者に帰属する。

PointCheck

◉債権者代位権の成立要件 （Q11の図を参照）······················【★★★】

⑴被保全債権の保全の必要（無資力要件）

被保全債権の保全の必要とは、債務者Bの借金の方が多くて（無資力）、債権者AがBの財産を売却して債権の弁済を受けようとしてもBの財産が足りない場合をいう。このような場合に限って、債権者に債務者の財産への介入を認めるのである。

被保全債権が代位する権利よりも先に成立している必要はない。

⑵被保全債権の履行期の到来

被保全債権の履行期がまだ到来していないのに、債権者に債務者の権利の行使を認めるのは不当だからこの要件がある。

しかし、次の場合は例外として、履行期前でも債権者代位権の行使が認められる。

保存行為：Bの権利を保存することになる場合、例えば、時効完成猶予・更新のための請
求や未登記の権利の登記をする場合である。

⑶代位行使しようとする権利（被代位権利）が一身専属権でないこと

ここで一身専属権といわれているのは、行使上の一身専属権といわれるもので、その権利を行使するかどうかを本人自身に決めさせるべきだと考えられる権利をいう。このような一身専属権は、債権者が代位して行使することはできない。

①行使上の一身専属権
　・夫婦間の契約取消権（754条）
　・親族間の扶養請求権・離婚請求権・同居請求権・認知請求権
②代位行使が問題となった権利
　・離婚の際の財産分与請求権

→原則として代位の対象とはならないが、協議などにより具体的な金額が定まった後は代位の対象となる（判例）。

・慰謝料請求権
→原則として代位の対象とはならないが、被害者がいったん権利を行使し、具体的な金額が定まれば代位行使の対象となる。

・差押えを許さない権利（賃金債権など）
→代位行使の対象とならない。差押えを許さない権利はそもそも責任財産を構成していないからである。

※以上のものを除けば、財産権は広く代位の対象となる。

③代位行使してよいもの具体例
物権的請求権・取消権・解除権・登記請求権・時効援用権・債権者代位権など。

⑷債務者Bの権利不行使

債務者が自分でその権利を行使する以上は、たとえそれが債権者にとって不利益となるものだったとしても、債権者は介入できない。債務者の意思を尊重するのである。

さらに、改正により、債権者が被代位権利の代位行使をした場合でも、債務者は自ら取立てその他の処分行為が認められている（423条の5）。

A12 正解─5

1─誤 債務者が自ら権利行使に出る以上、債務者の財産管理の自由を尊重しなければならないから、たとえその権利行使の結果が債権者に不当なものになったとしても、債権者は代位行使できないと解されている。

2─誤 債権者が債務者の被代位権利を代位行使するには、被保全債権の弁済期が到来していなければならないのが原則である。しかし、弁済期を待っていては手遅れになるという場合には、弁済期前でも債権者代位権を行使することができる。その場合というのが、債務者の権利を保存する行為をする場合である。

3─誤 同居請求権は、一身専属権であり、代位行使の対象とはならない。

4─誤 債権者代位権は、その債権について発生する力である。したがって、債権が譲渡されれば譲受人がこれを行使し得ることになる。

5─正 債権者代位権行使の効果は、直接に債務者に帰属する。債権者に対して履行した第三債務者は、債務者に対して履行したのと同様の効果を受ける。

Q13 債権者代位権の転用

問 債権者代位権に関する次の記述のうち、妥当なものはどれか。 （国税専門官改題）

1 被保全債権は弁済期にあることを要するから、代位債権者は、時効の完成猶予や債務者のために登記をする場合であっても、弁済期前に債権者代位権を行使することはできない。

2 土地の賃借人が、その賃借権を保全するため、賃貸人である所有者に代位して土地を不法に占拠する第三者に対して妨害排除の請求権を行使することは、債権者代位権の要件である無資力要件を満たす場合に限り認められる。

3 債権者代位権の対象とならない債務者の一身専属権とは、親権や離婚請求権といった非財産的権利をいい、人格権侵害による慰謝料請求権といった財産的性格を有する権利はこれに含まれない。

4 第三債務者が提出した抗弁に対して代位債権者が主張できる反論は、債務者自身が主張することのできるものに限られ、代位債権者独自の事情に基づく反論を主張することはできないとするのが判例である。

5 不動産がA→B→Cと譲渡され登記がAにある場合に、CがBに代位して、AにBへの移転登記をするように請求することはできない。

PointCheck

◉債権者代位権の転用事例···【★★★】

　債権者代位権の「転用」というのは、債権者代位権を本来の制度目的以外のために用いる場合をいう。債権者代位権の本来の姿というのは、金銭債権の強制執行における債務者の責任財産が心もとないので、あらかじめ債務者の持っている権利を債権者が使ってやり、責任財産の保全を図っておこうというものである。それゆえ、債権者代位権の要件として、債務者の無資力が必要とされたのである。しかし、現在において債権者代位権は、このような債務者の責任財産を保全するという目的のためだけでなく、債権者が今持っているその債権自体を実現するためにも使うことが認められている。このような場合が債権者代位権の「転用」といわれるものである。「転用」事例においては、ある債権者の特定の債権（金銭債権ではない債権）それ自体を保全するために債権者代位権が使われているため、債務者の無資力要件は無関係となる。債務者にどんなに資力があってもその特定の債権の保全のためには、債務者の権利を代位行使させてもらう必要があるという場合だからである。

　判例が認めた転用事例の主なものは次のとおりである。

(1)賃借人が賃貸人の妨害排除請求権を代位行使する場合

　AがBから賃借している土地をCが不法占拠している場合、賃借人Aは、賃貸人Bの所有権に基づく妨害排除請求権（物権的請求権）を代位行使して不法占拠者Cを排除することができる。賃借権自体による妨害停止請求等が認められたので（605条の4）、直接賃借権に基づく請求が可能だが、改正以前はこのような転用を認めることで賃借人を保護しようとし

問題でPoint を理解する
Level 1 **Q13**

第1章
第2章
第3章
第4章
第5章
第6章
第7章
第8章

たのである。Cにはもともと土地を使用する権利がないのであるから、CからみればBから請求されようがAから請求されようがどちらでもよいことである。転用を認めても不当なことはない。この場合、Bの無資力要件は不要とされた（判例）。

(2)登記請求権の代位行使の場合

改正により判例法理が規定された場合である（423条の7）。不動産がC→B→Aと譲渡された場合に、まだ登記がC名義のままになっている場合に、BがCに対して有する、C→Bへの移転登記の登記請求権をAが代位行使する場合である。Aはこれにより、C→Bへの移転登記を作り出し、その上で、Bに対してAへの移転登記を請求していくことになる。この転用を

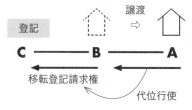

認めることで、C→Aという中間省略登記の発生を回避することにもつながる。この場合にも、Bの無資力要件は不要とされた。

(3)抵当権者による妨害排除請求権の代位行使の場合

抵当目的物が第三者によって不法に占有されていて、競売して優先弁済を受けることが困難となっている場合に、抵当権者が抵当権設定者に対して有する「抵当不動産の維持保全請求権」を被保全債権として、抵当目的物を不法に占有する者に対して、抵当権設定者の妨害排除請求権（物権的請求権）を代位行使する場合である（なお、抵当権者が抵当権に基づき妨害排除請求することもできる）。この場合にも、無資力要件は不要と解されている（最大判平11.11.24）。

A13 正解—4

1—誤　債務者の権利のための時効の完成猶予や登記をする行為は、保存行為にあたる。よって弁済期前でも代位できる。

2—誤　債権者代位権の転用をせず、直接賃借人の妨害停止・返還が可能である（605条の4）。ただし改正以前は本肢のような場合、端的に不動産賃借権という特定債権の保全を目的とすることになるから責任財産の保全とは無関係であり、無資力要件は不要であるとした（判例・通説）。

3—誤　慰謝料請求権は、これを行使すべきかどうかを債務者の意思に任せるべきものとされ（一身専属権）、代位行使の対象とならない（判例）。しかし、いったん請求され、具体的な金額が確定したときは純粋な金銭債権に転化し、代位行使の対象となる。

4—正　債権者代位権の相手方は、債務者自身がその権利を行使したのと同一の立場に立つから、代位債権者は独自の事情に基づく反論の主張はできない。

5—誤　本肢の場合も、債権者代位権の転用として認められてきた（423条の7）。

Q14 詐害行為取消権・無資力要件

問 AはB、C、Dに対して合計5000万円の債務を負っている。そして、Aは唯一の財産たる不動産（時価2000万円）を悪意のEに売却した。この場合における詐害行為取消権に関する次の記述のうち、正しいものはどれか。 (地方上級)

1 Aが不動産を時価で売却していた場合には、Aの資力に変動はないから、B、C、Dは詐害行為取消権を行使することができない。
2 Bの債権について保証人がいる場合でも、Bは詐害行為取消権を行使できる。
3 Bが詐害行為取消権を行使した場合、Bは取り戻した不動産から当然に優先弁済を受けることができる。
4 Eが当該不動産を善意のFに転売した場合でも、Eが悪意であった以上B、C、Dは、Fに対して詐害行為取消権を行使することができる。
5 詐害行為取消権は、裁判上でも裁判外でも行使することができる。

PointCheck

◉詐害行為取消請求の要件・詐害行為と債務者の無資力について……………………【★★★】

　詐害行為取消請求の要件である詐害行為の成立には、債務者の無資力すなわち債務超過状態にあることが要件となる。この無資力要件については、①当該詐害行為を行った結果として、無資力になったという場合（例えば、不動産を廉価に売却した場合）と、②すでに無資力（債務超過）状態に陥っていた債務者が、当該行為によってさらに無資力になった（無資力に拍車をかけた）という場合がある。しかしそのほかに、③すでに無資力（債務超過）状態に陥っていた債務者が、その行為によっては資力に変化は生じないものの、債権者に不利益だといえる行為をする場合、がある。

　(a)不動産を相当な価格（時価）で売却した場合
　　時価で売る以上、債務者(A)の財産状態は変化しないが、不動産を消費しやすい金銭に換える行為は、債権者(B)を害する行為といえる。廉価で売る行為はもちろん詐害行為となる。そこで、改正により以下の要件で詐害行為を認めることとした（424条の2）。①財産の種類の変更により、債務者が「隠匿等の処分」をするおそれを現に生じさせること、②債務者が行為の当時に隠匿等の処分をする意思を有していたこと、③受益者が行為の当時に、債務者が隠匿等の処分をする意思を有していたことを知っていたこと。

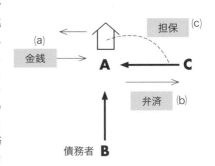

　(b)一部の債権者にだけ、担保を供与したり弁済する場合

弁済により財産が出ていっても、その分、債務も消えるから債務者Ⓐの資力に変化は生じない。また、生活費や子女の教育費に充てるため借金をして担保を設定するような場合は詐害行為にはならない（判例）。しかし、特定の債権者に対する債務消滅や担保の供与が詐害行為となる場合として、①その行為が、債務者が支払不能の時に行われたものであること、②債務者と受益者とが通謀して他の債権者を害する意図をもって行われたものであること、という２点が要件とされた（424条の３第１項）。

(c)担保の供与・債務消滅等が債務者の義務でない場合

改正で新たに、(b)の場合に加えて、担保の供与・債務消滅等が「債務者の義務」でない場合に詐害行為となる要件が規定された（424条の３第２項）。支払い不能になることを見越して、①その行為が、債務者が支払不能になる前30日以内に行われたものであること、②債務者と受益者とが通謀して他の債権者を害する意図をもって行われたものであることが要件とされる。

(d)一部の債権者への代物弁済等が詐害行為となる場合

改正で追加された424条の４は、債務者がした代物弁済等の債務消滅行為について、受益者の受けた給付の価額がその行為によって消滅した債務の額より過大であるものについて、424条の要件に該当するときに、消滅した債務の額よりも過大である部分について詐害行為取消請求ができるとした。

A14 正解―2

1―誤　不動産を廉価で売却すれば無資力にさらに拍車をかけることになるから、詐害行為となることに争いはないが、時価で売却する場合については、たとえ資力に変化はなくても、不動産が消費されやすい金銭に変わる以上、詐害行為となりうる。

2―正　保証人がいても主たる債務者に対する権利行使に制限が生ずることはないから、取消権を行使できる。なお、保証人がいることは、債務者の資力の判定において無視してよい。

3―誤　取り戻した不動産はＡの一般財産になり総債権者の共同の担保となるのであるから、Ｂの債権だけが優先弁済を受けることはできない。

4―誤　Ｆ（転得者）に対して詐害行為取消権を行使するためには、Ｆも悪意であったことが必要（424条の５）。

5―誤　詐害行為取消請求は、裁判所に請求してこれを行使する（裁判上行使する）ことが必要である（424条）。取消しが第三者の取引安全に重大な影響を及ぼすことから、詐害行為となるか否かを裁判所に判断させるためである。この点、債権者代位権が裁判外でも行使できるのと対照的である。

Q15 詐害行為取消権・詐害行為

問 詐害行為取消権に関する次の記述のうち、判例に照らし、妥当なものはどれか。

(国家一般改題)

1 不動産の譲渡行為が債権者の債権成立前にされた場合であっても、その登記が債権成立後にされたときには、当該譲渡行為を詐害行為として取り消すことができる。

2 特定の債権者に優先的で過大な満足を得させる意図の下に、当該債権者と通謀し、第三者に対する債権を代物弁済として譲渡したとしても、詐害行為とはならない。

3 離婚による財産分与は、分与者がすでに債務超過の状態にある場合には、原則として詐害行為取消権の対象となる。

4 詐害行為取消権は、総債権者の共同担保の保全を目的とするものであるから、不動産の引渡請求権者が、債務者による当該不動産の処分行為を詐害行為として取り消す場合であっても、直接自己に所有権移転登記を請求することはできない。

5 詐害行為取消権は、債務者の詐害行為を取り消すものであるから、詐害行為の当事者である債務者および受益者を共同の被告として訴訟を提起しなければならない。

PointCheck

●被保全債権と詐害行為の順序··【★★☆】

被保全債権は、詐害行為がなされるよりも前に成立していなければならない（424条3項）。なぜなら、債権者は、債権を取得する時点における債務者の資力を判断材料としているからである。

この点に関しての判例としては、以下のものが重要である。

①詐害行為取消権の被保全債権が成立する前に不動産の譲渡が行われ、被保全債権の成立後にその登記がなされた場合はどうか。

判例によれば、債務者の行為が詐害行為となるには、その行為が債権者の債権の発生後になされたものでなければならず、不動産の譲渡行為が債権者の債権成立前になされたものである以上、たとえその登記が当該債権成立後になされたときであっても、債権者は取消権を行使できない（最判昭55.1.24）。

②債権成立が詐害行為の前であれば、詐害行為後に当該債権を譲り受けた者でもよいか。

判例は、詐害行為取消権を取得する者の債権は詐害行為の前に成立していればよいのであって、当初から取消権を行使しようとする者に債権が帰属していたことは必要でない、としている（大判大12.7.10）。

③被保全債権は詐害行為のなされた時に、弁済期が到来していることを要するか。

判例は調停により毎月支払うべきことが定められた婚姻費用の分担に関する債権について、詐害行為当時、支払い期日がいまだ到来していない債権であっても詐害行為取消権の成否を判断するにあたっては、すでに発生した債権として扱ってよいとしている（最

判昭 46.9.21）。よって、弁済期が到来していることを要しない。

●二重譲渡と詐害行為取消権⋯⋯⋯⋯⋯⋯⋯⋯⋯⋯⋯⋯
【★★☆】

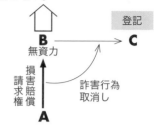

　肢4の基になった判例の事案（改正前）は、AがBから不動産を購入したが、まだ移転登記をしないでいる間に、BがCにも譲渡し（二重譲渡）、Cが先に登記を備えたというものである。177条の原則からはAはCに負けるが、Bが無資力であり、BとCにA（債権者）を害する認識があった場合には、Aは、Bに対する履行不能による損害賠償請求権（金銭債権）を被保全債権として、B→Cの譲渡を詐害行為として取り消すことができるとしたのである。

　この判例で問題となるのは、詐害行為取消権を取得する債権が金銭債権であり、かつ、詐害行為より前に成立している債権であることが必要であるが、Aの債権は、詐害行為よりも前に成立してはいるもののそれは特定物債権としてであって、金銭債権としてではない。金銭債権となったのは詐害行為がなされた結果によってである、という点である。判例は、特定物債権であっても、究極的には損害賠償債権に変じ、債務者の一般財産（責任財産）によって担保されることになるのであるから、これも被保全債権となり得るとした。詐害行為取消権を行使するときには金銭債権になっていれば、それでよいのである。

　そして次に、B→Cの譲渡をAが取り消した場合、所有権はBに戻り、AはBに対し自己への移転登記を請求したくなるであろうが、判例はそれは許されないとしたのである。それでは、177条が無視されることになるからである。詐害行為取消権を行使したAはあくまでも金銭債権者として、債務者の責任財産から配当を受けるしかないことになる。

A15　正解―4

1―誤　被保全債権成立→詐害行為をする→取消し、という順序が必要。詐害行為の存否は、詐害行為自体の行われた時を基準として判断する。登記の時点は無視（判例）。

2―誤　改正前の判例では、弁済と同様に、代物弁済も特定の債権者に優先的な満足を得させる意図で当該債権者と通謀して行われたときは、詐害行為となるとした。改正で規定された「過大な代物弁済」（424条の4）では、代物弁済で消滅した債務より過大な部分の取消請求を認める。

3―誤　離婚による財産分与は、夫婦の共同財産の分配という面があり、原則として詐害行為とはならない。ただし、財産分与に名を借りて不相当に過大な分与をする場合には詐害行為となるとされた（判例）。

4―正　債権者に直接登記移転をすることは認められていない（判例）。

5―誤　詐害行為取消請求は受益者との間では受益者のみを被告とする。債務者には訴訟告知がなされるが、被告とならない（424条の7第1項1号、2項）。

Q16 詐害の意思・悪意

問 詐害行為取消権に関する次の記述のうち、正しいものはどれか。 （地方上級改題）

1 詐害行為が行われた後に被保全債権を譲り受けた者は、詐害行為取消権を行使することができない。
2 詐害の意思があったといえるためには、債務者が債権者を害することを認識していただけでは足りず、害することを意図し、もしくは欲していたことが必要である。
3 いったん詐害行為が行われた以上、その後に債務者の資力が回復し、債権者を害しない状態になった場合には、詐害行為取消権の行使は認められない。
4 債務者→受益者→転得者と詐害行為が行われた場合、受益者が善意であっても債務者と転得者が悪意である以上、転得者を相手どって詐害行為取消権を行使することができる。
5 詐害行為取消権を行使した債権者は、当然に取り戻した財産から優先弁済を行使することができる。

PointCheck

●債務者・受益者・転得者の悪意について……………………………………………【★★★】
⑴債務者は絶対に悪意（詐害の意思）であること。
⑵受益者しかいない場合であれば、受益者の悪意も必要（424条1項ただし書）。
⑶受益者・転得者のいる場合には、受益者・転得者全てに「債務者の行為が債務者を害する」という悪意があればよい（424条の5）。
　①受益者・転得者がともに悪意であれば、債権者は、受益者を被告として債務者との間の行為を詐害行為として取り消し、価格の賠償を請求することもできるし、転得者を被告として債務者と受益者との間の行為を詐害行為として取り消して、転得者に現物の返還を請求することもできる（どちらでも選べる）。
　②受益者が悪意で転得者が善意だったときは、債権者は、受益者を被告として債務者との間の行為を詐害行為として取り消し、価格の賠償を請求することができるのみである。
　③転得者から、さらに転得した者がいる場合は、全ての転得者が悪意（債権者を害することを知る）でなければならない（424条の5第2号）。つまり、「債務者の詐害の意思」「転得者の悪意」から、続く「転得者の悪意」がつながるところまでしか、詐害行為取消請求はできないことになる。以前の判例では、途中の受益者・転得者が善意でも、悪意の転得者を被告にして取消請求が認められていたが（相対的取消し）、改正によって、悪意の連続が必要となった（絶対的取消し）。
　④債権者は、受益者か転得者かのどちらかだけを被告とすべきであって、債務者まで被告（共同被告）にしてはならない（判例、424条の7）。ただし、取消請求を認容する確定判決の効力は、債務者および全ての債権者に及ぶ（425条）。

②の場合

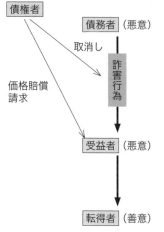

④の場合

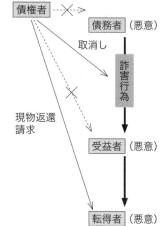

A 16 正解—3

1—誤 詐害行為取消権は、債権について生ずるものであるから、被保全債権の譲受人も行使することができる。

2—誤 詐害の意思は、行為の詐害性と相関的に判断される。すなわち、一部の債権者への弁済などの場合には、その債権者と通謀し、他の債権者を害する意思を持っていたことまで必要となるが、行為自体で資力の悪化をもたらすようなものの場合には、単なる認識があれば詐害の意思が認められる。

3—正 詐害行為取消権は、債務者の責任財産を保全することを目的とする制度であって、財産の管理の悪い者を非難する制度ではない。したがって、いったん詐害行為が行われても、その後に債務者の資力が回復し無資力状態から脱却した以上、詐害行為取消権は消滅する。

4—誤 以前の判例では、受益者が善意であっても、転得者が悪意のときは、転得者に対して詐害行為取消権を行使することができた。改正により、明確に受益者の悪意、転得者の悪意が認められなければ、転得者に対する詐害行為取消請求は許されない（424条の5）。

5—誤 詐害行為取消権によって債権者が取り戻した財産は、債務者の責任財産となっていく。よって、詐害行為取消権を行使した債権者といえども、優先弁済権はない。債権者平等の原則に従って、配当を受けることが原則である。

第1章

第2章

第3章

第4章

第5章

第6章

第7章

第8章

Q17 詐害行為取消権の要件・効果

問 詐害行為取消権に関する次の記述のうち、判例に照らし、妥当なのはどれか。

(国家一般改題)

1 他に資力のない債務者が、生計及び子女の教育に必要な費用を借り受けるために、家財衣料等を譲渡担保に供することは、債権者の一般担保を減少させる行為ではあるが、供与した担保物の価格が借入額を超過するなど特別の事情がない限り、詐害行為とはならない。

2 債務者が自己所有の不動産を第三者に売却した場合において、債権者が当該第三者に対して詐害行為取消請求訴訟を提起し、その不動産の売却行為が詐害行為であるとして取り消されたとしても、取消請求の確定判決の効力は債務者その他の債権者には及ばない。

3 債務者が自己の第三者に対する債権を譲渡した場合は、当該債権譲渡行為自体が詐害行為を構成しないときでも、債務者がこれについてした確定日付のある債権譲渡の通知は、詐害行為取消請求の対象となる。

4 詐害行為の目的物が不可分な一棟の建物である場合において、建物の価額が取消債権者の債権額を超過するときは、その債権者は、当該詐害行為の全部を取り消すことはできない。

5 詐害行為の取消しの効果は全ての債権者のために生じるから、取消債権者が取消権行使により受益者から金銭の引渡しを受けた場合には、取消債権者は、他の債権者からの請求に応じ債権額の割合に従い分配する義務を負う。

PointCheck

◉取消権行使と債権者への金銭・動産の直接引渡請求……………………………【★★★】

詐害行為取消権も債権者代位権も債務者の責任財産を保全する制度であることを直視すれば、債権者が請求し得るのは、債務者に返せということであり、直接債権者である自分に引き渡せという請求まではできないはずである。しかし、改正により明文でこれが認められた（423条の3、424条の9）。その理由は、債務者に返せと要求するだけでは、債務者が受領を拒んでしまうとお手上げになってしまうからである。そのため、金銭や動産を債権者へ直接引き渡すように請求できる。債権者が金銭の引渡しを受けた場合、債権者はその金銭を債務者に引き渡すべき義務を負うが、この義務と自己の債権との間で相殺を行うことによって、優先的に弁済を受ける結果を得ることが事実上可能となっている。

◉取消権行使と債権者への登記移転請求………………………………………【★★☆】

移転登記については、債務者の名義とすることまでしか認められず、債権者の名義にするように請求することは認められない。その理由は、登記の場合には債務者が拒んでも、債権者は法的手段を講じて債務者名義の登記をすることが可能だからである。あくまで、債務者の名義に戻すように請求し得るだけである。

では、さらに進んで登記をいったん債務者の名義に戻した後に、もう債務者の下に財産が

問題でPoint を理解する
Level 1 **Q17**

第1章
第2章
第3章
第4章
第5章
第6章
第7章
第8章

戻ったのだから履行は可能になったといって、その登記を債務者の下から債権者に移転するように請求できるのだろうか。通説・判例は、これもできないと解している。なぜなら、詐害行為取消権は、その行使によって債務者の下から逸出した財産を債務者の一般財産に回復させ、そこから金銭債権としての強制執行により満足を得るためのものであり、特定物引渡請求権（特定物債権）それ自体を実現してやる制度ではないからである。

●詐害行為取消権の行使の効果……………………………………………【★★☆】
(1)認容判決の効力が及ぶ者の範囲（425 条）
　確定判決の効力は、債務者およびその全ての債権者に対してもその効力を有する。改正以前は、取消権の効果を訴訟当事者の相対的なものとしていたが、詐害行為をした債務者に対しても効力が及ぶものとした。
(2)債務者の受けた反対給付に関する受益者の権利（425 条の 2）
　債務者に対し反対給付の返還、またはそれが困難であるときは価額償還を請求できる。
(3)受益者の債権の回復（425 条の 3）
　弁済等で消滅した債務者に対する受益者の債権が復活する。
(4)詐害行為取消請求を受けた転得者の権利（425 条の 4）
　転得者自身が前者に対してした反対給付や消滅した債権の価額を限度として、受益者が有する上記(2)(3)の債務者に対する権利の代位行使が認められる。
(5)詐害行為取消権の期間の制限（426 条）
　詐害行為取消請求の訴訟は、2 つの出訴期間の制限が規定され、これを経過すると訴えを提起できない（①債務者が債権者の詐害行為を知った時から 2 年を経過したとき、②行為の時から 10 年を経過したとき）。

A17 正解—1

1—正　一部債権者への担保供与は詐害行為となるのが原則だが、子女の生活費・教育費を借り入れる目的での担保供与は詐害行為とならない（判例）。

2—誤　詐害行為取消しの効果は、取消しを求めた債権者と裁判の相手方（受益者または転得者）との間のみでなく、債務者および全ての債権者に対しても判決の効力を有する（425 条）。

3—誤　取り消すことができるのは、債権者を害する行為であり、詐害行為ではない債権譲渡から通知のみを切り離して取消請求をすることはできない。

4—誤　被保全債権額の範囲での取消しが原則だが、不動産取引のように目的物が不可分の場合は全部を取り消すことができる。

5—誤　改正以前の判例ではあるが、取消債権者は他の債権者と按分する必要はないとされている。他の債権者からの按分弁済の主張や、取消しの相手方である受益者の按分額控除の主張は、取消権行使に関しては認められていない。

Q18 債権者代位権の判例

問 債権者代位権に関する次の記述のうち、判例に照らし、妥当なものはどれか。

(国税専門官改題)

1 代位訴訟の既判力は債務者には及ばないから、債権者が債務者の第三債務者に対する債権を代位行使しても、当該債権の消滅時効は更新されない。

2 債権者が、債務者に対する金銭債権に基づいて、債務者の第三債務者に対する金銭債権を代位行使する場合、債権者は自己の債権額のみならず、債務者の負う全債務額について債務者の権利を代位行使することができる。

3 債権者代位権の行使は、基本的には債務者が自ら権利を行使しない場合に許されるが、債務者がすでに当該権利を行使した場合でも、その行使の方法が不適切である場合には、債権者は代位権を行使することができる。

4 債務者の資力が債務を弁済するのに十分であっても、債務者に弁済の意思がないことが明らかなときには、金銭債権を有する債権者は、債務者の権利を代位行使することができる。

5 離婚の際の財産分与請求権は、協議により具体的な権利内容が確定するなどの事情がある場合を除き、債権者代位の目的とすることができない。

PointCheck

◉債権者代位権と詐害行為取消権の比較……………………………………【★★★】

債権者代位権と詐害行為取消権はいろいろな視点から比較してみるとよい。

ここでは、債権者が代位行使しようとする権利と、債権者が取り消そうとする詐害行為について、その対象となるものとならないものを比較する。

	代位行使できないもの	代位行使できるもの
債権者代位権	①行使上の一身専属権 　→身分法上の権利（親権など） 　・まだ金額の確定していない慰謝料請求権 　・まだ権利の内容の確定していない財産分与請求権 ②差押えを許さない権利	財産権一般 　→債権・取消権・解除権・時効の援用権・債権者代位権・遺産分割請求権 　・金額の確定した慰謝料請求権 　・権利の内容の確定した財産分与請求権

	詐害行為とならないもの	詐害行為となるもの
詐害行為取消権	財産権を目的としない行為 →身分行為（婚姻・縁組） 　相続の承認・放棄 離婚による財産分与（相当なもの）	財産権を目的とする行為 →契約・単独行為・合同行為 不相当に過大な財産分与

Level up Point!　肢1は、既判力という民事訴訟法の用語が使われているから、いったん棚上げして先を検討してもよい。肢2〜4は、過去問での頻出論点であるから、これらは容易に判断できるように、ここでしっかり確認しよう。そうすると、肢5だけが、最も正解らしいものとして残る。

A18 正解―5

1―誤　代位訴訟の判決の効力（既判力など）は債務者にも及び、消滅時効の更新も認められる。

2―誤　債権者が、債務者の被代位権利を代位行使できるのは、自己の債権を保全するのに必要な限度、すなわち被保全債権の額までである（423条の2）。

3―誤　債務者が自分で権利を行使している以上、たとえそれが不適切なものであっても、債権者は債権者代位権によって介入することはできない。債務者の財産管理の自由を尊重すべきだからである。

4―誤　債務者の資力が債務を弁済するのに十分なのであれば、債権者は責任財産の保全を考える必要はない。強制執行をすればよい。債権者代位権の成立には、債務者の無資力が必要である。

5―正　財産分与請求権は原則として代位の対象とはならない（判例）。具体的な金額が協議により定められ確定した権利内容となった場合に初めて代位行使が認められうる。

Q19 代位権と取消権の比較

問 債権者代位権及び詐害行為取消権に関するア〜オの記述のうち、妥当なもののみをすべて挙げているのはどれか。ただし、争いのあるものは判例の見解による。 （国家一般）

ア 債権者代位権は、債務者の責任財産を保全するために、債務者が自らの権利を行使しないときに債権者が債務者に代わって債務者に属する権利を行使する制度であり、詐害行為取消権は、債務者が任意に債務の本旨に従った履行をしないときに債権の目的となった給付の内容を強制的に実現する制度である。

イ 債権者代位権の被保全債権は金銭債権に限定され、金銭債権以外の債権についての代位権の転用は認められておらず、詐害行為取消権の被保全債権も金銭債権に限定され、金銭債権以外の債権については認められていない。

ウ 債権者代位権を行使するに当たっては、代位行使する債権の成立前に被保全債権が成立していたことは必要とされていないが、詐害行為取消権を行使するに当たっては、債務者の詐害行為の前に被保全債権が成立していたことが必要である。

エ 債権者代位権については、期限の到来した債権に基づき債権者代位権を行使する場合は裁判上のみならず裁判外でも行使可能であるが、詐害行為取消権については、常に裁判上での行使が必要である。

オ 債権者代位権は、債権者の債権の期限が到来してから2年間行使しないときに時効によって消滅し、詐害行為取消権は、債権者が債務者の詐害行為を知った時から2年間行使しないときに時効によって消滅する。

1 ア、イ　　**2** ア、オ　　**3** イ、ウ　　**4** ウ、エ　　**5** エ、オ

PointCheck

◎債権者代位権と詐害行為取消権との比較……………………………………………………**【★★★】**

(1)被保全債権での違い

債権者代位権→被保全債権の履行期到来必要（例外：保存行為）

詐害行為取消権→被保全債権の履行到来不要

(2)債権者に対する直接引渡しの要求

債権者代位権→登記の移転を除いて、債権者への金銭・動産の直接引渡請求ができる。

詐害行為取消権→同上

(3)主観的要件（悪意など）

債権者代位権→主観的要件はない

詐害行為取消権→債務者の詐害意思、受益者の悪意、転得者の悪意が必要

(4)行使の方法

債権者代位権→裁判外の行使も可能（裁判で行使することもできる）

詐害行為取消権→必ず裁判所に取消しを請求して、裁判で取り消してもらう。

⑸行使の効果

　　債権者代位権→債務者が自分で行使したのと同じであるから効果は債務者にも及ぶ。

　　詐害行為取消権→債務者および全ての債権者に対して効力を有する。

⑹行使期間

　　債権者代位権→期間制限なし

　　詐害行為取消権→債権者が取消原因を知った時から 2 年、行為時から 10 年の出訴期間。

Level up Point!　ア、イは確実に正解してほしいが、残りの３つを自信を持って解答できるようにしておきたい。一方にあって他方にないことの理由を考えると、権利の性格の違いが浮き彫りになってくる。**Point check** に挙げたものとあわせて、債権者代位権と詐害行為取消権の異同を整理しておくこと。

A 19 正解ー4

ア―誤　前半の債権者代位権の意義は妥当だが、後半は、強制履行の説明になっている。詐害行為取消権は、債務者が責任財産を減少させるなど債権者を詐害する行為を行った場合に、債権者に行為の取消しを認める制度である。

イ―誤　債権者代位権の転用としては、賃借人が賃貸人の妨害排除請求権を代位行使、登記請求権の代位行使、抵当権者による妨害排除請求権の代位行使などが認められた（**Q13** 参照）。詐害行為取消権も、原則は被保全債権は金銭債権とされるが、特定物債権（特定物の引渡請求権）でも、詐害行為の結果、損害賠償債権（金銭債権）になれば被保全債権となる。

ウ―正　債権者代位権については、被保全債権の履行期限は要件となるが、債権成立の前後は問題とならない。詐害行為取消権について、債権者は、債権を取得する時点で債務者の資力を判断材料としている。行為後に取得した債権では債権者を害するとはいえないから、被保全債権は詐害行為が行われる前に成立していることが必要である。

エ―正　債権者代位権は裁判外で行使が可能であるが、行為の取消しの効果を伴う詐害行為取消は必ず裁判所に請求しなければならない。

オ―誤　詐害行為取消権の行使は取引安全に重大な影響を与えるため、出訴期間の制限が定められている。債権者が取消しの原因を知ったときから 2 年で訴えを提起できなくなる（426 条）。債権者代位権には、そのような定めはない。

　以上より、妥当なものは**ウ、エ**であり、正解は肢４となる。

第1章　第2章　第3章　第4章　第5章　第6章　第7章　第8章

Q20 詐害行為取消権

問 民法上の詐害行為に関する次のA～Gの記述のうち、適当なもののみをすべて挙げているものはどれか（争いのあるときは、判例の見解による）。 （裁判所職員改題）

A 債務超過の状態にある債務者が、一債権者と通謀して、その債権者のみに優先的に債権の満足を得させる意図で、債務の弁済に代えて自己の第三者に対する債権を譲渡したときは、譲渡した債権の額がその債権者に対する債務の額を超える場合は、詐害行為となりうる。

B 特定物引渡請求権も究極においては損害賠償請求権に転化し得るものであり、債務者の一般財産により担保されなければならないことは金銭債権と同様であるから、特定物引渡請求権の目的物を債務者が処分することにより債務者が無資力となった場合には、その処分行為は詐害行為となる。

C 債務者は債務の本旨に従って履行する義務を負うとはいえ、債務超過の状態にある債務者が、一債権者に対してなした弁済は、それが当該債権者から強く要請された結果、当然弁済すべき債務をやむなく弁済したものであっても、他の債権者の共同担保を減少させている以上、詐害行為となる。

D 債務超過の状態にある債務者が生活費および子どもの教育費に充てるためにした譲渡担保による所有権移転行為は、供与した担保物の価格が借入額を超過しているなどといった特別の事情がなくても、債権者の共同担保を減少させている以上、詐害行為となる。

E 不動産の譲渡行為が債権成立前になされたものであるときは、債権成立後にその登記が移転された場合であっても、当該不動産の譲渡行為は詐害行為を構成しないから、その登記移転行為のみを切り離して詐害行為として取り扱うことはできない。

F 詐害行為の取消しにより価格賠償を受ける場合、債務者が価格賠償金を受領しないときは、債権者は、自己に直接引き渡すように請求できるが、引渡しを受けた価格賠償金は、債務者の一般財産に回復されたものとして取り扱うべきであるから、債権者は、他の債権者の請求に応じて、平等の割合により価格賠償金を分配する義務を負う。

G 離婚による財産分与は、分与者がすでに債務超過の状態にあって、当該財産分与によって一般債権者に対する共同担保を減少させる結果になるとしても、それが財産分与の規定の趣旨に反して、不相当に過大であり、財産分与に仮託してなされた財産処分であると認めるに足りる特段の事情がない限り、詐害行為とはならない。

1 A、B、E、G
2 A、C、D、E
3 A、D、F、G
4 B、C、D、F
5 B、C、E、G

問題でPoint を理解する

Level 2 **Q20**

第1章

第2章

第3章

第4章

第5章

第6章

第7章

第8章

PointCheck

●財産分与と詐害行為取消··【★★☆】

　離婚による財産分与によって他方配偶者に分与された財産は、潜在的にその配偶者の財産だったのであるから、財産分与が取消しの対象とならないのは当然といえる。しかし、それが不相当に過大となり財産分与にかこつけてなす財産の処分（贈与）となる場合には、取消しの対象となるのである（判例）。

Level up Point!　　本問は、判例を知らないと解けない問題である。本問を解いた後は、本問の判例をすべて覚えてしまおう。

A20　正解—1

A—正　過大な代物弁済等の特則として改正により明文で規定され（424条の4）、債務額を超える過大な部分の取消請求が可能である。

B—正　特定物引渡請求権の強制執行は、その物を債務者から取り上げて債権者に渡せばよいから、特定物債権のままである間は被保全債権にはならない。しかし、特定物債権の目的物を債務者が処分することにより履行不能となり、特定物債権が金銭債権である損害賠償債権に変形したときは、詐害行為取消権を行使できる。結局、被保全債権は、詐害行為が行われる時点で金銭債権者であることは必要でない、ということになる。

C—誤　弁済は原則として詐害行為とはならない。弁済が詐害行為となるのは、無資力状態にある債務者が、一部の債権者と通謀して、その債権者にだけ債権の満足を得させる目的でなしたような場合である。

D—誤　債務超過の状態にある債務者であっても、生活費および子どもの教育費に充てるためにした借金の担保として譲渡担保を行うことは、原則として詐害行為にはならない（判例）。

E—正　被保全債権は詐害行為の前に成立していなければならない。本肢のような場合、詐害行為となるのは、「不動産の譲渡契約」自体であって登記は含まれないというのが判例である。登記は詐害行為である契約の履行にすぎない。

F—誤　債権者は、価格賠償金を債務者に対する自己の債権と相殺して、債務者への返還を免れることができる。他の債権者と按分する必要はない。

G—正　判例は本肢のように述べている。

　以上より、適切なものはA、B、E、Gであり、正解は肢1となる。

第3章 連帯債務・保証債務

1 連帯債務

Level 1 ▷ **Q21〜Q23**　Level 2 ▷ **Q28,Q29**

(1)意義　▶p48

　数人の債務者が、債務の目的が性質上可分な同一内容の給付について、各自独立に全部の弁済をなすべき債務を負担し、その中の一人が弁済をすれば、他の債務者も債務を免れるという関係にある債務をいう。

(2)連帯債務の対外的効力（請求の仕方）

　債権者は、連帯債務者の全員に対して一度に全額の請求をしてもよいし、各債務者に対し順番に全額の請求をしていってもよい。また、どちらの場合でも、請求額は全額でなく債権額の一部ずつにしてもよい（436条）。

(3)連帯債務の内部関係

　債権者に対しては全額の支払い義務を負うものの、連帯債務者同士の間では各自が出捐を分担するという主観的な関係がある。その分担の割合を負担部分という。負担部分は、連帯債務者同士の話し合い（特約）で定まる。負担部分がゼロという者がいてもよい。負担部分が判明しないときは、平等と解されている。債務を弁済した者は、他の債務者にその負担部分の割合に応じて求償していくことができる（442条）。

(4)連帯債務者の一人について生じた事由の効力（438〜440条）　▶p48　▶p50

　（原則）他の債務者には影響しない→相対的効力（441条）

　（例外）他の債務者にも影響する→絶対的効力

〈絶対的効力事由〉

①一人の連帯債務者が、「弁済や代物弁済」をした。

　→他の連帯債務者の債務も消滅する。

②債権者が一人の連帯債務者と「更改」をした。

　→他の連帯債務者の債務も消滅する（438条）。

③一人の連帯債務者が債権者に対して有する反対債権で「相殺」をした。

　→他の連帯債務者の債務も消滅する（439条1項）。

　※この場合、他の連帯債務者も、反対債権を有している債務者の負担部分の限度でならば、債務の履行を拒むことができる（439条2項）。

④一人の連帯債務者と債権者との間で「混同」が生じた。

　→弁済があったものとみなされ、他の連帯債務者の債務も消滅する（440条）。

　改正により、従来絶対的効力事由とされていた、請求・免除・消滅時効が削除され相対的効力となった。請求は、それを知らない連帯債務者に遅滞の不利益を生じさせ、免除・消滅時効は債権者の不利益になるためである。特に、請求について、従来認められていた「請求による遅滞・時効完成猶予」が、他の連帯債務者へ影響しないことになる。

　ただし、債権者と他の連帯債務者が別段の合意をしていれば、規定された事由以外のものに絶対的効力を扱えることもできる（441条ただし書）。

2 保証債務

Level 1 ▷ **Q24~Q27**　Level 2 ▷ **Q28,Q30**

(1)意義

　主たる債務者がその債務を履行しない場合に、保証人がその履行の責めに任ずる場合である。主たる債務を担保するものである（人的担保）。

(2)保証債務の成立

　保証債務は、債権者と保証人になろうとする者との間でなされる保証契約によって発生する。この契約は、必ず書面（または電磁的記録）でしなければならない（446条2項）。

　①誰でも保証人になれる。

　②保証人が主たる債務者の委託を受けたかどうかは、保証契約の成否とは無関係。

　　→求償権の内容や情報提供請求に影響するだけ

　③主たる債務者が保証人を立てる義務を負っている場合、保証人となることを頼む相手は、行為能力者であり、かつ、弁済の資力のある者でなければならない。

(3)保証債務の性質　▶ p54　▶ p56

　①独立性：保証債務は主たる債務とは別個・独立の債務。

　②付従性：主たる債務者がなければ保証債務も存在できない。

　　保証債務の内容は、主たる債務の内容より重くなってはならない。

　③随伴性：主たる債務が譲渡されたときは、保証債務も譲受人へ移転する。

　④補充性：保証人が責任を負うのは、主たる債務者が履行できない場合だけ。

　　→催告の抗弁権・検索の抗弁権

　　※連帯保証債務では、補充性がない。

(4)保証人が責任を負う範囲　▶ p56

　主たる債務のほか、その利息・違約金・損害賠償などに及ぶ。

　①主たる債務の契約が解除された場合に、主たる債務者が負う原状回復義務についても、保証人は責任を負う。

　②主たる債務の契約が解除された場合の損害賠償責任についても、保証人は責任を負う。

❖連帯債務

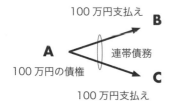

❖保証債務

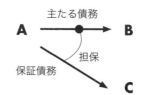

Q21 連帯債務の意義

問 民法に規定する連帯債務に関する記述として、妥当なのはどれか。　（地方上級改題）

1　連帯債務者の1人に対して行った履行の請求は、他の連帯債務者にもその効力が及ぶ。
2　反対債権を有する連帯債務者が相殺を援用しない間は、その連帯債務者の負担部分を超えて、他の連帯債務者が相殺を援用することができる。
3　債権者が連帯債務者の1人に対して行った債務の免除の効力は、他の連帯債務者にもその効力が及ぶ。
4　連帯債務者の1人のために消滅時効が完成したとしても、その連帯債務者の負担部分について他の連帯債務者がその義務を免れることはない。
5　連帯債務者の1人が債務の承認を行った場合、その効力は、他の連帯債務者に対しても及ぶ。

PointCheck

●連帯債務の特徴‥‥‥‥‥‥‥‥‥‥‥‥‥‥‥‥‥‥‥‥‥‥‥‥‥‥‥‥‥‥‥【★★☆】

　連帯債務は、数人の者が連名で融資を受け各自が債務を負った場合において、数人の者の誰もが全額について払う義務を負うことにした（性質上可分な債務に連帯の特約がある）場合に発生する。このように連帯債務には債務者の数に応じた分だけの債務があると考えられる。各連帯債務者の間には、保証債務のような主従の関係はない。したがって、

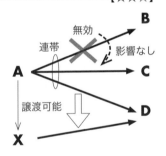

①連帯債務者のうちの一人の契約が無効・取消しとなっても、他の債務者の債務には影響はない（437条）。
②各債務は、その態様（条件・期限・利息・担保の有無など）を異にしてもよい。
③債務者の一人に対する債権だけを切り離して譲渡することもできる。また、債務者全員に対する債権を譲渡することもできる。この場合、債権譲渡の通知は各連帯債務者に対してすることを要する。

●連帯債務者の一人について生じた事由の絶対的効力はなぜ生じるか‥‥‥‥‥‥【★★★】

　連帯債務においては、弁済以外にも更改・相殺・混同の3つの事項について、連帯債務者の一人と債権者の間で生じたものの絶対的効力（他の連帯債務者に影響を及ぼす力）が認められている（438～440条）。また、この中の相殺については、当該債務者の負担部分についてだけの絶対的効力も認められている。この絶対的効力が認められる理由としては、以下の理由が考えられる。

　①連帯債務を負うことにする者同士の間には、友人・家族・仲間などの一体的な関係（主

問題でPointを理解する
Level 1 **Q21**

第1章
第2章
第3章
第4章
第5章
第6章
第7章
第8章

観的共同関係）がある。それゆえ、一人について生じた事由は他の債務者にも影響を及ぼすとしてよい。

②各債務者の本来の債務は負担部分のみであり、それを超える部分については他の債務者の債務を相互に保証している関係がある。それゆえ、相殺については、当該債務者の負担部分については他の債務者に影響が生ずることになる。そこで、ある債務者が反対債権を有する場合、他の債務者は保証人と同様に保証している部分（負担部分）について、債務の履行を拒むことができることになる。

●絶対的効力の減少と不真正連帯債務について…………………………………【★☆☆】

法律が「連帯」して債務を負うと規定している場合には、連帯債務を負う者同士の間に、上述のような一体的な関係はない。例えば、自動車同士の衝突事故により歩道にいた通行人が負傷したという場合（共同不法行為の場合）には、共同不法行為の損害賠償は「連帯」するものとされるが、加害行為者とされた運転者の間に主観的共同関係はない。このような場合を不真正連帯債務という（判例）。この場合には、弁済のような債権の目的を達する事由を除いては、債務者の一人について生じた事由に絶対的効力はないと解されている。ただ、改正により絶対的効力事由が減少したことで、連帯債務の規定により処理できる可能性が出てきたため、不真正連帯債務の概念の必要性がなくなったとされている。

A21 正解ー4

1 ―誤　改正により請求は絶対的効力から外されたので、その効果は他の連帯債務者には及ばない。

2 ―誤　反対債権を有する連帯債務者が、自身で相殺するのなら、弁済と同じことであり、当然、負担部分を超えて債務の全額について相殺し得る。しかし、他の連帯債務者は、反対債権を有する連帯債務者の負担部分に限り、債務の履行を拒むことができるのである（439条2項）。

3 ―誤　改正により免除は相対的効力となった。以前は負担部分についてだけ絶対的効力が認められていたが、一人が免除されても他の連帯債務者に影響はなく、全額の債務を負うことになる。

4 ―正　連帯債務は、それぞれの条件や期限が異なってもよく、連帯債務者の一人の債務だけが時効にかかることもある。消滅時効についても相対的効力とされたので、他の債務者に影響を及ぼさない。

5 ―誤　時効の更新事由としての「債務の承認」であるが、これは、絶対的効力事由とはされていないので、相対的効力にとどまる。

Q22 連帯債務の効力

問 連帯債務に関する次の記述のうち、妥当なものはどれか。 （地方上級改題）

1 連帯債務者の一人が債務の承認をすれば、他の連帯債務者に対する債権の消滅時効もまた更新する。

2 連帯債務者の一人に請求すれば、他の連帯債務者全員に対して請求の効果を生ずる。

3 連帯債務者の一人に対してした債務の免除は、他の連帯債務者には債務消滅の効力を及ぼさない。

4 連帯債務者は、他の連帯債務者が債権者に対して反対債権を有している場合、その債権の全額について相殺ができる。

5 連帯債務者の一人が債権者を相続した場合には、債権はその者の負担部分について消滅する。

PointCheck

●負担部分についてだけ絶対的効力が生ずる場合……………………………………【★★★】

連帯債務者の一人が有する反対債権で他の債務者がなす相殺

改正以前は、Bの負担部分である200万円分について、CやDは、BがAに対して持っている債権を使って自分の債務と相殺でき、その結果、CDの債務額は400万円ずっとされていた。

改正により、CDは相殺を援用することはできないが、Bが相殺を援用しない間は、Bの負担部分の限度において、CDは連帯債務の履行を拒むことができるとされた。これにより600万円の債務額は変わらないが、Bの負担部分200万円については支払いを拒絶できるので、CDはAの請求に対して400万円を履行すればよいこととなり、このような形で相殺の影響が及ぶこととなった。

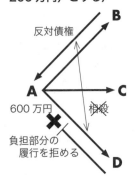

〈Aの債権600万円。BCDの負担部分は平等（各200万円）とする〉

反対債権

B

A

600万円

C

相殺

負担部分の履行を拒める

D

Bの負担部分についてDは相殺援用はできない
→ 200万円の履行拒絶が可能

第1章

第2章

第3章

第4章

第5章

第6章

第7章

第8章

●**連帯の免除**‥‥‥‥‥‥‥‥‥‥‥‥‥‥‥‥‥‥‥‥‥‥‥‥‥‥‥‥‥‥【★★☆】

⑴**「連帯」を免除する意味**

　債権を消滅させる通常の「免除」とは異なり、「連帯の免除」とは、債務額を負担部分に相当する額に限り、負担部分のみ支払えばよいとするものである。

⑵**連帯の免除の効果**

　①総債務者について連帯の免除：全員と分割債務関係

　②一部の債務者について連帯の免除：他の者は依然として連帯債務を負担

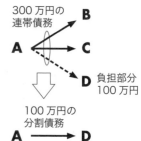

●**連帯債権の規定について**‥‥‥‥‥‥‥‥‥‥‥‥‥‥‥‥‥‥‥‥‥‥‥【★☆☆】

　性質上可分な給付について、数人の債権者が、債務者に対し連帯して債権を有する債権債務関係を連帯債権という（432条）。一人の債権者が全員のために全部または一部の請求ができ、債務者は全員のために各債権者にして履行ができる。債権の目的（給付）が性質上不可分な場合は「不可分債権」で、性質上分けることはできるが「法令・当事者の意思表示」で債権者が連帯する「連帯債権」である（不可分債務と連帯債務と同様）。

　連帯債務と同様に絶対的効力の規定があり、連帯債権者一人と債務者の、①「更改・免除」は内部割合について他の債権者にも効力を有し、②「相殺」は他の債権者にも債権消滅を主張でき、③「混同」は弁済したものとみなされる（433条〜435条）。

A22 　正解ー3

1―誤　債務の承認には絶対的効力はない。よって、他の連帯債務者の消滅時効まで更新することはない。承認をした債務者の債務の消滅時効だけが更新される。

2―誤　改正により、請求は相対的効力となり他の債務者に影響しない。

3―正　改正以前は、免除は免除を受けた債務者の負担部分についてだけ絶対的効力を持つとされていたが、免除は他の連帯債務者に効力を生じない相対的効力となった（441条）。

4―誤　他の債務者の反対債権の全額を相殺に供することはできない。負担部分について履行を拒むことができるだけである。

5―誤　相続により、連帯債務者の一人が債権者の地位を取得すると、（債権の）混同が起こり、その者の債務は消滅する。混同があった場合について、民法は、弁済があったものとみなしているから、他の連帯債務者の債務も全部消滅する。

Q23 連帯債務者の関係

問 A～Cの3人は、共同してDの所有地を1500万円で買い受け、連帯して代金債務を負担することを約し、各自の負担部分をそれぞれ500万円とすることとして合意した。この事例に関する次の記述のうち、判例に照らし正しいものはどれか。 （地方上級改題）

1 AがDに対して2000万円の債権を有する場合、Dからこの土地の売却代金である1500万円の請求を受けたBはAの債権のうち1500万円分について履行を拒むことができる。

2 この債務の消滅時効が完成した後に、Aが債務の承認をした場合、その効果はBやCにも生ずるから、BやCも時効を援用することができなくなる。

3 DがBとの間で更改をした場合、その効果はBD間で生じるにすぎないから、Dは依然としてAまたはCに対して1500万円の弁済を請求できる。

4 AがDに対して500万円を弁済した場合、Aは自己の負担部分を超えて弁済したのではないから、BやCに求償することはできない。

5 Aが、BおよびCに事前に通知をしないで、Dの請求に応じて1500万円を弁済した場合、Dに反対債権を有していたBに対しては求償を制限される。

PointCheck

◉事前の通知と事後の通知··【★★☆】

連帯債務者は各自が全額を弁済するべき立場にあるから、連絡を取り合って弁済しないと二重に弁済することになってしまったり、反対債権を持っていて相殺しようと考えていたのにそのチャンスを奪われてしまうおそれがある。そこで民法は、連帯債務者が他の連帯債務者がいることを知りながら、共同の免責を得る行為をするときは他の債務者への通知を要求した（443条）。

①まず、弁済をする前に「事前の通知」をなすことが必要である。この事前の通知を怠って弁済したため、反対債権を持っていた者からその相殺の機会を奪った場合には、求償に際してその反対債権で相殺されることになる。

②次に、弁済をした後にも「事後の通知」をなすことが必要である。二重の弁済を防止するためである。この「事後の通知」を怠った結果、他の債務者が（事前の通知をして）弁済したときは、後の弁済が有効な弁済となる。

③弁済した後になすべき「事後の通知」を怠り、その後に弁済する者のなすべき「事前の通知」も怠り、結局、事前の通知・事後の通知ともに怠ったという場合には、一般の原則に従い、先になされた弁済の方が有効となると解されている（判例）。

●償還無資力者のいる場合……………………………………………………【★☆☆】

　本問の事例を少し変えて、Aが弁済してBCに求償していったら、Bが無資力で負担部分（500万円）を払えないという場合を考えてみよう。そのような場合には、Bの負担部分である500万円は、AとCが、各々の負担部分に応じて（AとCの負担部分の割合は等しいから、それぞれ250万円ずつ）カバーしてやらなければならないことになっている（444条1項）。

❖償還無資力者のいる場合

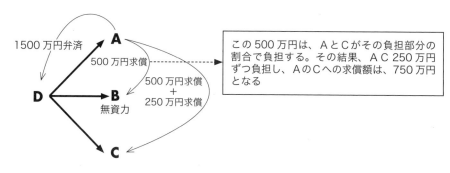

この500万円は、AとCがその負担部分の割合で負担する。その結果、AC 250万円ずつ負担し、AのCへの求償額は、750万円となる

A23 正解─5

1─誤　AがDに対する相殺可能な反対債権を有する場合に、BがDに対して履行を拒むことができるのは、Aの負担部分である500万円についてのみである（439条2項）。

2─誤　連帯債務者の一人について生じた事由のうち他の連帯債務者にも効力を及ぼす事由の中に債務の承認は含まれない。したがって、この場合の承認の効果である時効の援用権の喪失は承認をしたAについてのみ生ずる。

3─誤　更改には絶対的効力が認められる（438条）。よって連帯債権は全ての債権者の利益のために消滅する。

4─誤　負担部分は割合であって数額ではないから、Aは、弁済した額に応じて、B・Cに対して求償することができる（442条）。

5─正　各連帯債務者は弁済などをするにあたり、その事前と事後に、他の連帯債務者に対して通知をすることが必要である（443条）。これを怠るときは求償について制限を受ける。Aは事前の通知を怠っているが、この場合には、Bにその負担部分を求償してもBはDに対して有する反対債権でAの求償権と相殺することができる（同条1項）。

第1章

第2章

第3章

第4章

第5章

第6章

第7章

第8章

Q24 保証債務の付従性

問 民法に定める保証債務に関する記述として、妥当なものはどれか。 （地方上級改題）

1 保証債務は、主たる債務より軽いものであってはならず、例えば、主たる債務が 15 万円である場合に保証債務を 10 万円とすることはできない。

2 債務者が保証人を立てる義務を負う場合に、制限行為能力者や弁済の資力を有しない者を保証人とすることはできないが、債権者がこれらの者を保証人として指名したときは保証人とすることができる。

3 保証人は、債権者が主たる債務者に先立って保証人に債務の履行を請求してきたときは、債務者が破産宣告を受けた場合でも、先に当該債務者に催告するよう請求することができる。

4 主たる債務の消滅時効が更新した場合、時効更新の効力は、主たる債務者に及ぶが、保証人には及ばない。

5 主たる債務者の委託を受けて保証人となった者が、当該債務者に代わって弁済した場合、保証人は当該債務者に対し求償権を有するが、求償の範囲には、強制執行などにかかる費用や損害賠償を含まない。

PointCheck

◉保証債務の付従性 ···【★★★】

①主債務が成立しなければ保証債務も成立しない（成立における付従性）。

②保証債務は主債務と同一内容の責任を負い、主債務より重い責任を負わない。主たる債務の内容が変更されれば保証債務もそれに応じて変更する（内容における付従性）。

③主債務が消滅すれば保証債務も消滅する（消滅における付従性）。

◉保証債務の内容における付従性 ·······································【★★★】

保証債務の「内容における付従性」とは、保証債務の内容・態様が、主たる債務者が負っている債務よりも重いものであってはならないということをいう。担保物権では、担保物権の権利の内容・態様は被担保債権によって決定されるから、内容における付従性は問題とならない。これに対し、保証債務は主たる債務とは別個の独立した債務として存在しているから、その債務の内容を主たる債務の内容と比べてみることが必要となるのである。具体的には、次の2点を確認すること。

①保証人の負担が、債務の目的または態様において、主たる債務よりも重いときは、主たる債務の限度に減縮される（448 条 1 項）。

例えば、主たる債務が債権額 10 万円なのに保証債務が債権額 11 万円というように、主たる債務の内容を上回るような内容になっていたときは、主たる債務の内容の限度、すなわち債権額 10 万円に減縮されることになる。

②主たる債務の内容が変化したときは、保証債務の内容もそれと同じく変化する。

例えば、主たる債務が損害賠償債務になったときは、保証債務もそれと同じになる。また、主たる債務の利率が、債権者と主たる債務者の合意で、年10％から年7％に引き下げられた場合には、保証債務の利率も連動して年7％に下がる。

しかし、逆に主たる債務の利率が12％に引き上げられた場合には、保証債務には影響しないと解されている。債権者と主たる債務者の合意だけで保証人の責任を重くすることは認められないからである（448条2項）。

A24 正解－2

1—誤　保証債務は、主たる債務より重いものであってはならないのであって、軽いものであることはかまわない。これを一部保証という。

2—正　保証人となる者が、制限行為能力者や弁済の資力を有しない者であってはならないというのは、債務者が保証人を立てる義務を負う場合における債権者保護のためである。したがって、債権者がこれらの者を指名してくるのであれば、これらの者を保証人にしてよい（450条3項）。

3—誤　普通の保証の場合、保証人の責任は主たる債務者が履行できないときに限って問われる二次的なもの（補充性）であるから、債権者が主たる債務者に請求しないでいきなり保証人に請求してきた場合には、保証人は「まず、主たる債務者へ請求せよ」といえる。これが「催告の抗弁権」である。これが行使されると、債権者はまず主たる債務者に対して請求してみることが義務づけられる。しかし、主たる債務者が破産している場合には、主たる債務者に請求してみても満足な弁済を受けられないことが明らかになっているといえる。このような場合にまで、債権者に主たる債務者への催告を義務づけるのは単に債権者を困らせるだけである。そこで民法は、主たる債務者が「破産手続開始の決定を受けたとき」は、催告の抗弁権はないとしている（452条ただし書）。本肢も、細かい条文の問題であるが、実は細かい知識を求める問題というよりも、常識的判断力を試す問題といえる。

4—誤　一般的にいって時効完成猶予および更新の効力は相対的効力しかないが、保証人がいる場合には、「主たる債務者に対する、履行の請求その他の事由による時効の完成猶予および更新は、保証人にも効力を生ずる」と規定されている（457条1項）。主たる債務が存続しているのに、担保である保証債務がなくなるのは不当だからである（これは、担保物権は、被担保債権から独立して消滅時効にかからないのが原則である、とされるのと同様の趣旨である）。

5—誤　主たる債務者の委託を受けて保証人となった者の求償権は、連帯債務者の求償権と同様に厚く保護されている（459条2項、442条2項）。支払ったときからの利息・避けられなかった費用・その他の損害が求償できる。よって、強制執行などにかかる費用や損害賠償も求償できる。

Q25 保証人の地位

保証債務に関する記述として正しいものは次のうちどれか（争いのあるときは、判例の見解による）。 （裁判所職員）

1 主たる債務が契約の解除により消滅した場合には、保証債務も当然に消滅し、原状回復義務は保証の範囲に含まれない。
2 主たる債務者が主たる債務を承認しても、保証人にその効力は及ばない。
3 主たる債務者が時効の利益を放棄した場合であっても、保証人は主たる債務についての時効を援用することができる。
4 主たる債務者が同時履行の抗弁権を有している場合でも、保証人がそれを行使することはできない。
5 主たる債務について取消事由がある場合には、保証人は主たる債務者の取消権を行使することができる。

PointCheck

◉保証人の行使できる抗弁 ·····································【★★★】

保証人が行使できる抗弁には、次のようなものがある。

主たる債務の抗弁権を主張する場合（457条2項、3項）	・主たる債務の不成立・消滅の抗弁権（取消し・解除） ・主たる債務者の持つ同時履行の抗弁権 ・主たる債務者の有する反対債権でする相殺
保証人自身が持つ抗弁権	催告の抗弁権・検索の抗弁権

催告の抗弁権…債権者が保証人に請求してきたときに、保証人が、「主たる債務者に催告せよ」といえる権利（452条）。
※以下の場合には、催告の抗弁権はない。
・主たる債務者が破産宣告を受けたとき
・主たる債務者の行方の知れないとき
・連帯保証人の場合
検索の抗弁権…主たる債務者に弁済の資力があり、執行が容易であることを証明して、主たる債務者の財産に強制執行をさせる権利（453条）。
※これらの抗弁権が行使されたのに、主たる債務者に強制執行をしなかった場合には、ただちに執行すれば弁済を受けられた限度で保証人は免責される（455条）。
※連帯保証人には、これらの抗弁権はない（454条）。

◉保証人の責任が及ぶもの ·····································【★★☆】
(1)原状回復義務
売買契約の売主の債務について保証人がいたが、買主が代金をすでに支払ったにもかかわ

問題でPoint を理解する
Level 1 **Q25**

第1章
第2章
第3章
第4章
第5章
第6章
第7章
第8章

らず売主が目的物を引き渡さないので、買主が契約を解除しすでに支払っていた代金の返還を求めた場合に、保証人の義務は売主の代金返還義務にまで及ぶか、という問題である（契約の解除による原状回復義務は目的物引渡義務とは別のものであるが、保証人の責任はこの原状回復義務にまで及ぶかという問題）。

　判例は、「特定物の売買における売主のための保証においては、通常、その契約から生じる売主の債務につき保証人自ら履行の責に任ずるということよりも、むしろ、売主の債務不履行に基因して売主が買主に対し負担すべき債務につき責に任ずる趣旨でなされるものと解するのが相当である」として、売買契約の解除による原状回復義務にも保証人の責任が及ぶとした（最大判昭 40.6.30）。

⑵契約の解除による損害賠償義務

　契約の解除による損害賠償義務について、解除の効果について契約の遡及的消滅と解する直接効果説によっても、損害賠償請求については解除の遡及効が制限されると解するから、保証人の責任は解除における損害賠償義務にまで当然に及ぶといえる。

⑶特定物引渡義務

　特定物の引渡義務を保証した場合にも保証契約は有効である。しかし、売主の債務が売主の責めに帰すべき事由により履行不能となり損害賠償債務に変更されたときは、保証人の義務も損害賠償義務に変化する（付従性）。ではその後、その特定物が相続などにより保証人の所有となった場合に、保証人はその特定物を引き渡すべきなのか、それとも依然として損害賠償の責任だけを負っていれば足りるのかが問題となる。

　判例は、保証人は買主が目的物を取得できるように保証しているのだから、この場合買主は、保証人に対してその物を引き渡すよう請求することができるとしている。

A25 正解ー3

1 ―誤　解除による原状回復義務も保証の範囲に含まれるとするのが判例である。保証契約の中には、このようなものも保証する趣旨が含まれていると考えられるからである。

2 ―誤　承認による主たる債務の時効完成猶予・更新の効力は、保証人にも効力を及ぼす（457 条1 項）。

3 ―正　保証人も、時効によって直接に利益を受ける者として、時効の援用権を有する。時効の援用・放棄の効果は相対的であり、主たる債務者が時効の利益を放棄したときでも、保証人は独自に援用・放棄ができる。

4 ―誤　保証人は、保証債務の付従性に基づき、主たる債務者の抗弁権を行使し得る。保証債務は主たる債務の履行を担保するために存在するのであるから、主たる債務者が行使できる抗弁は保証人も行使できるべきだからである。よって、保証人は主たる債務者の同時履行の抗弁権を行使することができる。

5 ―誤　取消権は契約の当事者がその意思に基づいて行使すべきものと考えられているので、保証人は行使できない。取消権の行使によって債務を免れるべき限度で保証人は履行を拒むことができるのである（457 条3 項）。

Q26 保証人の責任

問 保証債務に関するア～オの記述のうち、妥当なもののみを全て挙げているのはどれか。
ただし、争いのあるものは判例の見解による。 (国家一般改題)

ア 主たる債務について二人の連帯保証人がある場合、各連帯保証人は、債権者に対して主たる債務の2分の1の額についてのみ保証債務を負う。

イ 主たる債務が弁済期にある場合、保証人は、主たる債務者の委託を受けないで保証をしたときであっても、主たる債務者に対して事前求償権を行使することができるが、主たる債務者の意思に反して保証をしたときは、事前求償権を行使することができない。

ウ 特定物の売買における売主のための保証においては、保証人は、特に反対の意思表示のない限り、売主の債務不履行により契約が解除された場合における原状回復義務についても保証の責めに任ずる。

エ 一定の範囲に属する不特定の債務を主たる債務とする根保証契約は、自然人が保証人であっても法人が保証人であっても、極度額を定めなければ効力を生じない。

オ 債権者が主たる債務者に対して債務の履行を催告した後に保証人の財産について執行してきた場合、保証人は、主たる債務者に弁済の資力があり、かつ、執行が容易であることを証明して、まず主たる債務者の財産に対して執行すべきことを主張することができる。

　1　ア、ウ　　2　ア、エ　　3　イ、エ　　4　イ、オ　　5　ウ、オ

PointCheck

●**解除の原状回復義務と保証人の責任**………………………………………【★★★】

解除による原状回復義務は、本来の売買契約上の債務とは別個独立の債務であり（直接効果説からは不当利得返還債務）、主債務の存在を前提に保証した者に責任はないとも考えうる。しかし、契約当事者の合理的意思解釈の見地からは、通常保証人は契約当事者の負担する一切の債務を負担し、相手方に損失を被らせない趣旨と解される。したがって、保証人は債権者に対し原状回復義務についても責任を負う（判例・通説）。

●**連帯保証**……………………………………………………………………【★★☆】

連帯保証というのは、主たる債務者と連帯して同じ債務を負う保証人という意味である。債権者から見れば、連帯保証人は連帯債務者と同じと捉えられる。したがって、
　①債権者は、主たる債務者・連帯保証人のどちらに請求するのも自由である。連帯保証には、保証債務の補充性がないのである。すなわち、連帯保証人には、催告の抗弁権（先に主たる債務者に請求せよといえる権利）と、検索の抗弁権（主たる債務者には強制執行の容易な財産があるといえる権利）はない。
　②連帯保証には、連帯債務の規定を準用され、連帯債務における「絶対的効力を生じる事由」

の規定が準用される（458条）。したがって、債権者と連帯保証人との間で生じた事由が、主たる債務者に対しても効力を及ぼすことになる。しかし、連帯保証人には、主たる債務者との内部関係における負担部分というものがないから、負担部分について絶対的効力を認める規定（相殺の439条2項）は準用されない。

これとは逆に、主たる債務者と債権者との間で生じた事由は、すべて、付従性によって連帯保証人に影響することになる（下記③参照）。

③連帯保証にも付従性は認められるから（457条）、主たる債務者に生じた事由は、連帯保証人にもすべて影響し、例えば、主たる債務者が債務の承認をした場合には、その効果（時効の完成猶予・更新など）は、連帯保証人にも及ぶ。また、連帯保証人は、主たる債務者の抗弁権を行使して債権者の請求を拒むこともできる。

④保証人が数人いる場合の分別の利益（各保証人の債務は、保証人の人数によって分割される原則）は、連帯保証人には認められない。なぜなら連帯保証人は、債権者から見れば、何人いても主たる債務と同じ債務を負う者だからである。

◉個人根保証のポイント……………………………………………………………【★☆☆】

①根保証契約：一定の範囲に属する不特定の債務について保証する契約。増減変動する一団の不特定の債務を担保するため負担が大きく、特に個人の根保証人を保護するための規制が設けられている（465条の2〜465条の4）。

②極度額の定め：個人の根保証契約は、支払いの責任を負う上限金額、「極度額」を定めなければ無効。改正により貸金等だけでなく賃貸借契約などの根保証一般に適用される。

③元本確定：一定の事情（元本確定事由）があったときには、保証する元本が確定し、その後に発生した関連債務は保証の対象から外れる。①債権者が、保証人の財産について、金銭の支払を目的とする債権についての強制執行または担保権の実行を申し立てたとき（ただし、強制執行または担保権の実行の手続の開始があったときに限る）、②保証人が破産手続開始の決定を受けたとき、③借主(主債務者)または保証人が死亡したとき。（また、貸金等根保証の場合には主たる債務の元本確定期日による確定がある。）

A26 正解─5

ア─誤　連帯保証人が数人ある場合は、保証人間に分別の利益がない。主債務額が100万円なら、各連帯保証人は100万円全額について保証債務の負担を負う。

イ─誤　委託を受けた保証人について、一定の場合に事前求償権を行使することが認められるが（460条）、委託を受けない場合は事前の求償権はない（462条）。

ウ─正　契約の解除または無効・取消しによる原状回復義務は、特定物の売主の保証人につき特に反対の意思表示がない限り、保証債務の範囲に含まれる（判例）。

エ─誤　個人根保証とは、将来発生する不特定債務を保証する契約であり、極度額の定めがなければ無効だが（465条の2第2項）、法人が保証人の場合には適用されず無効ではない（同条1項）。

オ─正　保証人は本肢のような検索の抗弁権を有する。（453条）
以上より、妥当なものはウ、オであり、正解は肢5となる。

Q27 保証人の求償権

問 保証債務に関する次の記述のうち、妥当なものはどれか。 （国税専門官）

1 制限行為能力者が締結した消費貸借が、制限行為能力を理由に取り消された場合、その債務を保証した保証人は、制限行為能力について悪意であったとしても保証債務を免れる。

2 保証債務は主たる債務より重いものであってはならないが、保証債務について損害賠償額を予定したり、違約金を定めることはできる。

3 売買契約における売主の債務を保証した場合、保証人の責任は、目的物が買主に移転するように担保することにあるから、買主が売主の債務不履行を理由に契約を解除して、前払い金の返還を求めたとしても、それについて責任を負うことはない。

4 催告の抗弁とは、保証人が主たる債務者に弁済の資力があり、かつ執行が容易であることを証明して、まず主たる債務者に催告するように主張する権利をいう。

5 保証人が主たる債務者から頼まれて保証人になったときは、主たる債務者に弁済額の全部を求償できるが、勝手に保証人になった場合でそれが主たる債務者の意思に反する場合には、求償は認められない。

PointCheck

◉保証人の求償権……………………………………………………………………【★☆☆】

⑴主たる債務者の委託を受けて保証人になった場合

①この場合には、頼まれて保証人となって、結局責任をとらされたという場合であるから、すべてを求償し得る（459条）。すなわち、弁済額＋法定利息＋不可避的な費用＋その他の損害、を求償できる。ただし、弁済期前の債務消滅行為の場合は、その当時に主たる債務者が利益を受けた限度に縮減される（459条の2）。

②債権者に弁済した後から求償していったので払ってもらえなくなりそうな場合には、事前の求償ができる（460条）。事前の求償ができるのは、次の場合である。
・主たる債務者が破産手続開始の決定を受けたのに、債権者がその破産財団に配当加入しないとき
・債務が弁済期にあるとき
・保証人が過失なく債権者に弁済すべき裁判の言い渡しを受けたとき

⑵主たる債務者の委託を受けないで保証人になった場合

保証人となった者が勝手に主たる債務を払っている場合であり、保証人の弁済が主たる債務者の意思に反していたかどうかで求償権の内容に差異がある。

①主たる債務者の意思に反しないとき（462条1項）
弁済した当時に主たる債務者が利益を受けた限度で求償できる（459条の2第1項準用）。

②主たる債務者の意思に反するとき（462条2項）
主たる債務者が求償された時に現に利益を受ける限度でのみ求償できる。

→例えば、弁済があった後に主たる債務者が債権者に反対債権を取得したという場合には、その反対債権をもって求償に対抗することできる。対抗したときは、その反対債権は保証人に移転し、保証人から債権者に請求することになる。

●**債権者の情報提供義務**………………………………………………………………【★☆☆】

　保証人としては、どのくらい主たる債務が溜まっているかかが不安事項になるため、改正により、借主に委託された保証人からの請求があったときは、債権者は 遅滞なく情報（主たる債務の元本、利息、違約金、損害賠償その他その債務に従たる全てのもの）を提供しなければならないとした（458条の2）。また、主たる債務者が期限の利益を喪失した場合に、債権者は喪失を知った時から2か月以内に通知をしなければ、遅延損害金の請求ができないとされた（458条の3）。

A27 正解—2

1—誤　制限行為能力者のなした契約であることを知りながら保証人となった者は主たる債務が後から制限行為能力を理由に取り消された場合には、同一内容の独立の債務を負担したものと推定される(449条)。主たる債務が取り消された後は、遡及的に主たる債務者が負っていたのと同一の内容の債務を負担するということになる。

2—正　保証債務自体にこのような特約をつけることは付従性に反しない。なぜなら、このような特約は保証債務とは別の義務であって保証債務自体の内容を加重するものではない。違約金を定めるのは、保証債務の履行を確かなものとしたいからであって、債務の内容を拡張したわけではない。保証債務を履行すれば違約金を払う必要はないのである。

3—誤　解除による原状回復義務にも保証人の責任は及ぶ。前払いしていた代金の返還義務というのは、解除による原状回復義務である。原状回復義務は、本来の債務とは異なるものであるが、保証契約の趣旨から、これについても保証人は責任を負うものと解されている（判例）。

4—誤　催告の抗弁権というのは、債権者がいきなり保証人に対して請求してきた場合に、「先に主たる債務者に請求せよ」といえる権利をいう、本肢で述べられている権利は、検索の抗弁権のことである。「催告の抗弁」が主張された場合には、債権者は、主たる債務者に「履行せよ」と一声かければよいのであるが、「検索の抗弁権」が主張されたときは、執行してみなければならず、検索の抗弁の威力には大きいものがある。

5—誤　委託を受けず、かつ、債務者の意思に反して保証人になった場合でも、主たる債務者が現に利益を受けている限度では求償できる。債務者は不当利得をしていることになるからである（462条2項）。

Q28 多数当事者の債権債務

問 多数当事者の債権債務関係に関するア〜オの記述のうち、妥当なもののみを全て挙げているのはどれか。ただし、争いのある場合は判例の見解による。 （国家一般改題）

ア 民法第427条によれば、複数の債務者がいる場合において、別段の意思表示がないときは、各債務者はそれぞれ等しい割合でのみ債務を負うとされるが、この規定は契約によって生じた金銭の給付についての債権債務関係にのみ適用される。

イ AとBがC所有の不動産を共同でCから賃借している場合、AとBの賃料支払義務は、不動産の利用の対価であり、賃貸人との関係においては各賃借人は目的物の全部に対する使用収益をなし得る地位にあるから、賃貸人であるCは、賃借人であるAとBのいずれに対しても、賃料全額の支払を請求することができる。

ウ AとBがCから連帯して100万円を借り受けた場合、CがAに対してのみ債務の免除をしたときであっても、Aの負担部分についてのみBの利益のためにも免除の効力が生じる。よって、CがBに対して請求できるのは、100万円からAの負担部分を控除した額である。このように、一人の債務者に生じた債務の免除の効力が他の債務者に及ぶことで、求償の循環が避けられる。

エ 保証は、主たる債務者以外の第三者に債務を負わせることで、主たる債務者が弁済できないときに債権者に保証人の一般財産から債権を回収させる制度であり、債権者と保証人との間の契約に加えて、主たる債務者と保証人との間の契約が必要である。

オ 保証人は、主たる債務者がその債務を履行しないときに初めて自分の債務を履行する責任を負うのであるから、主たる債務者に資力がありかつ執行が容易であることを証明すれば、先に主たる債務者の財産に執行するよう債権者に求めることができる。しかし、連帯保証人の場合は、先に主たる債務者の財産に執行するように求めることができない。

1 ア、イ **2** ア、ウ **3** イ、オ **4** ウ、エ **5** エ、オ

PointCheck

◎分割債権債務関係と連帯債務・保証債務……………………………………………【★☆☆】
　分割できる目的物（可分的給付）は、複数の債権者債務者に分割される（いわゆる割り勘）。これが多数当事者の原則といえる。しかし、分割できない場合（不可分給付）では、不可分債権債務関係となる。不可分給付に債権者が多数いる場合は、一人の債権者が全部を受領できる（連帯債権が準用され処理）。債務者が多数いる場合は、連帯債務と同じ関係になる（連帯債務が準用され処理）。これに対して、連帯債務や保証債務とは、このような不可分給付でない場合にも（債権の目的が性質上可分給付でも）、わざと債務者の数を多くして、確実に履行がされるように債権の力を強くしているのである。

●多数当事者の債権債務関係のまとめ………………………………………………【★★★】

		対外的効力	絶対的効力
分割債権・債務		個別に請求	なし（個別に弁済）
不可分	債権	一人が全員のため請求	弁済・供託・請求
連帯	債権		＋相殺・更改・免除・混同
不可分	債務	一人 or 全員に、同時 or 順次一部 or 全部の請求が可能	弁済・供託・代物弁済・相殺・更改
連帯	債務		＋混同（440条）
不真正連帯	債務		弁済・供託・代物弁済・相殺のみ

		請求に対し	主債務者に生じた事由	保証人に生じた事由	求償
保証	債務	催告検索の抗弁あり	保証人に影響（保証の付従性）	債務者に無影響	委託の有無で異なる※
連帯保証	債務	催告検索の抗弁なし		連帯債務の準用（負担部分はなし）	

※求償の範囲（弁済した者に償還する限度）

連帯債務	債務求償（負担部分）＋免責後の法定利息
委託ある保証（事前の求償も可能）	＋不可避な費用＋その他の損害
委託ない保証（債務者の意思に合致）	主債務者が当時利益を受けた限度
委託ない保証（債務者の意思に反する）	主債務者が現に利益を受けている限度

Level up Point！　連帯債務と連帯保証の違いで注意すべきなのは、①絶対的効力の連帯保証への準用は、保証人から主債務者へ一方通行的に準用されるだけで、主債務者から連帯保証人へは付従性によって全部影響すること、②連帯保証人に負担部分はないので、負担部分に関する連帯債務の規定は準用されないことである。

A28 正解―3

ア―誤 多数当事者の債権債務関係の原則は分割債権債務であり、金銭に限らず分割できる給付の債権債務であれば個別に請求、弁済となる。契約で別段の意思表示がない場合に限らず、相続により承継する債務も分割されるのが原則である。

イ―正 不可分的な目的物（不動産）の利益を受ける以上、それに対する対価としての給付（賃料）は不可分債務となる。

ウ―誤 以前はAの免除により連帯債務者BもAの負担部分について債務が減少したが（旧437条、削除）、改正により免除も相対的効力とされ、免除があったとしても他の連帯債務者には全額の請求ができ、弁済した場合は負担部分をAに求償することになる（442条）。

エ―誤 債務者の委託なしで保証する場合もあり、保証契約は債権者と保証人の契約のみで成立する。

オ―正 連帯保証では検索・催告の抗弁がなく、いきなり連帯保証人に請求できる。

Q29 連帯債務の判例

問 次の文章は、連帯債務に関する最高裁判所の判決の抜粋である。文章の空欄A〜Eに入る語句に関するア〜オの記述のうち、妥当なもののみをすべて挙げているものはどれか。

(国税専門官)

「連帯債務は、数人の債務者が同一内容の給付につき各独立に　**A**　のであり、各債務は債権の確保および満足という共同の目的を達する手段として　**B**　が、なお、　**C**　。ところで、債務者が死亡し、相続人が数人ある場合に、被相続人の金銭債務その他の可分債務は、法律上当然分割され、各共同相続人がその相続分に応じてこれを承継するものと解すべきであるから（中略）、連帯債務者の一人が死亡した場合においても、その相続人らは、　**D**　、各自その承継した範囲において、　**E**　と解するのが相当である。」

ア Aには「自己の負担部分の給付をなすべき債務を負担している」が入る。

イ Bには「相互に関連結合している」が入る。

ウ Cには「可分なること通常の金銭債務と同様である」が入る。

エ Dには「被相続人の債務の分割される前のものを承継し」が入る。

オ Eには「本来の債務者とともに連帯債務者となる」が入る。

1 ア
2 ア、ウ
3 イ、エ
4 イ、ウ、オ
5 ア、イ、エ、オ

PointCheck

●**連帯債務者の一人が死亡して、相続人が複数いた場合**……………………………………【★★☆】

　本問の素材になった判例は、最判昭 34.6.19 である。この判例の理解の前提になるのは、民法の採る分割債権債務の原則である（427 条）。これは、可分な給付について数人の者が債務者（債権者）になった場合には、その給付義務は各債務者（各債権者）の分に分割されるというものである。したがって、連帯債務者の一人が死亡し、その者の相続人が数人いれば、その者の債務は各相続人に分割されて相続されることになる。しかし、他の連帯債務者との間の連帯関係は残っているから、各相続人は、自分の相続した分割債務について、他の債務者と連帯していくこととなる。

　これを例を挙げて説明すると、例えば、Aが債権者（債権額 600 万円）で、B、C、Dが連帯債務者だとする。連帯債務者の一人であるBが死亡し、Bの子のE、FがBを共同相続したとすると、次のようになる。

　BがAに対して負担していた債務の額は600万円であった。これが、EとFに共同相続されることになる。そうすると、600万円というのは可分給付であるから、分割債務の原則により、EとFはそれぞれ300万円ずつ債務を相続したこととなる。そして、EとFは各自300万円の債務について他の債務者C、Dと連帯債務者の関係に立つことになる。この場合、連帯債務者となっている者の債務額が同一でないことになるが、連帯債務は各債務者が別個の債務を負っているものであるから別に差し支えない。

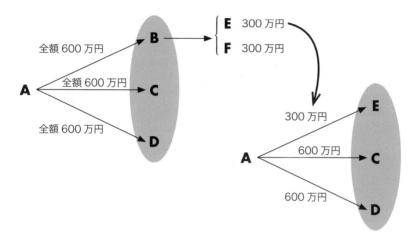

A29 正解ー4

　Aを検討すると、連帯債務は各債務者が全部の給付義務を負うものであるから、**ア**は不適切である。正しくは「全部の給付をなすべき債務を負担している」が入る。

　Bを検討すると、連帯債務者の間には主観的共同関係があるものと考えられているから、**イ**は適切である。

　Cを検討すると、その後に続く部分で、金銭債務は複数の相続人に分割されたものとして相続されることが書かれているから、**ウ**の内容が入るのが適切といえる。

　Dを検討すると、被相続人が連帯債務者の一人だった場合に、その債務は複数の相続人に分割されて相続されるという内容が入るべきであるから、**エ**は不適切となる。

　Eを検討すると、各相続人がその分割して相続した分について、本来の債務者と連帯債務の関係になるとするのが判例の立場であるから、**オ**は適切であるといえる。

　よって、**イ、ウ、オ**が妥当であり、正解は肢4となる。

第1章
第2章
第3章
第4章
第5章
第6章
第7章
第8章

Q30 連帯保証

問 AがBに対して有する金銭債権を担保するため、Bの所有する土地に抵当権が設定され、また、Cが連帯保証人となった。この場合の法律関係に関する次の記述のうち、妥当なものはどれか。

(国家一般)

1 Cが連帯保証人となったのがBの委託に基づかないときは、CはBの意思に反して弁済をすることはできず、たとえ弁済をしても無効であるからCがAの抵当権に代位することもできない。

2 Cが連帯保証人となったのがBの委託に基づくときは、Cは弁済をすれば弁済による代位により、Aの債権を行使することができるが、抵当権を行使することはできない。

3 Cが連帯保証人となったのがBの委託に基づくときは、CはAの承諾を得れば、弁済による代位により、Aの有していた抵当権を行使することができる。

4 Aが抵当権を放棄したことにより、Cが弁済による代位によって抵当権を行使できなくなったときは、Cは抵当権の放棄により償還を受けられなくなった額について、連帯保証債務の履行を拒絶することができる。

5 CがBから事前の償還を得ていた場合であっても、Cが弁済をなしAに満足を与えた場合には、弁済による代位によってCはAの有していた債権を行使しうる。

PointCheck

●委託を受けた保証人と受けない保証人‥‥‥‥‥‥‥‥‥‥‥‥‥‥‥‥‥‥‥‥【★★☆】

保証契約はあくまでも債権者と保証人との間でなす契約であって、主たる債務者はまったくの部外者である。したがって、主たる債務者から「自分には資産があるから絶対に迷惑はかけないから……」とだまされて保証契約を締結しても、第三者の詐欺になるだけである。このようなわけであるから、保証人となるにあたって、主たる債務者から委託を受けたかどうかは、保証契約には無関係である。ただし、委託の有無は保証人の主たる債務者に対する求償権の内容に差異をもたらす。すなわち、

①委託を受けて保証人となった者は、その求償権を厚く保護される。具体的には、債権者に支払った日からの法定利息（年利３％）をつけて返すよう債務者に求償できるし、その他の損害があればそれも求償できる（一定の場合には事前の求償も可能）。

②これに対し、委託を受けないで保証人になった者の求償権は弱い。主たる債務者が弁済してもらった当時に利益を受けたといえる限度でしか求償できない。すなわち、弁済した額を返してもらえるだけで、法定利息や損害賠償を請求することはできない。

③さらに、保証人になったことが債務者の意思に反していたという場合には、債務者が現に利益になっているといえる限度でしか求償できない。

このように、委託の有無は求償内容に反映する（しかし、保証人となっている以上、主債務者の意思に反しても弁済できるし、法定代位もできる）。

第1章

第2章

第3章

第4章

第5章

第6章

第7章

第8章

●**弁済による代位**……………………………………………………………………………【★★☆】

　弁済による代位とは、第三者や保証人が債務を弁済した場合に、債務者に対して取得する求償権を担保するために、債権者が持っていた権利をこれらの者に移転させる制度をいう。弁済による代位には、弁済する正当な利益がないにもかかわらず弁済した場合（任意代位）と、弁済する正当な利益がある場合（弁済をすれば当然に代位できる場合、法定代位）とがある。保証人のように「弁済することについて正当な利益を有する者」は、法定代位ができる。任意代位をするためには、通知・承諾という債権譲渡の対応要件を備えなければならない（500条、467条）。

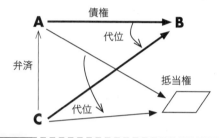

任意代位：債権譲渡の対抗要件を具備
法定代位：当然に代位する

Level up Point!　肢1は、第三者の弁済が債務者の意思に反してはできないということと、委託を受けないで保証人になった者の地位とを混ぜ合わせて、混乱を誘うように作られた選択肢。無理をせず、このような選択肢は後回しにするのが得策。

A30 正解―4

1―誤　保証人となるのに主たる債務者の委託は不要である。Ｃは連帯保証人となった以上、第三者としてではなく保証債務者として自己の債務の弁済をするのであるから、主たる債務者の意思に反しても弁済できる。また、弁済による法定代位も認められる。

2―誤　弁済による代位が生ずれば、債権自体が移転することとなりそれに伴って抵当権も当然に移転する。よって、Ｃは抵当権を行使することができる。

3―誤　連帯保証人は弁済をするにつき「正当な利益を有する者」であるからＣが弁済をすれば当然に代位の効果が生ずる（499条、500条かっこ書、法定代位）。改正により削除された「債権者の承諾」は法定代位には不要であったし、改正後は任意代位の要件である債権譲渡の対抗要件も必要とされていない。

4―正　504条は、弁済によって法定代位をなし得る者を保護するため債権者に担保保存義務を課し、債権者が故意・過失によって担保を喪失・減少させたときは法定代位をなし得る者はその担保から償還を受け得た額だけ免責されるとする。

5―誤　保証人が事前に償還を得ていれば求償権は発生しないから、弁済による代位も認められない。弁済による代位は、求償権を確保するための制度である。

第4章

弁済と相殺・債権譲渡

1 弁済

Level 1 ▷ **Q31〜Q34**　Level 2 ▷ **Q38**

⑴意義

債務の内容をその本旨に従って実現する債務者その他の者の行為（473 条、474 条）。

弁済は、債務者等の「弁済の提供」と債権者の「受領」からなる。弁済の提供があったにもかかわらず、債権者の受領がない場合、債務者が債務不履行責任を負うのは不当なので、弁済の提供には責任軽減の効果が認められる（413 条）。

⑵弁済の提供の種類

①現実の提供：債権者の受領さえあれば履行が完了できる債務の場合に、債務者が債権者が受領できる状態にまでもっていくこと。

→債権者の所へ物を届ける（持参債務の場合）

②口頭の提供：受領以外に債権者の協力行為が必要な場合に、債務者が準備を整えて債権者の協力を促すこと（準備＋通知）。

→債権者が債務者の所に受け取りにくるという場合（取立債務）

※現実の提供ができる場合であるが、債権者があらかじめ受領を拒絶しているというときも、口頭の提供でよい。

⑶弁済の提供の効果

①債務者は債務不履行の責任を負わない（492 条）

②約定利息の発生停止

③相手方の同時履行の抗弁権喪失

④目的物を供託できるようになる

⑷受領遅滞の効果　▶p76

弁済の提供があったのに、債権者が受領しない場合、受領遅滞の効果も生ずることになる。受領遅滞の効果としては、①目的物保管義務の軽減、②増加費用の債権者負担、③危険の債権者への移転がある。

法定責任説→債権者の帰責事由不要

※法定責任説（通説）では、弁済の提供の効果と受領遅滞の効果を区別する意味はない。

債務不履行説→債権者の帰責事由必要

※さらに、効果として受領遅滞を理由とする、債務者の④解除権および⑤損害賠償請求権を認める。

2 相殺

Level 1 ▷ **Q33,Q35**　Level 2 ▷ **Q39**

⑴意義　▶p75

債務者が、債権者に対し同種の債権を有するときに、一方的な意思表示でその債権と自己の債務とを対等額において消滅させること。

⑵要件（相殺適状） ▶p78

① 双方の債権の対立
② 債権の内容が同種
③ 債権の弁済期到来
④ 両債権の有効な存在
⑤ 債務の性質が相殺を許すこと

相殺の意思表示

自動債権

債権
A B

対等額で消滅

債務

受働債権

⑶相殺禁止 ▶p78

① 相殺禁止特約→善意・無重過失の第三者に対抗できない
② 自働債権に抗弁権が付着している場合
③ 受働債権が悪意による不法行為で生じた場合、生命・身体侵害の損害賠償の場合
④ 受働債権が差押え禁止債権（賃金債権など）の場合
⑤ 自働債権が差し押さえられた場合
⑥ 受働債権が差し押さえられた場合は、差押え前から有していた自働債権とだけは相殺可

⑷相殺の効果

相殺適状になった時点に遡って、相殺適状の時から対等額が消滅する。

3 債権譲渡

Level 1 ▷ **Q36,Q37**   Level 2 ▷ **Q40**

⑴意義

債権を同一性を保ったまま契約により移転すること（将来発生する債権も譲渡可能）。

⑵譲渡できない債権 ▶p88

① 債権の性質上譲渡不可という場合
② 法律による譲渡禁止（扶養請求権など）
③ 譲渡禁止特約があっても譲渡性を失わない
　　→特約により、悪意・重過失の譲受人・第三者に対して履行を拒むことができる

⑶債務者に対する対抗要件（aまたはbのどちらかでよい）

a．債権者（譲渡人）から債務者へ譲渡した旨の通知をすること
b．債務者から、債権者または譲受人へ譲渡を承諾すること

⑷第三者に対する対抗要件 ▶p80

⑶の通知または承諾が確定日付のある証書でなされたこと
　※二重譲渡の場合の優劣：通知の場合→通知の到達の早い方が勝つ（承諾の場合→承諾
　　の早い方が勝つ）
　※通知の同時到達の場合：どちらの譲受人も債務者に全額請求可（債務者はどちらかに
　　弁済すればよい）

⑸債権譲渡における債務者の抗弁 ▶p82

債務者は、対抗要件具備（債権譲渡の通知または承諾）の時までに、譲渡人に対して生じた事由は、債権の譲受人に対しても主張することができる（468条）。改正前に規定されていた「異議をとどめない承諾による抗弁切断」は廃止され、無留保で承諾をした債務者も、対抗要件を備えた時以前の抗弁を、債権の譲受人に対抗できる。

Q31 弁済

問 債務の弁済に関する次の記述のうち、妥当なものはどれか。　　（国税専門官改題）

1 第三者が債務者のために現実に弁済した場合には、当該第三者が弁済につき、正当の利益を有していたか否かにかかわらず、法律上当然に債権者に代位する。
2 取引上の社会通念に照らして受領権者と認められる者に対して、弁済者が善意かつ無過失で弁済した場合には、当該弁済は有効な弁済となる。
3 特定物の引渡しを目的とする債務は、引渡しの現状ではなく、債権成立時の状態で引き渡すことを要する。
4 債務の弁済が行われた場合の充当は特約のない限り、まず元本、ついで利息、費用の順で行われる。
5 当事者が第三者の弁済について、反対の意思を表示している場合には、第三者の弁済はもちろん、履行補助者や代理人による弁済も許されない。

PointCheck

◉受領権者としての外観を有する者に対する弁済……………………………………………【★★★】

弁済受領権限のないものに対する弁済には効力がない。ただし、例外的に受領権者以外の者であっても、「取引上の社会通念に照らして受領権者としての外観を有するもの」に対する弁済が有効とされる（478条）。その弁済をした者は当然、善意・無過失でなければならない。受領権者とは、債権者および法令の規定や当事者の意思表示により受領権限を与えられた第三者で、代理人・代表者・親権者などを含む。以前規定されていた「受取証書の持参人」への弁済は、「取引上の社会通念に照らし…外観を有する」ものとなるので、478条の適用により処理されることになる（旧480条削除）。

◉弁済による代位……………………………………………………………………………【★★☆】

本来の債務者以外の者が債務の弁済をした場合、その者には債務者に対する求償権が発生するが、その求償権を確実なものにするために、民法は、債権者が有していた担保権をその第三者のために移転することとした。これを弁済による代位（499条）という。例えば、抵当権付債権の債権者に弁済をした場合には、債権者が持っていた抵当権が弁済者に移転してくる。この場合、債権者の持っていた被担保債権自体も消滅せずに移転する。そうでないと、抵当権が付従性によって消滅してしまうからである。

弁済による代位をする場合、弁済をするのに「正当の利益」を有する者（法律上の利益に限る）は、弁済するだけで、当然に代位する（例：物上保証人のように債務を弁済しないと抵当権を実行されてしまうという立場にある者）。これを法定代位という。これに対し、友人のように弁済をすることについて、「正当の利益」を有しない者は、債権譲渡の対抗要件（467条準用）を得なければ代位を主張できない（500条）。これを任意代位という。

●**第三者による弁済**･･【★☆☆】

　第三者でも他人の債務を弁済することができるのが原則である（474条）。債権者としては、とにかく誰でもいいから弁済してくれればそれでよいというのが通常だからである。しかし、次の場合には第三者の弁済はできない。

⑴「債務者」の意思に反する第三者弁済

　弁済をするについて正当な利益のない第三者は弁済できない。ただし、債務者の意思に反することを「債権者」が知らなかったときは、第三者弁済も可能となる（474条2項）。したがって、物上保証人など正当な利益がある場合は、債務者の意思に反しても弁済は可能となる。

⑵「債権者」の意思に反する第三者弁済

　弁済をするについて正当な利益のない第三者は、債権者の意思に反して弁済をすることも許されない。ただし、債務者の委託を受けた第三者弁済であることを債権者が知っている場合は弁済も認められる（474条3項）。

⑶債務の性質・制限の意思表示

　債務の性質が第三者弁済を許さない場合（名優が出演する債務など）や、当事者が第三者弁済の禁止・制限する意思表示をした場合（加害者以外の賠償を拒絶など）は、第三者の弁済は認められない（474条4項）。

A31 正解－2

1─誤　弁済による代位（499条）の問題である。第三者が弁済を行うことについて「正当な利益」を有していたとき、例えば、債務について物上保証人になっていた場合は、当然に代位する（法定代位）。そうでないときは、代位について債権譲渡の対抗要件が必要である（任意代位、500条）。

2─正　例えばドロボウが、盗んだ銀行の預金通帳と印鑑を持ってきて何食わぬ顔で預金の払戻しを受けた場合がこれにあたる。この場合、銀行は無過失でなければならない（478条）。

3─誤　特定物債権の場合、契約や社会通念から引渡時の品質を定められないときは、「履行期の現状のまま」で引き渡せばよい（483条）。特定物はほかに代わりになる物がないからである。

4─誤　費用→利息→元本の順で充当される（489条）。例えば、AがBから100万円借りていたが、その利息のほか、契約締結時の費用のうちAが負担すべき分もたまっていたという場合において、AがBに100万円しか弁済しなかったときは、特約のない限り、費用→利息→元本の順で債務に充当されることになる。元本は少し残る。

5─誤　正当な利益のない第三者がなす弁済は、債務者が反対の意思を表示しているときはできない。しかし、履行補助者や代理人というのは債務者のために弁済する権限を与えられている者であるから、債務者自身による弁済と同じであり、これらの者の弁済まで許されないとしている本肢は妥当でない。

Q32 受領権者としての外観を有する者への弁済

1 預金者以外の者が無断で預金証書と印鑑を持ち出し、預金者と偽って銀行から預金の払戻しを受けた場合、銀行が善意であれば、過失の有無にかかわらず、その払戻しは有効であるとするのが判例である。

2 返還時期の定めのない消費貸借では、貸主が弁済を催促した時から借主は履行遅滞の責を負う。

3 債務者が賃料の支払いをなすにあたり、債権者の受領拒絶が明らかな場合であっても、債務者は弁済の提供をしなければ、債務不履行の責を免れることはできないとするのが判例である。

4 債務者の妻と第三者の妻が姉妹の場合には、当該第三者は弁済をなすことについて正当な利益を有するから、債務者の意思に反しても弁済することができる。

5 弁済者は、弁済受領者に対して受取証書の交付を要求したのにこれを拒絶されたときは、弁済をしなくても債務不履行の責を負わない。

PointCheck

●受領権者としての外観を有する者への弁済（478条）に関する判例 ……………【★☆☆】

①定期預金の期限前解約をした場合にも478条が適用される（最判昭41.10.4）。

事例：他人の定期預金の預金通帳と印鑑を盗んだ者が、満期がまだ到来しないので、定期預金の解約を申し入れ預金の払戻しを受けた場合。

判旨：定期預金契約の締結に際し、期限前の払戻しの場合の弁済の具体的内容が当事者の合意によって確定されている場合には、期限前払戻しであっても478条の適用がある。

※期限前の払戻しというのは、中途解約のことである。一般的には、中途解約に応じるかどうかは当事者の自由である。478条の規定が弁済者を保護しているのは、債務者は弁済するのを義務づけられているからであるので、まったく自由な中途解約には、この保護規定を適用することに問題がある。そこで、判例は契約の当初から期限前の払戻しが合意されていて弁済の内容が決まっていた場合には弁済と同旨することができるから、478条の適用を認め得るとしたのである。

②預金担保貸付における相殺にも 478 条が類推適用される（最判昭 59.2.23）。

　預金担保貸付というのは、銀行が定期預金を持っている預金者に対して、定期預金を担保にして融資をすることをいう。担保の方法は、債務不履行があれば定期預金と相殺するという方法による。

事例：他人の定期預金の通帳と印鑑を持つ者が、善意・無過失の銀行から融資を受けた。銀行は後日悪意になったとしても相殺し得るか。

判旨：金融機関が融資するにあたり、必要な注意義務を尽くしたといえる場合には、預金債権との相殺について、478 条が類推適用される。

※総合口座取引による相殺の場合にも 478 条が類推適用される（最判昭 63.10.13）。

③銀行の現金自動支払機によって、預金者以外の者に支払った場合にも銀行は免責される。

事例：他人の真正なキャッシュカードを使って、正しい暗証番号を入力した者に対して、現金自動支払機が払戻しをした場合。

判旨：銀行の設置した現金自動支払機を利用して、預金者以外の者が預金の払戻しを受けた場合、銀行が交付した真正なキャッシュカードが使用され、かつ、正しい暗証番号が入力されていた場合には、銀行による暗証番号の管理が不十分であったという特段の事情のない限り、銀行は免責約款により免責される。

※免責約款のない場合には、478 条によって免責される。

　偽造されたカードの場合には、「偽造・盗難カード預金者保護法」によって、478 条の適用が排除されている。

A32 正解—5

1—誤　受領権者の外観を有する者に対する弁済が有効となるためには、弁済者が善意かつ無過失であることが必要である（478 条）。

2—誤　消費貸借では、返還時期の定めのない場合でも、貸主は相当な期間を定めて返還を催告しなければならない（591 条）。なぜなら、借主は借りた物を手元において保管しているわけではないからである。ただし、相当な期間を定めずに催告をした場合であっても、客観的な相当の期間経過後に遅滞となる（通説）。

3—誤　債権者の受領拒絶の意思が明白な場合には、弁済の提供（口頭の提供）をしなくても、債務不履行の責を負わない（判例、413 条参照）。

4—誤　正当な利益を有しない第三者は、債務者の意思に反して弁済をすることはできないが、この正当な利益は法律上のものであることが必要であり、本肢の場合はこれにあたらない。

5—正　弁済と受取証書の交付は同時履行の関係に立ち、弁済と引換に交付請求できる（486 条）。同時履行の抗弁権があれば履行期を過ぎても債務不履行の責任を負わない。

Q33 債権の消滅

問 債権の消滅に関する次の記述のうち、正しいものはどれか。 （国家一般改題）

1 代物弁済は、本来の給付と異なる他の給付をなして本来の債務を消滅させる契約であるが、代物弁済として給付された物に契約に適合しない不具合があった場合でも、債権者は、本来の給付かまたは不具合のない物の給付を請求することはできない。

2 債務の免除は債務者に対する一方的意思表示である単独行為であるから、債務の免除の意思表示に条件を付けることはできない。

3 更改は、債務の要素を変更して新債務を成立させ、旧債務を消滅させる契約であるが、旧債務のための担保権・保証など従たる権利は原則として新債務に移転する。

4 相殺は、一方的意思表示により債務を消滅させるものであるが、受働債権が差押え禁止債権である場合および自働債権または受働債権が悪意による不法行為債権であるときは、相殺をすることができない。

5 供託は、弁済者が債権者のために弁済の目的物を供託して債務を免れるものであり、いったん供託をして債務が消滅した以上、供託を取り消して目的物の返還を請求することはできない。

PointCheck

◉弁済以外の債権の消滅原因‥‥‥‥‥‥‥‥‥‥‥‥‥‥‥‥‥‥‥‥‥‥‥【★★☆】

(1)**代物弁済**…本来の給付に代えほかの給付をなすことで債権を消滅させる契約（482条）。
  ・債務者（弁済者）だけではできず、債権者との契約（代物弁済契約）で行う。
  ・合意だけでは足りず、目的物を現実に給付することが必要である。

(2)**更改**…債務の給付内容・債務者・債権者を変更して新債務を成立させ、その反面で旧債務を消滅させる契約（513条）。
  ・1個の契約であるから、旧債務が存在しなかったときは更改は無効であり、新債務も成立しない。
  ・旧債務と新債務は別のものであるから、旧債務を担保していた担保物権は原則として消滅する。新債務に担保を移すことはできる（518条）。

(3)**供託**…債権の目的物を供託所に寄託して債務を消滅させること（494条）。
  ・債権者が受領を拒んだり、受領することができないとき、あるいは債務者の過失なくして債権者が誰かを知ることができないときにできる。
  ・債権者が供託を受諾せず、または供託を有効とする判決が確定しない間は、供託物を取り戻すことができる。

(4)**免除**…債権を無償で消滅させる債権者の意思表示（単独行為、519条）。

(5)**混同**…債権者と債務者が同一人になること（520条）。
  ・父から借金をしていた子が父を相続した場合など（債権は消滅する）。

問題でPointを理解する
Level 1 **Q33**

第1章
第2章
第3章
第4章
第5章
第6章
第7章
第8章

⑹**相殺**…債務者が債権者に対して反対債権を有する場合に、債権・債務を対当額で消滅させること（単独行為、505条）。相殺できる状態にあることを「相殺適状」という。

①両当事者間に債権の対立があること

例えばAがBに100万円の債権を有し、BもAに80万円の債権を有していた場合である（Aが相殺する場合にはAの債権を自働債権といい、Bの債権を受働債権という。つまり、相殺をしようとする者の債権が自働債権で、その者の債務が受働債権である）。

②両債権の内容が同種のものであること

通常は、金銭債権同士の間で相殺が行われる。しかし、金銭以外の代替物について相殺を行うこともできる。

③両債権の弁済期が到来していること

Aの債権の弁済期が来ないのに相殺をすれば、Bは期限前に債務を履行させられたのと同じことになってしまうのでこの要件がある。とすれば、Aの負担している債務（受働債権）についてはAは期限の利益を放棄できるはずである。そこで、この③の要件は厳密には、「自働債権の弁済期が到来していること」となる。

④債権の性質が相殺を許すこと

両債権の内容が同種のものであっても、それぞれ別々に履行されなければ困るものの場合には相殺はできない。例えば、AとBがそれぞれお互いの引越しを手伝うことを約束したような場合には相殺はできない。

A33 正解―1

1―正　代物弁済は、本来の給付と異なるほかの給付を現実になして債務を消滅させる契約であり、契約とはいっても新たな債務が発生するわけではなく、したがって、その履行という観念を入れる余地のないものである。それゆえ、代物弁済として給付された物に不具合があっても債務不履行の責任を問うことはできない。また、債務は消滅しているのであるから、本来の給付を請求することもできない。しかし、有償契約ではあるので売買の契約不適合責任の規定（562～564条）が準用され、損害賠償や解除もできる。

2―誤　債務の免除は単独行為であるが、条件を付けてもよい。条件を付けても、債務者が不利益を受けることはないからである。

3―誤　更改によって旧債務は消滅するから、旧債務のための従たる権利関係はすべて消滅するのが原則である。別途、新債務へ担保を移転させなければならない。

4―誤　自働債権が悪意による不法行為債権の場合にも相殺ができないとしている点が正しくない。

5―誤　債権者が受諾しないでいるか、または供託を有効とした判決が未確定の間は、供託物を取り戻すことができ、供託はなかったことになる(496条1項)。ただ、供託により質権・抵当権が消滅した場合は、取り戻すことはできない（同条2項）。

Q34 受領遅滞

問　受領遅滞の性質について、次の2説があるとする。ア〜カの記述のうち、A説の立場からの記述の組合せとして妥当なものはどれか。　　　　　　　　　　　　（国家一般）

（A説）債権者は給付を受領する権利を有するが義務を負うものではなく、受領遅滞の責任は法が特に公平の観点から認めたものである。

（B説）債権者が協力しなければ債務を履行できない場合もあるので、債権者には受領義務があり、受領遅滞は債権者の債務不履行である。

ア　受領しない債権者に対して、受領遅滞に基づいて債務者の損害賠償請求権を認めるべきである。

イ　受領遅滞の要件として、債権者の帰責事由は不要である。

ウ　受領遅滞の効果と弁済の提供の効果が同じならば、受領遅滞の規定を設ける必要はない。

エ　債務者の利益は、反対債務の不履行に基づき契約の解除や損害賠償請求が可能であることで十分である。

オ　一般的な受領義務を認めるべきではないが、信義則による受領義務が認められることはある。

カ　受領しない債権者に対して、受領遅滞に基づき債務者の契約解除を認めるべきである。

1　ア、ウ、エ
2　ア、ウ、カ
3　イ、エ、オ
4　イ、オ、カ
5　ウ、エ、オ

PointCheck

◉弁済の提供と受領遅滞………………………………………………………【★★★】

弁済の提供があったにもかかわらず債権者が受領しなかった場合、債務者には弁済の提供をした効果が与えられる。弁済の提供の効果としては、①債務者は債務不履行の責任を負わない、②約定利息の発生停止、③相手方の同時履行の抗弁権喪失、④目的物を供託できるようになる、⑤目的物保管義務の軽減、⑥増加費用の債権者負担、⑦危険の債権者への移転がある。この弁済提供の効果は債権者の方から見れば、受領しなかったことによるペナルティととらえることができる。これが受領遅滞の効果といわれるものである。つまり、①〜⑦は債務者から見れば、「弁済の提供の効果」であるが、債権者から見れば「受領遅滞の効果」となる。通説である受領遅滞に関する法定責任説はこのように解している。受領遅滞といっても債務不履行とは違うからこれらの効果が発生するのに債権者の帰責事由の有無は問題に

ならない。

これに対して、受領遅滞は債権者の受領すべき債務の債務不履行だとするのが債務不履行説である。この説では、上述の弁済の提供の効果が全部受領遅滞の効果となるわけではなく、債権者に経済的にも不利益を課すこととなる⑤〜⑦だけを受領遅滞の効果だとする。その上で、これらの効果の発生には債権者の責めに帰すべき事由が必要だとする。さらに債務不履行説では受領義務の不履行を理由に、⑧損害賠償請求権　⑨解除権が債務者に与えられるとする。

	法定責任説	債務不履行説
弁済提供の効果	①②③④⑤⑥⑦	①②③④
受領遅滞の効果		⑤⑥⑦⑧⑨

なお、改正によって、受領遅滞の効果として、⑤目的物保管義務の軽減と、⑥増加費用の債権者負担が規定された。

413条1項：債権者が債務の履行を受けることを拒み、又は受けることができない場合において、その債務の目的が特定物の引渡しであるときは、債務者は、履行の提供をした時からその引渡しをするまで、自己の財産に対するのと同一の注意をもって、その物を保存すれば足りる。

2項：債権者が債務の履行を受けることを拒み、又は受けることができないことによって、その履行の費用が増加したときは、その増加額は、債権者の負担とする。

A**34** 正解-3

A説は、受領遅滞についての法定責任説である。法定責任説は、受領遅滞とは弁済提供の効果を債権者から眺めただけのことであり、受領遅滞の効果といっても、弁済の提供の効果と同じものであるとする。したがって、受領遅滞の効果を認めるにあたって債権者の帰責事由の有無は問題にならない。

これに対し、B説は債務不履行説である。この説は、弁済の提供の効果と受領遅滞の効果を区別する。弁済の提供の効果とは、債務者が債務者としてベストを尽くしたことの効果であり、債務不履行の責任を免れたり、相手方の同時履行の抗弁権を消滅させたり、あるいは供託ができるようになることなどを指すが、受領遅滞の効果は、債権者が受領すべきであるにもかかわらず受領義務を果たさなかったことによるペナルティとしての効果だととらえる。B説は受領遅滞は債権者の受領すべき債務の不履行であるとし、その効果の発生には、債権者の帰責事由が必要であるとする。また、受領遅滞の効果に、損害賠償責任や契約の解除権の発生まで含ませている。以上から、**ア**→B、**イ**→A、**ウ**→B、**エ**→A、**カ**→Bとなる。

オについては、一般的には債権者の受領義務を認めない法定責任説の立場でも、債権者が目的物を引き取る義務を負う場合のあることまで否定はしないので、**オ**→Aとなる。

よって、妥当なものは**イ**、**エ**、**オ**であり、正解は肢3となる。

Q35 相殺

問 相殺に関する次の記述のうち、正しいものはどれか。 (地方上級改題)

1 連帯債務者A・B・Cのうち、Aが債権者Dに対して反対債権を有する場合においてAが相殺を援用しなければ、BはAの負担部分について相殺を援用することはできない。

2 抗弁権の付着している債権を受働債権として相殺をすれば受働債権の債務者が抗弁権を失うことになるから、このような相殺は禁止される。

3 相殺の意思表示に条件を付けることはできないが、期限を付けた場合には期限到来の時から相殺の効果が生ずる。

4 相殺適状に達していた債権が時効によって消滅した場合、その債権を自働債権として相殺することは相手方を害するから、このような相殺は禁止される。

5 悪意による不法行為によって生じた債権を受働債権として相殺することはできないが、自働債権として相殺することはできる。

PointCheck

◉相殺適状･･･**【★★★】**
　①双方の債権が対立すること
　　※連帯債務・保証債務の場合の例外（**Q22**、**Q25** 参照）
　②両債権が同種の目的であること→金銭または代替物を目的とする債権
　③両債権が弁済期にあること
　　※ただし、自働債権が弁済期にあれば、受働債権は期限の利益を放棄すればよいので、相殺は可能となる。
　④両債権が有効に存在すること
　　※自働債権が時効消滅しても、消滅以前に相殺適状にあれば相殺は可能（508条）
　⑤債権の性質が相殺を許すこと

◉相殺禁止の規定･･･**【★★★】**
⑴**相殺しない旨を定めたとしても、善意無重過失の第三者には対抗できない**（505条2項）
⑵**受働債権が悪意による不法行為により生じた場合**（509条1号）
　受働債権が人の生命または身体への侵害により生じた場合（509条2号）
　被害者に現実の弁済を受けさせるため、および不法行為の誘発を防止するためである。
⑶**受働債権が差押禁止債権の場合**（510条）
　差押禁止＝債権者に現実の履行が必要な債権だからである。
⑷**差押えを受けた第三債務者はその後に取得した債権による相殺をしても、差押債権者に対抗することはできない**（511条）
⑸**両債務の性質上相殺が許されない場合**（505条1項ただし書）

●解釈上相殺が許されない場合……………………………………………………【★★☆】

〈自働債権に抗弁権が付着している場合〉

　例えば、AはBに自動車を売却し、代金（100万円）は自動車の引渡しと交換に受け取ることになっていた。他方において、AはBから100万円借金をしていた。この場合に、AはBに対する代金債権を自働債権とし、自分の債務を受働債権として相殺することができないということである。なぜなら、この場合にAが相殺をすると、Bは代金債務についてAに対して有していた同時履行の抗弁権を行使する機会を奪われてしまうことになるからである。

●相殺ができない場合のまとめ（Aが相殺をする場合）…………………………【★★★】

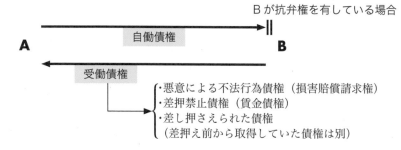

Bが抗弁権を有している場合

自働債権

A　　　　　　　　　　　　B

受働債権

・悪意による不法行為債権（損害賠償請求権）
・差押禁止債権（賃金債権）
・差し押さえられた債権
（差押え前から取得していた債権は別）

A35　正解─5

1─誤　BやCは、Aの負担部分について履行を拒むことができるだけである（439条2項）。改正により他の連帯債務者の相殺援用は削除されている。

2─誤　受働債権の債務者とは、すなわち相殺をする者のことであり、その者が自ら抗弁権を行使せず（抗弁権を放棄して）相殺をするというのであればこれを禁止する理由はない。禁止されるのは、自働債権に抗弁権が付いていた場合である。

3─誤　相殺の意思表示には、条件も期限も付けることはできない（506条1項後段）。条件を付けると相手方の地位を不安定にするし、期限を付けても結局相殺適状を生じたときに遡って相殺の効果が生ずることになり、無意味だからである。

4─誤　相殺適状になったままで消滅時効にかかった債権を、自働債権とする相殺は認められる（508条）。相殺適状になれば、当事者としては対等額で清算されたと考えるのが当然であり、相殺をするのを忘れていたという場合の救済である。

5─正　不法行為債権を受働債権として相殺すれば、被害者は損害賠償を現金で受け取れず困ることになるからそのような相殺は禁止されるが（509条）、被害者の方からこれを自働債権として相殺するのはかまわない。

Q36 債権譲渡の対抗要件

問 債権の譲渡に関する次の記述のうち、妥当なものはどれか。 (国税専門官改題)

1 債権が二重に譲渡され、確定日付のある各譲渡通知が同時に債務者に到達した場合には、各譲受人は、当該債務者に対しそれぞれの譲受債権について、その債権全額の弁済を請求することができるとするのが判例である。

2 債権は、当事者が反対の意思表示をした場合を除き、自由に譲渡することが認められている。

3 譲渡人が債権を譲渡した旨を債務者に対して通知しない場合、譲受人は譲渡人に代位して債務者に対し自ら通知することができるとするのが判例である。

4 譲渡人が債務者に対し債権を譲渡した旨の通知を行えば、譲受人は当該債権譲渡を債務者に対抗することができるが、この通知は確定日付のある証書で行わなければならない。

5 債務者が、あらかじめ譲受人が特定している特定の債権の譲渡について同意を与えていても、譲渡人が当該債権譲渡の後、改めて当該債務者に対して通知しなければ、譲受人は当該債務者に対し債権の弁済を請求することはできないとするのが判例である。

PointCheck

◉第三者に対する対抗要件‥‥‥‥‥‥‥‥‥‥‥‥‥‥‥‥‥‥‥‥‥‥‥‥‥‥‥‥‥【★★☆】

⑴467条2項の趣旨

債権譲渡の場合にも二重譲渡が起こり得る。この場合、譲受人の一方が他の譲受人に対して、自分が債権者であること（債権の帰属）を主張するには、譲渡人から債務者への通知ないし債務者の方からする承諾を、確定日付のある証書により得ておく必要がある（467条2項）。通知または承諾があった事実およびその時期を公的に確認しておかなければ、関係者が通謀して通知・承諾の時期を遡らせるおそれがあるからである。

⑵譲受人が2人とも2項の対抗要件を具備した場合

次に、確定日付のある証書により通知をなすことにより対抗要件を具備した者が複数いる場合の処理が問題となるが、判例（最判昭49.3.7）・通説は、債務者の認識を重要視して、通知の到達の先後によるとする（到達時説）。承諾の場合は、確定日付のある承諾の先後による。

⑶確定日付のある証書による通知の同時到達

判例・通説の見解を前提とすると、通知の同時到達の場合（到達の先後が不明の場合も含む）の処理がさらに問題となるが、判例（最判昭55.1.11）は、譲受人間の優劣が決められないからいずれの譲受人も債権を行使することができるとし、一方の譲受人から請求を受けた債務者は全額弁済しなければならないとした。その後の債権者間の処理については争われる（早い者勝ちを認めるか、債権者平等により分け合うか）が、債務者の方で二重に弁済する必要はない。

●**将来債権の譲渡性と譲渡制限の意思表示**……………………………………………【★★☆】
　改正法は将来発生する債権の譲渡性を認めているが（466条の6第1項、467条）、譲渡制限の意思表示（466条2項、3項）が債権譲渡の対抗要件具備時までになされれば、譲渡制限を対抗できるとしている（466条の6第3項）。

A**36** 正解—1

1—正　債権（指名債権とも呼ばれる民法上の普通の債権で、証券化されていないもの）が二重に譲渡され、各譲受人がともに確定日付のある証書で通知をしてもらっていた場合には、その通知の到達の先後で優劣を決めるのが原則である。あたかも債務者に知らせることが登記簿への記入と同じようなものと考えられているからである。しかし、本肢では、両通知の到達が同時であったというのだから、優劣は決められないこととなる。このような場合に、確定日付のその日付の順番で決めようとする見解もあるが、判例はそのような見解には立っていない。判例は、同時到達の場合には、両譲受人とも債務者にとっては債権者の資格があると考えている。したがって、早く請求した者が弁済してもらえることとなる。どちらか一方に弁済すれば債務が消滅するから、二度払わされることはない。あとは、譲受人同士の間で分け合うようにしてもらえばよい。

2—誤　譲渡制限の意思表示をしても債権は譲渡性を失わない（466条1項）。債権が譲渡できない場合としては、①債権の性質が譲渡を許さないものであるとき（肖像画を描いてもらうという債権など）、②法律によって譲渡が禁止されている債権の場合がある。

3—誤　債権譲渡の通知は、必ず譲渡人となる債権者自身で行わなければならない。債権者代位権によって譲受人が代位して通知することは認められない。なぜなら、債権者からの通知だけが債務者にとって安堵できるものだからである。

4—誤　「債務者に対する対抗要件」としての通知については、確定日付のある証書による必要はない。確定日付のある証書による通知であることが必要なのは、債権者の二重譲渡などの場合の優劣を決める場合の「第三者対抗要件」として通知が問題となる場合である。この場合には、到達の先後が問題となるから、債務者が到達の日時をごまかすことを極力防ぐために、確定日付のある証書によることが要求されているのである。

5—誤　債務者に対する対抗要件としては、債権者のなす債権譲渡の「通知」のほかに、債務者のなす債権譲渡の「承諾」もある。この場合、通知は必ず債権譲渡を済ませてからしなければならない。なぜなら、「明日譲渡する予定です」といわれても、債務者としては譲渡がなされたかどうか不安になるからである。これに対して承諾は、債務者の方からするのであるから、あらかじめ債権譲渡に先立ってなすことも自由にできる。不安になるのは債務者の勝手である。

Q37 債権譲渡における債務者の抗弁

問 債権の譲渡に関する次の記述のうち、妥当なものはどれか。 (国税専門官改題)

1 債権譲渡について債務者が異議を留めないで承諾をした場合には、弁済により債権が消滅したときであってもこれをもって譲受人に対抗することができない。
2 債権の譲渡は、債務者に対する譲渡人からの通知およびこれに対する債務者の承諾がなければ、第三者に対抗することはできない。
3 債権の譲渡は、債権証書の交付によって初めてその効力を生ずる。
4 債務者が債権譲渡の事実を知っていたときには、譲渡人の通知がなくても信義誠実の原則により、債権の譲受人は、譲渡を常に債務者に対抗することができる。
5 債権譲渡における債権の譲受人は、債権譲渡の対抗要件たる債務者への通知を、譲渡人に代位してすることはできない。

PointCheck

◉債務者が債権者に対して有していた抗弁⋯⋯⋯⋯⋯⋯⋯⋯⋯⋯⋯⋯⋯**【★★★】**
⑴譲渡の通知があるまでに債権者に主張できた抗弁
　譲渡によっても債権の同一性は保たれるので、債務者は、債権譲渡の通知があるまでに債権者に主張し得たことはすべて譲受人にも主張できる（468条1項）。債務者の関与なしに行われる債権譲渡によって債務者が不利益を受けることは許されないからである。債務者が債権者に対して主張できたこととしては、例えば、反対債権を有している場合の相殺の主張（この場合には、譲受人からの請求に対して債権者に対して有する反対債権で相殺することになる）や同時履行の抗弁権（この場合には、譲受人からの請求に対して、債権者のなす履行と引き換えに履行するといえる）がある。さらに、債権がすでに弁済済みであると譲受人に対して主張できる。
⑵改正前の「異議をとどめない承諾」について
　ところが、改正前は取引安全を重視して、債務者が譲渡に「異議をとどめない」承諾をした場合は、債務者の⑴の抗弁が「切断」されると規定されていた。しかし、気軽に承諾した債務者が抗弁を全て失うのは酷であるから、規定が次の⑶⑷のように見直された。
⑶対抗要件を具備した時までの債務者が有した抗弁権（468条）
　債権が譲渡される場合の債務者は、債権譲渡の対抗要件時までに生じた譲渡人に対する抗弁を、債権の譲受人にも対抗することができる。すなわち、⑴の通知の場合に可能であった抗弁が、債務者の承諾の場合にも可能となる。
⑷債権の譲渡における相殺権
　債務者は、対抗要件具備時より前に取得した譲渡人に対する債権で、譲受人と相殺することができる（469条）。対抗要件具備時より前の原因に基づき生じた債権、受働債権と同じ契約に基づく債権も同様に譲受人に相殺を対抗できる（469条2項）。

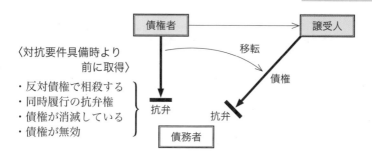

第1章

第2章

第3章

第4章

第5章

第6章

第7章

第8章

A37 正解—5

1—誤　改正前は、債務者が債権譲渡についての承諾をするにあたり、何もいわずに承諾した場合（異議をとどめない承諾をした場合）には、譲渡人に主張できたことを譲受人に主張できなかったが、改正により承諾以前に取得した抗弁（債権消滅など）は譲受人に対抗できる（468条）。

2—誤　第三者に対する対抗要件としても、債権者からなす「通知」か、または債務者からなす「承諾」のいずれかでよい。本肢は「および」としている点が間違い。なお、第三者に対する対抗要件として「通知」「承諾」が機能するためには、それが確定日付のある証書によってなされたものであることが必要である。

3—誤　民法上の一般の債権は、譲渡の合意によって移転する。その移転を債務者に対抗したり、第三者に対抗するのに、通知または承諾という対抗要件が必要となるだけである。債権証書の交付が要件になることはない。なお、指図証券の場合（有価証券）には、裏書と証券の交付も必要となるが（520条の2）、それは本肢とは無関係である。

4—誤　債務者に対する対抗要件として法が要求している以上、「通知」か「承諾」かのどちらかをしなければならない。債務者が知っていればそれでよいというのでは、法律関係が不安定となる。

5—正　債権譲渡の通知は、絶対に譲渡人である債権者からしなければならない。譲受人は絶対にどんなことをしてもできない。なお、債務者からなす「承諾」の場合には、譲渡人である債権者、譲受人のどちらに対してやってもかまわない。

Q38 受領権者としての外観についての判例

問 民法第478条に関するア～オの記述のうち、判例に照らし、妥当なもののみをすべて挙げているものはどれか。 (国家一般改題)

ア 現金自動支払機を利用して、預金者以外の者が預金の払戻しを受けた場合、約款の有無および内容にかかわらず、民法第478条は適用されない。

イ 定期預金の期限前解約による払戻しを預金者以外の者に行った場合、弁済の具体的内容が契約の成立時にすでに合意によって確定されているときには、当該払戻しは民法第478条の弁済にあたり、同条が適用される。

ウ 銀行が定期預金の預金者ではない者を預金者と誤認して貸付を行い、その貸付債権をもって預金債権との間でした相殺は、実質的に払戻しと同視できるので、民法第478条が類推適用される。

エ 二重譲渡された債権の債務者が、民法第467条第2項の対抗要件を具備した他の譲受人よりも後にこれを具備した譲受人に対してした弁済については、民法第478条が適用される。

オ 生命保険契約の契約者貸付が契約者以外の者になされた場合、貸付金額が解約返戻金に限定されることなどから、当該貸付はその経済的実質において保険金または解約返戻金の前払いと類似するが、貸付行為自体は弁済とは同視できないので、民法第478条は適用されない。

1　ア、イ、ウ
2　ア、イ、エ
3　イ、ウ、エ
4　イ、ウ、オ
5　ウ、エ、オ

(参考)　民法467条、478条の条文（本書では省略）

PointCheck

◉偽造・盗難カードからの預貯金者保護に関する法律······················【★☆☆】

この法律は預貯金者の保護を目的として作られたものである。

まず、偽造カードによる現金自動支払機不正利用については、民法478条の適用を排除した上で、金融機関の善意・無過失に加えて、預貯金者の方に重大な過失があった場合などに限って金融機関の免責を認めている。偽造されたカードによる払戻しが有効となることは困難になったといえる。

次に、真正なカードの盗難の場合についても対策が講じられている。真正（本物）なカー

ドが盗まれてそれが払戻しに用いられた場合には、民法478条の適用がある。したがって、金融機関が免責される場合も出てくる。しかし、その場合に預貯金者が盗難後速やかに銀行などに通知しておいたときは、通知前（正確には通知の30日前までの間）に払い戻された金額について、金融機関は預貯金者に補填すべきものとされた。これにより、払戻しが有効とされても、預貯金者は保護されることになる。

A38 正解—3

ア—誤 現金自動支払機を利用して預金者以外の者が預金の払戻しを受けた場合について、免責約款を欠いても旧「債権の準占有者」に対する弁済の規定（受領権者としての外観を有する者への弁済、478条）が適用されるとするのが判例である。

イ—正 定期預金の期限前解約による払戻しの内容が契約の成立時にすでに合意によって確定しているときは、その払戻しについて478条が適用される（判例）。このような場合には、銀行は払戻しを拒むことができないわけであり、その払戻しは弁済に似るからである。

ウ—正 銀行が預金者に対してなした貸付による債権を回収するために、預金債権を受働債権として相殺を行うことは、実質的には、預金の払戻しといえる。よって、478条が類推適用される（判例）。

エ—正 債権譲渡で対抗要件の具備が遅れた劣後譲受人についても、受領権者としての外観を有する者に対する弁済の規定が適用される余地があるとするのが判例である。それは、債務者において、先に対抗要件を備えた優先譲受人の譲受契約や対抗要件に瑕疵があるため効力を生じないと過失なく誤信した場合である。

オ—誤 保険会社の契約者貸付制度というのは、保険会社が解約返戻金を担保にして、解約返戻金の90%を限度として、貸し付ける制度である。解約返戻金を支払う際に、貸付金と相殺される仕組みである。銀行の預金担保貸付と似た制度であり、これに対しても478条が類推適用されるとするのが判例である。

以上より、妥当なものはイ、ウ、エであり、正解は肢3となる。

Q39 相殺

問 相殺に関する次の記述のうち、最も適当なのはどれか（争いのあるときは、判例の見解による。）。
（裁判所職員改題）

1 相殺をなし得るためには、自働債権と受働債権の双方が弁済期にある必要があるから、受働債権に期限が付されている場合、受働債権の期限が到来しない限り、相殺をすることは許されない。

2 相殺の効力は、相殺の意思表示が相手方に到達した時から効力を発生するから、例えば弁済期が平成30年4月1日、元金100万円、遅延利息年5パーセントとするAのBに対する貸金債権を自働債権として、弁済期及び元金が同一であるが、遅延利息年10パーセントとするBのAに対する貸金債権を受働債権として、AがBに平成31年4月1日に相殺の意思表示をすると、AはBに対し、遅延利息の差額分である5万円の支払債務を負うことになる。

3 自働債権に相手方の同時履行の抗弁権が付着している場合には、原則として相殺は許されないが、注文者が請負目的物の瑕疵修補に代わる損害賠償請求権を自働債権とし、これと同時履行の関係にある請負人の報酬請求権を受働債権として相殺することは許される。

4 AがBに対して相殺適状にある数個の債権を有し、BのAに対する債権の額がその全部を消滅させるに足りない場合に、Bが相殺されるべきAの債権を指定しないで相殺の意思表示を行ったとしても、その相殺は効力を生じない。

5 債務が不法行為によって生じたときは、その債務者は相殺をもって債権者に対抗することができないので、双方の過失による同一の交通事故によって生じた物的損害賠償債権相互間についても相殺は認められない。

PointCheck

◉自働債権が消滅時効にかかった後でも相殺に用いることができる理由……………【★★★】

例えば、AがBに対して100万円の債権を有しており、BもAに対して100万円の債権を有していたとする。AもBもお互いに相殺した気分になって請求をしなくなるうちに、Aの債権が消滅時効にかかったとする。そのようなときに、Aはもう相殺できなくなったというのではAに酷である。そこで、民法は、自働債権が時効で消滅しても、その前に相殺適状になっていた場合には、時効完成後もAは相殺に用いることができるとしたのである。なお、受働債権が時効で消滅した場合ももちろん相殺に供し得る。時効の利益を放棄すればよいだけのことだからである。

◉相殺充当と弁済充当……………………………………………………………【★★☆】

相殺充当では、改正による新たな規定（512条）と、弁済充当の規定（488〜491条）が準用されている。

　まず、弁済の充当とは、例えば、Ｂが３個の金銭借入れの債務をＡに負担して、Ｂが３個の債務の全部の弁済に足りない額しか提供しなかった場合、どの債務の弁済になるかである。ＡとＢの合意があればそれによるが、ない場合は弁済者Ｂの指定による。指定がないまたは債権者がただちに異議を述べたときは、民法の規定する法定充当による。①弁済期到来優先、②弁済者Ｂに利益になる順、③弁済期順、④各債務の額による充当の順序がある。なお、３個の債権に費用・利息があるときは、まず全部の債務の、費用に充当し、次に全部の利息に充当し、最後に元本に充当する（これは指定で変更できない）。

　相殺の場合は、合意がなければ相殺適状になった順序で債務が消滅する。そして、債務の全部を消滅させるのに足りないときは、弁済充当での任意充当、さらには法定充当が準用される（512条２項）。費用・利息がある場合も同様であるので、原則的な充当の順序は弁済も相殺も同列に覚えておくとよい。

Level up Point！
　相殺の問題は、最初はだれもが困惑する。自働債権・受働債権という語句に慣れ、意味を正確に理解することが Level 1 。肢２、４のような事例問題で、相殺以外の論点と組み合わせた問題に対処することが Level 2 である。

Ａ39　正解─3

1─誤　相殺の要件としては、条文上、双方の債務が弁済期にあることとされる。しかし、自働債権が弁済期にあれば、相殺をする側としては、受働債権の期限の利益を放棄すればよいので、相殺は可能である。

2─誤　当事者の合理的意思に合致することから、相殺の効力は相殺適状の時点に遡って、対等額が消滅する。したがって、事例について検討する必要はないが、弁済期および元金が同一であるから、平成30年４月１日に全額が消滅する。

3─正　相手方の抗弁権を一方的に奪うことになるので、自働債権に抗弁権（同時履行の抗弁権・催告検索の抗弁権）が付着している場合には、「債権の性質が相殺を許さない場合」として、解釈上相殺はできないとされている。しかし、請負契約における、注文者の瑕疵修補に代わる損害賠償請求権と、請負人の請負代金請求権については、簡便な清算ができることから、当事者にとっても相殺ができたほうが利益である。相互に現実の履行をさせなければならない特別の利益もなく、相殺を認めても相手方に抗弁を失う不利益はないことから、例外的に相殺が認められている（判例）。

4─誤　弁済の充当の規定の準用により、法定充当によることとなる。相殺は有効。

5─誤　改正前の判例では、受働債権が不法行為により生じたものである以上、相殺を否定していた。しかし、改正された509条は、①悪意による不法行為に基づく損害賠償の債務、②人の生命又は身体の侵害による損害賠償の債務、という２つの不法行為債権を相殺禁止として、双方に物的損害が生じたような場合の相殺は認められうるものとなった。

Q40 債権譲渡

問 民法に定める債権譲渡に関する次の記述のうち、妥当なものはどれか。（地方上級改題）

1 債権者と債務者の間の債権譲渡禁止の特約は、善意・無重過失の譲受人には効力を生じないが、転付命令を受けた譲受人に対しては効力を生じる。

2 債権の譲渡において、債務者が行う承諾は債権譲渡に対する同意の意思表示とされるが、譲渡人が債務者に対して行う通知は観念の通知とされ、民法に定める意思表示の規定は適用されない。

3 債権の債務者はその債権の譲渡に対して異議をとどめない承諾をしたときには、債権譲渡の通知の場合に譲渡人に対抗しえた一切の事由を善意の譲受人に対抗できなくなる。

4 最高裁判所は、債権が二重に譲渡され、譲受人がともに確定日付のある証書による通知を得ているが、その到達の日時の先後が不明なときは、同時に到達したと扱うと判示している。

5 指図証券の債務者は、証券の所持人および署名・捺印の真偽を調査する義務を有しており、真実の債権者でない者にした弁済は常に無効となる。

PointCheck

◉債権譲渡禁止制限の意思表示···【★★★】

改正により、従来の「債権譲渡禁止特約」の無効は廃止され、「当事者が債権の譲渡を禁止し、又は制限する旨の意思表示をしたときであっても、債権の譲渡は、その効力を妨げられない」とされた（466条2項）。ただし、譲渡制限の意思表示について、悪意・重過失の譲受人その他の第三者に対しては、債務者は債務の履行を拒むことができる。あわせて、譲渡人に対する弁済その他の債務を消滅させる事由を主張できる（466条3項）。ただし、債務不履行の債務者については、相当の期間を定めて譲渡人への履行の催告をし、その期間内に履行がないときは、原則に戻って譲渡の効力を否定することはできない（466条4項）。

なお、債権譲渡禁止特約の付いた債権であっても、これを裁判によって差し押さえ、さらに転付命令や譲渡命令を得ることはできる。このように解釈しなければ、私人間の合意により強制執行を免れる財産を勝手に作り出すことを許すことになるからである。差押債権者の善意・悪意を問わず転付命令は有効（転付命令による債権の取得については466条2項が適用されない）とした判例（最判昭45.4.10）がある。

●観念の通知・準法律行為‥‥‥‥‥‥‥‥‥‥‥‥‥‥‥‥‥‥‥‥‥【★☆☆】

　　観念の通知というのは、自分が認識している一定の事実を通知することである。自分の気持ちを伝えるのではなく、事実を伝えるのである。これは意思表示ではないが、これに対して民法が法律効果を与える場合がある。そのような場合を準法律行為という。

　　例えば、「私はあなたから借金をしています」という事実の通知をすれば、時効の更新という効果が発生する。これは、本人の意欲に対して法が与えた効果とは違う。本人が「借金をしている」という事実を自ら述べたことに対して、それなら、時効は間違いだったことにしよう（更新）という効果を法が与えたのである。このように、本人の意欲とは関係なく本人の行動に対して法律効果を付与する場合が準法律行為である。準法律行為にはほかに、「意思の通知」というのもある。「債務を履行せよ」という催告がその例である。ここでは、「履行せよ」という気持ち（意思）を述べているが、法がこれに対して与える効果は、意思の方向とは関係なく、履行遅滞の責任や解除権の発生である。つまり、意欲の内容がそのとおりに効果になってくれるのではない。それゆえ催告は準法律行為である。これに対して、法律行為の場合には、心の中で意欲したことがそのまま権利・義務になってかなえられるのである。

Level up Point!　本問は肢1から紛らわしい。肢2はいまひとつハッキリしない。これがこの問題を解いたときの大半の感想であろう。みんなが解けない選択肢なら解けなくてもかまわないのだと思って気楽になることである。ここで違和感なく肢4を選べる力が合格力である。

A40　正解一4

1—誤　善意・無重過失の譲受人には、債務者は履行を拒むことはできない。また、転付命令も実質的には債権譲渡といえるが、判例は差押債権者の善意・悪意にかかわらず譲渡禁止の効力を認めない。

2—誤　通知・承諾はともに観念の通知。債務者が行う承諾は、債権譲渡に同意を与える行為（意思表示）ではなく、債権譲渡の事実を認識したことの表明にすぎない。しかし、これらにも民法の意思表示に関する規定が類推適用される（通説）。

3—誤　改正前の468条の抗弁切断は改正により廃止された（**Q37**参照）。

4—正　債権の二重譲渡があった場合、その優劣は通知の到達の先後で決まる（確定日付の先後はまったく無関係）。通知が同時に到達した場合は、各譲受人は譲受債権の全額を債務者に請求できるとされている（判例。なお、譲受人のどちらか一人に支払えば債権は消滅する）。さらに判例は、通知の到達の先後が不明のときは同時到達と同様に扱うとしている。

5—誤　これらを調査する義務はないから、調査しなくても善意・無重過失であれば弁済は有効となる（520条の10）。なお、調査する権利はあるから（同条）、疑いを持てば調査に要する期間、弁済を拒み得る。

第5章 同時履行の抗弁権・危険負担・贈与・売買

Level 1 p92～p105　Level 2 p106～p111

1 同時履行の抗弁権　Level 1 ▷ Q41

　双務契約の当事者は、相手方がその債務の履行の提供をするまでは、自己の債務の履行を拒むことができる。これを同時履行の抗弁権という（533条）。

　双務契約によって生じた両債務の間には牽連性があることから、公平の原則に基づいて、認められたものである（債務の履行に代わる損害賠償の履行も含む）。

　同時履行の抗弁権は、公平の見地から、次のような双務契約以外から生じた債務の間にも準用ないし類推適用されてきた（判例）。　　　　　　　　　　　　　　　　▶ p92

　①解除によって発生した原状回復義務同士の間

　②弁済と受取証書交付請求権との間（改正486条）

　③契約の取消しによる返還義務同士の間

2 危険負担　Level 1 ▷ Q42,Q43

(1)意義　▶ p94

　双務契約の債務のうちの一方が、債務者の責めに帰することができない事由によって、滅失・損傷し、履行されなくなったときに、他方の債務はどうなるかという問題。

(2)危険負担に対する立法主義　▶ p95

　債務者主義：他方の債務も（つられて）消滅する（支払いを拒める）という考え

　債権者主義：他方の債務は存続し続けるという考え

(3)民法の態度（536条）

　原則：債務者主義（536条1項、反対給付を拒絶できるとする）

　例外：債権者主義（536条2項、債権者の責めに帰すべき事由による場合）

　※売買の目的物引渡し以後に、当事者双方の責めに帰することができない事由によって、滅失・損傷したときは、買主は「追完・代金減額・損害賠償請求および解除」ができず、代金の支払を拒むことができない（567条）。すなわち、売買（有償契約）では、目的物の引渡しによって、買主（債権者）に危険が移転（反対債務を負担）することになる。

3 贈与　Level 1 ▷ Q44

(1)意義

　贈与とは、当事者の一方が財産を無償で与えるという契約（549条）。

(2)贈与の特色　▶ p98

　無償契約であること。

　→書面によらない場合、履行が済むまでは、解除できる。

　→目的物を特定した時の状態で引渡し移転する責任。

※ただし、負担付贈与については双務契約の規定を準用する。

4 売買

Level 1 ▷ **Q45～Q47**　Level 2 ▷ **Q49,Q50**

⑴意義 ▶p102

売買とは、当事者の一方がある財産を相手方に移転し、相手方がこれに対してその代金を支払う、という契約（555条）。

⑵果実の帰属

売買の目的物を引き渡す前に、それから果実が生じたときは、その果実は売主が取得してよい（575条1項）。しかし、代金が払われたときには、それ以後の果実は買主が取得できる（売主が代金の利息分と果実の両方を得ることになってしまうから）。

⑶手付の種類　①証約手付　②違約手付　③解約手付 ▶p100

⑷解約手付のポイント

債務不履行がなくても、解除できる（約定解除権）。

①買主が解除する場合→解除の意思表示＋手付放棄

②売主が解除する場合→解除の意思表示＋手付×2を現実に提供（＝倍戻し）

③相手方が、債務の履行に着手する前に解除すること。

⑸売主の契約不適合責任（担保責任） ▶p104

目的物が種類、品質または数量に関して契約の内容に適合しないものであるとき、売主が買主に対して負う責任（買主に移転した権利が不適合の場合にも準用される）。

①追完請求（562条）

目的物の修補、代替物の引渡しまたは不足分の引渡し

②代金減額請求（563条）

(a)買主が相当の期間を定めて履行の追完の催告をし、その期間内に履行の追完がないときは、買主は、その不適合の程度に応じて代金の減額を請求

(b)買主が無催告で直ちに代金減額請求できる場合

・履行の追完が不能

・売主が履行の追完を拒絶する意思を明確に表示

・特定日時・期間の履行が契約目的であるのに追完せず経過したとき

・催告をしても履行の追完を受ける見込みがないことが明らかであるとき

※不適合が「買主の責めに帰すべき事由」によるものであるときは、買主は追完請求・代金減額ができない。

③損害賠償請求（415条）・解除権行使（541条、542条）

④契約不適合責任追求の期間制限

契約不適合であることを買主が知ってから1年以内に売主に通知すること（売主が不適合について悪意重過失の場合を除く）

⑤担保責任を負わない旨の特約（572条）

担保責任を免除する特約があっても、不適合を知りながら告げなかった事実と、自ら設定した権利・譲渡した権利については、その責任を免れない。

第1章

第2章

第3章

第4章

第5章

第6章

第7章

第8章

91

Q41 同時履行の抗弁権

問　同時履行に関するア～オの記述のうち、妥当なもののみをすべて挙げているのはどれか。ただし、争いのあるものは判例の見解による。 (国家一般)

ア　弁済と債権証書の返還は同時履行の関係にあるが、弁済と受取証書の交付は同時履行の関係にない。

イ　双務契約の当事者の一方は、相手方から履行の提供があっても、その提供が継続されない限り、同時履行の抗弁権を行使することができる。

ウ　家屋の賃貸借終了に伴う賃借人の家屋明渡債務と賃貸人の敷金返還債務とは、特別の約定のない限り、同時履行の関係にある。

エ　土地の所有者Aが、第三者Cの詐欺によって当該土地をBに売却して移転登記を行ったが、Aが詐欺を理由に売買契約を取り消した場合、Aの代金返還義務とBの移転登記抹消義務とは、同時履行の関係にある。

オ　AとBの間で売買契約が締結された後、売主Aが代金債権を第三者Cに譲渡した場合、買主BのCに対する代金債務とAの引渡債務は、同時履行の関係にある。

　1　ア、ウ　　2　イ、オ　　3　ア、ウ、エ　　4　イ、ウ、エ　　5　イ、エ、オ

PointCheck

◉同時履行の抗弁権に関する重要判例‥‥‥‥‥‥‥‥‥‥‥‥‥‥‥‥‥‥**【★★★】**

①不動産の売買契約において、売主の移転登記をする義務と買主の代金支払義務は同時履行の関係に立ち、移転登記がなされている以上、買主が代金の支払いを拒むことはできない。

②土地の賃貸借において、建物買取請求権が行使されると、買取請求の意思表示により当然に建物についての売買契約関係が成立したことになる。これにより、建物の引渡し義務と建物代金支払義務が発生し、両義務は、原則として買取請求の意思表示と同時に履行期が到来し、同時履行の関係に立つことになる。この場合、土地の占有関係については、同時履行の抗弁権によって建物の引渡しを拒絶できるのであるから、その反射的効力として当然にその敷地の引渡しを拒むこともできるものであって、土地を不法占拠するものではない。

③建物の賃貸借において、造作買取請求権が行使されると、買取請求の意思表示により当然に造作についての売買契約関係が成立したことになる。これにより、造作の引渡し義務と造作代金支払義務が発生し、両義務は同時履行の関係に立つことになる。しかし、造作代金債権は、造作に関して生じた債権であって、建物に関して生じたものではないから、建物の引渡しを請求されたときに、造作代金支払義務の履行と引き換えに建物を引き渡すと主張することはできない。

④未成年者のした家屋の契約を取り消した場合の代金返還義務と建物返還義務とは同時履行の関係にある。

⑤売買契約が詐欺を理由に取り消された場合、原状回復のために当事者がそれぞれ負う義務は、同時履行の関係にあり、代金の返還と引き換えに登記を抹消すると主張し得る。

⑥抵当権のついている債務の弁済において、弁済と抵当権の登記の抹消とは同時履行の関係にはない。弁済が先履行の関係にある。

⑦株券を譲渡担保にしている債務の弁済において、弁済と担保の目的物である株券の返還とは、同時履行の関係にはない。弁済が先履行である。

⑧建物の賃貸借が終了した場合、建物明渡義務と敷金返還義務とは同時履行の関係にない。建物の明渡しがすんで初めて敷金を返してもらえるようになるのであって、建物引渡しが先履行の関係に立つ。改正により明文の規定とされた(622条の2第1項1号)。

⑨売買契約において、買主に同時履行の抗弁権のある場合には、売主が自分の債務の弁済の提供をしなければ、買主を履行遅滞にすることはできない。

A41 正解—5

ア—誤 債務の弁済と受取証書の交付は同時履行の関係にあるが(486条)、弁済と債権証書の返還は同時履行の関係にはないとしている(判例)。

イ—正 弁済(履行)の提供(493条)とは、なすべき給付に必要な準備をして債権者の協力を求めることであり、効果として相手側が有する同時履行の抗弁権を喪失させることができる。しかし、いったん債務の履行の提供をしても、その提供が継続されない場合に、相手方に履行を強制するのは妥当ではない。判例も、履行の提供が継続されない限り同時履行の抗弁権は失わないとする。

ウ—誤 建物の賃貸借契約が終了した場合、建物の明渡しは先履行義務となり、敷金返還との同時履行を主張することはできない(622条の2第1項1号)。

エ—正 制限行為能力・詐欺を理由とする取消しによる、双務契約の双方の原状回復義務(代金返還義務と建物返還義務)は、同時履行の関係にある。判例は、第三者の詐欺による場合もこれを認めている。

オ—正 債権が譲渡されても、債務者は抗弁事由を対抗できる。債権が双務契約から生じ同時履行抗弁権を負担するものであれば、譲渡後も両債権は同時履行の関係にある。

以上より、妥当なものはイ、エ、オであり、正解は肢5となる。

Q42 危険負担の意義

問 危険負担に関する次の記述のうち、妥当なものはどれか。 （国税専門官改題）

1 不特定物に関する物権の設定または移転を目的とする双務契約については、目的物が特定したときから債権者主義がとられる。

2 双務契約における危険負担について、わが民法は債権者主義を原則としつつ、特定物については売買その他重要な契約について債務者主義を採っている。

3 特定の家屋の売買契約を締結した後に、売主の過失でその家屋が焼失した場合は、危険負担の問題となる。

4 特定物に関する物権の設定または移転を目的とする双務契約については、目的の滅失と損傷とを問わず、その事由が債務者の責に帰することができないものである以上、債務者は反対給付の全部を請求する権利を失わない。

5 債権者の責めに帰すべき事由による目的物の滅失であっても、それによる保険金請求権などの利益を、債務者が取得したときは、債権者にそれら代償を償還しなければならない。

PointCheck

◉危険負担の問題かそれ以外の問題かの区別……………………………………………**【★★★】**

①危険負担は、債務の後発的不能（契約が成立した後で不能）の場合の問題である。
　→原始的不能（契約の時点ですでに履行不能になっている）の場合は、危険負担の問題ではない。契約締結行為がなされても、原則、不能なことを目的とする債務は発生しないし、もう一方の債務も発生しないと解されている。そう扱うのが当事者の意思に適するからである。その結果、原始的不能の場合には契約自体が無効となる。ただ、改正された412条の2では、契約成立時に不能でも債務不履行の損害賠償が可能とされている（契約は有効とも考えうる立場）。

②危険負担は、債務の履行不能が債務者の責めに帰することができない事由によって生じた場合の問題である。
　→履行不能が、債務者の責めに帰すべき事由によって生じた場合（免責事由がない場合、415条1項ただし書）は、債務者は債務不履行責任を負う。すなわち、本来の債務は損害賠償債務に変形して存続することになる。よって他方の債務に何ら影響はない。その後、損害賠償債務との間で相殺され、差額の支払いとなる。
　→履行不能が取引上の社会通念に照らし債務者の責めに帰することができない事由による場合には、以下の場合がある。これらの場合は、債務者が債務不履行責任を負わないので債務者の債務は不能により消滅したままになる。その場合のもう一方の債務が消滅するか存続するかが危険負担の問題である。
　・地震、台風など天災による場合
　・第三者の責めに帰すべき事由による場合

問題でPoint を理解する
Level 1 **Q42**

第1章
第2章
第3章
第4章
第5章
第6章
第7章
第8章

・債権者の責めに帰すべき事由による場合

◉**債務者主義と債権者主義の呼び名**……………………………………………………【★☆☆】

　一方の債務が不能になった場合に、他方の債務もつられて消滅するとするのが債務者主義である（債務者主義の原則、536条1項）。この場合、不能になった債務の債務者がその不能になったことで、反対給付の履行が拒絶されることになる。

　これに対し、一方の債務が不能になった場合に、それにもかかわらず他方の債務は存続するとするのが債権者主義である。この場合、不能になった債務の債権者がその不能になったことによる損失を被ることになる（反対給付の履行を拒めない）。

　つまり、不能となる債務に着目して、債務者主義・債権者主義と呼ぶのである。

❖**債務者主義と債権者主義**

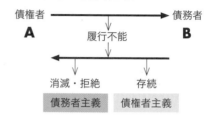

A42 正解—5

1—誤　債務が不特定物の引渡しを目的とする場合、目的物が具体的な物に特定するまでは、債務者は完全な物を調達してくる義務を負い続ける。しかし、目的物が特定の物に定まれば（＝特定後は）、債務者の義務はその物の引渡しに限られることになる。旧534条2項（削除）ではこの「物が確定」した時から債権者主義としていたが、改正により常に債務者主義が原則となる。

2—誤　民法は、債務者主義を原則としている（536条1項）。双務契約によって生じた対価関係にある債務の間には牽連関係があるからである。特定物に関する旧534条の債権者主義は廃止された。

3—誤　売買契約の目的物が滅失した場合、それが売主の過失によるときは、それは債務者の過失による履行不能である。この場合には、債務不履行の責任として処理すれば足り、危険負担の問題ではない。

4—誤　旧534条（削除）は、特定物売買のような、特定物に関する物権の設定または移転を目的とする双務契約においては、債権者主義を採用していたので、代金債権は存続した。改正により本問のような事例も債務者主義により、反対給付は履行を拒絶される。

5—正　債権者の責めに帰すべき事由による不能の場合は、債権者主義が適用され、債務者は代金を受ける権利を失わない。この場合、債務者が自分の債務を免れたことによって利益を得たときは、債権者はそれを自己に引き渡すように請求できると解されている（536条2項後段、判例）。これを代償請求権と呼ぶ（改正422条の2参照）。

Q43 危険負担の債務者主義

問 危険負担に関する次の記述のうち、正しいものはどれか。 （地方上級）

1 双務契約の目的物が二重に譲渡された場合には、債権者主義が適用される。
2 目的物の原始的不能・後発的不能のいかんを問わず、危険負担の問題となる。
3 不特定物に関する契約については債務者主義が適用され、債権者主義が適用されることはない。
4 双務契約において、債務者の責めに帰すべき事由によって目的物が焼失した場合は、危険負担の問題ではない。
5 停止条件付双務契約における目的物の滅失の場合には、債権者主義が適用される。

PointCheck

●債務者の危険負担 ･･･【★★★】

(1)債務者主義の原則

536条1項のポイントは以下の3つである。
①双方の責めに帰することができない事由（**Q42** 参照）
②債務を履行することができなくなったとき（履行不能）
③債権者は反対給付の履行を拒むことができる

反対給付の債務が「消滅」するのではなく、債権者の「履行拒絶」としたことに注意が必要である。契約に基づく債権債務の対応関係は残ることになり、完全に契約を解消するためには解除を選択すればよい。

(2)債権者に帰責事由がある場合の債権者主義

536条2項のポイントは以下の3つである。
①債権者の責めに帰すべき事由によって債務を履行することができなくなったとき
②債権者は反対給付の履行を拒むことができない
③債務者は債務を免れたことによって得た利益を債権者に償還する（代償請求）

債務者の履行が不能になっても、債権者の反対給付は残って拒絶できないのである。もし、債務者が自己の不履行で得た利益があれば、債権者に償還することで公平な負担をしようという趣旨である。

●債権者主義の制限 ･･･【★★☆】

(1)旧規定の危険負担

危険負担についての民法の態度は、改正前から債務者主義が原則ではあった。しかし、旧規定「特定物に関する物権の設定又は移転を双務契約の目的とした場合」（旧534条、削除）については、まず債権者主義が適用されたことで、例えば特定物である不動産や中古車の売買など、債権者主義が想定される場面は多かった。しかし、目的物が滅失して履行不能なの

に反対給付は残る債権者主義には、合理性がないとの批判があった。

　そこで、有力な学説は、債権者主義を採るにしても、債権者が危険を負担するのは契約の時からではなく、目的物に対する支配が債権者に移ったといえる時点、例えば不動産売買の場合「移転登記または引渡しがなされた時点」に危険が移転すると主張していた。さらに、二重譲渡や他人物売買の場合には、まだ目的物の支配が債権者に移転していないのであるから、当然に債務者主義によるべきとしていた。

⑵新たな危険負担の立場

　このような考え方が根底にあり、改正民法では、債権者主義についての旧534条・535条を削除し、特定物の滅失等についての危険は「引渡し」後に移転するとの規定（567条）を置いたのである。

　なお、危険負担に関する民法の規定は「当事者の特約」で適用を排除できるもの（任意規定）であり、かつ、新たに契約の解除に帰責性が不要とされ履行不能の解除による処理もできるから、536条の債務者主義による反対給付の拒絶の主張がなされる場面はあまり多くないと思われる。

A43 正解—4

1—誤　改正前より、二重譲渡の場合には債務者主義によるとするのが、判例・通説であった。改正後は536条の債務者主義の原則通りとなる。

2—誤　危険負担の問題が生ずるのは、目的物の後発的不能の場合である。原始的不能の場合には契約が無効となり、原則的に反対給付の債権も発生しないと解される。

3—誤　不特定物債権の場合、目的物が市場にある限り履行が不能になることはないので、特定前に履行が不能になるというのは非常にまれな場合である。ただ、債権者の責に帰すべき事由により履行できなくなった場合は債権者主義となる（536条2項）。

4—正　債務者の責めに帰すべき事由（免責事由なし、415条1項ただし書）による履行不能は債務不履行の問題となり、危険負担の問題ではない。この場合には、債務者は損害賠償責任（填補賠償）を負い、それが債権者のなす反対給付と対価関係に立つ。

5—誤　改正前には、停止条件付双務契約の条件の成就・不成就が決まらない間において、目的物が滅失した場合には債務者主義を採り、損傷の場合には債権者主義を採ることとした（旧535条、削除）。改正により本問のような場合も債務者主義となる（536条）。

第1章

第2章

第3章

第4章

第5章

第6章

第7章

第8章

Q44 贈与

問 民法に規定する贈与に関する記述として、判例、通説に照らして、妥当なのはどれか。
(地方上級改題)

1 贈与は、当事者の一方が自己の財産を無償で相手方に与える意思を表示することによって成立し、当該相手方が受諾することは要しない。

2 特定物の贈与者には財産権移転義務があるが、売買と異なり、引渡前には民法に規定する善管注意義務を負わず、不注意で目的物を損傷しても債務不履行責任は生じない。

3 負担付贈与とは、贈与契約の際に受贈者に負担を課すもので、双務契約に関する規定が適用されるが、同時履行の抗弁権の規定の適用はない。

4 書面によらない贈与でも、履行の終わった部分は解除できないが、最高裁判所の判例では、不動産については、登記の移転があれば引渡しがなくても履行があったものとされている。

5 最高裁判所の判例では、贈与不動産の登記名義が贈与者の前主に残っていた事案で、贈与者が前主に対して、受贈者に移転登記するよう求める書面は、受贈者に対するものではないため、書面による贈与の書面に当たらないとした。

PointCheck

◉贈与契約の特徴 ･･･【★★★】

贈与契約の特徴は、すべて、無償で財産を与える契約だということから生じている。例えば、AがBに「この高級腕時計をあげよう」と言い、Bが「はい、頂きます」と言えば、AB間に贈与契約が成立する。贈与は諾成契約であるから、合意だけで契約は成立するのである。しかし、Aは後になって、あげると言ったことを後悔することがある。これが売買契約のような有償契約であれば、対価を得て売り渡すのであるから、いったん契約した以上撤回は認められない。しかし、無償契約である贈与の場合には、相手方は何ら対価を払うことなく利益を得るのであるから、軽率にあげると言ってしまったAのことも考える必要がある。そこで民法は、原則として贈与は各当事者がいつでもこれを解除することができると規定した（550条）。

例外的に贈与が解除できない場合とは、①書面で契約した場合、②すでに履行し終わった場合である。書面で贈与契約をしたときや履行が終わったときは、もうAの覚悟は決まったものと見ることができるからである。

また、無償契約である贈与は、贈与者の担保責任にも影響している。すなわち、無償で与えるのであるから、後から欠陥があったからなんとかしてくれと言われても困る。そこで、贈与者は目的物または権利を、「贈与の目的として特定した時の状態」での、引渡し・移転を約したものと推定される（551条1項）。特定した時の状態であれば、原則、それ以上の債務不履行責任や契約不適合責任を負わないことになる。

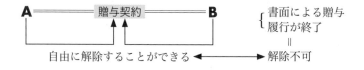

A ════ 贈与契約 ════ B {書面による贈与 履行が終了 ＝＝ 解除不可

自由に解除することができる ◄──────► 解除不可

●特殊の贈与（負担付贈与）‥‥‥‥‥‥‥‥‥‥‥‥‥‥‥【★★☆】

負担付贈与とは、例えばAがBに対して、高級腕時計をあげるがそのかわりしばらくの間部屋の掃除をしてくれ、といったような場合である。部屋の掃除が「負担」である。部屋の掃除が腕時計の対価になっているわけではないから、あくまでも片務契約であるが、負担がついているのでその限度で双務契約の規定が準用される（553条）。その結果、負担の履行と目的物移転義務の履行は同時履行の関係に立ち、贈与者は負担の限度で売主と同様の担保責任を負う。また、負担が履行されないときは契約を解除することもできる。

A44 正解ー4

1—誤 「ある財産を無償で相手方に与える意思を表示し、相手方が受諾をすることによって、その効力を生じる」（549条）。すなわち、贈与は当事者の合意で成立する諾成契約であり、贈与を受ける者の承諾がない限り成立しない。無償で財産をもらうのを嫌う人も世の中にはいるから、民法は特に贈与を契約として構成した。ちなみに、書面の作成は贈与契約の成立要件ではない。ただ、解除する自由がなくなってしまうというだけのことであることに注意。

2—誤 贈与契約から生じる目的物が特定物である場合、原則どおり「債務者は、その引渡しをするまで、善良な管理者の注意をもって、その物を保存しなければならない」（400条）。無償契約であることから、贈与者は贈与の目的物に欠陥があっても特定時の状態で引き渡せばよいが、この点と混同しないように注意。

3—誤 負担付贈与には双務契約の規定が準用されるから、同時履行の抗弁権も準用される。

4—正 「履行の終わった部分」とは、債務の主要な履行が終わったことである。したがって、贈与の目的物の「引渡し」をもって履行終了となる。また、不動産の場合、判例は不動産の登記があれば履行が終了したものとする。

5—誤 書面による贈与の「書面」とは、贈与者の贈与の意思が明確にされたものであればよく、贈与を証する契約書である必要はない。また、契約と同時に作成される必要はなく、事後に作成されたものでもよく、第三者に宛てた書面でもよい。判例は容易に書面による贈与の成立を認めており、書証がある場合、解除は困難である。

Q45 売買・手付・買戻し

問 売買契約に関するア～オの記述のうち、妥当なもののみをすべて挙げているのはどれか。ただし、争いのあるものは判例の見解による。 (国家一般)

ア 他人の権利を売買契約の目的とした場合において、売主が当該権利を取得して買主に移転することができないときは、買主は、売買契約の当時、当該権利が他人のものであることを知っていたときでも、売買契約を解除することができる。

イ 売買契約に買戻しの特約を付した場合において、その売買契約の売主は、買戻しの期間内に買主が支払った代金及び契約の費用を提供しなければ、買戻しをすることができない。

ウ 売買契約に買戻しの特約を付す場合には、必ず、買戻しの期間を定めなければならない。

エ 売買契約が買主の債務不履行により解除された場合は、買主から手付が交付されていたとしても、売主はその返還義務を負わない。

オ 売買契約に際して買主から手付が交付されている場合は、買主が代金を直ちに支払えるように準備をして、売主に履行の催促をしたときでも、売主は、手付の倍額を償還して契約を解除することができる。

1 ア、イ　2 ア、ウ　3 イ、エ　4 ウ、オ　5 エ、オ

PointCheck

●手付･･･【★★★】

手付とは、売買の契約締結に際して、当事者の一方（通常は金銭を支払う側である買主）から他方（通常は売主）に対して交付される金銭などをいう。手付には、①証約手付（契約成立の証拠として交付）、②違約手付（一方が債務を履行しない場合の違約金あるいは損害賠償の予定として交付）、③解約手付（約定解除権を留保する意思で交付）の3つがあるが、民法は手付を解約手付と推定している（557条）。

557条は、わが国に古くからあった「手付損・倍戻しの慣行」を成文化したものである。すなわち、売買に際して手付が交付されたときは、買主であれば手付を放棄し（手付損）、売主であればその倍額を現実に提供して（倍戻し）、契約を（相手方に債務不履行がなくとも）解除することができるとしたのである。ただし、557条の規定で解除できるのは、相手方が契約の履行に着手するまでである。手付が交付された場合でも契約はすでに成立しているのだから理由なく解除することはできないはずだが、一方で履行に着手する以前であればそれほどの損害もないのが普通であり、手付損・倍戻しで契約の解除による損失は償われるものとして、お互いに解除できるとしたのである。法文に「相手方」としているのは、解除する方はいかに履行に着手しても、相手方が着手しないうちなら解除することができるという意味である（557条1項ただし書、最大判昭40.11.24）。

●他人の物の売買の有効性について……………………………………………………【★★☆】

　例えば、Cの所有する土地をAが勝手にBに売った場合が他人の物の売買である（Cの代理人と称して売ったのではなく、自らが売主となって売った場合である）。

　一見するとこのような契約は無効のように見えるが、法的には有効である。というのは、他人物売買契約によって、AはCと交渉してその土地の所有権を取得した上でBに移転する義務を負うと考えれば、何ら反社会的なものではないからである。

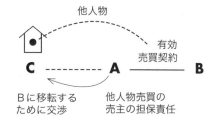

他人物

有効
売買契約

C --------- A ——— B

Bに移転する　　他人物売買の
ために交渉　　売主の担保責任

　民法はこのような視点から、他人物売買も有効な売買であるとした上で（561条）、万一Aが Cから権利を取得することができなかったときには、Aは債務不履行責任・契約不適合責任を負う。そして、権利の一部が他人に属する場合に、売主が権利取得移転義務を履行できなかったときには、「買主に移転した権利が契約の内容に適合しないものである場合」の責任が適用され（565条）、契約不適合責任（追完・代金減額・損害賠償請求、解除）が準用される。これに対して、権利の全部が他人に属する場合に権利取得ができなかったときには、履行の追完や代金の減額に意味はなく、一般の債務不履行責任の損害賠償請求、解除権の行使が可能ということになる。

A45 正解─1

ア─正　他人物売買も法的には有効であり（561条）、売主が結局権利を買主に移転することができなかったときは、債務不履行責任・契約不適合責任を負い、解除・損害賠償請求も可能である。また、他人物であることを知っていた悪意の買主だとしても、権利を取得して買主に移転できなかったのであるから解除はできる。

イ─正　売買契約と同時に買戻しの特約をつけると、売主は契約の解除権を有することになる（579条）。買戻しの目的物は不動産に限定され、売主は不動産の売買の形をとって代金を融資として受け取るのである。売主が担保物である不動産を売買契約を解除して取り戻すには、買い戻し期間内に代金・契約費用を提供する。

ウ─誤　買戻しの期間は、10年を超えることができず、いったん定めた期間は伸長することはできない。しかし、期間を定めないものは5年内に買い戻さなければならないとされ（580条3項）、期間の定めがない特約も有効である。

エ─誤　債務不履行による解除により、契約は遡及的に消滅する。手付が違約手付の場合は、違約金・損害賠償の予定として返還の必要はないが、証約手付・解約手付の場合は、原状回復義務として返還義務を負う。

オ─誤　支払いの準備をして履行の催促をした場合、「履行の着手」をしたといえ、相手方の売主は解除権を行使することはできない。

Q46 売買契約

問 売買に関する次の記述のうち、妥当なものはどれか。 （国家一般）

1 売買の目的物に抵当権が設定されている場合に、抵当権が実行されて買主が所有権を失ったときは、買主は善意・悪意にかかわらず契約の解除ができる。

2 売買契約が成立するには、売主が財産権を買主に移転し、買主がそれに対して代金を支払うことについて合意をするだけでなく、目的物の引渡しが必要である。

3 買主が解約手付を交付した場合、買主が売買代金を支払うまでは、売主は契約の解除をなし得る。

4 売買の目的物から生ずる果実の収取権は、売買契約の成立によって所有権を取得した買主に移転する。

5 他人の物を売買の目的とした場合に、その後の事情で権利を移転できなくなったときには、売主は買主が善意の場合に限って契約を解除できる。

PointCheck

◉**売買契約**‥‥‥**【★★☆】**

⑴売買契約の意義

売主がある財産を買主に移転することを約束し、買主が対価として代金を支払う契約

⑵売買契約の性質

　①諾成契約：当事者の合意のみで成立する契約

　②双務契約：当事者が双方が互いに対価的な債務を負担する契約

　③有償契約：当事者が双方が互いに対価的な支出をする契約

◉**果実引渡義務**‥‥‥‥‥‥‥‥‥‥‥‥‥‥‥‥‥‥‥‥‥‥‥‥‥‥‥‥‥‥‥‥‥‥‥‥‥**【★★☆】**

　例えば、「AがBにアパート用建物を売却し、建物の引渡しと代金の支払は3カ月後とした。この3カ月間のアパートの賃料を取得するのは、AかBか」、これが果実の帰属の問題である。　アパートの賃料は果実（法定果実）である。果実は、元物の所有者（上の例では、所有権は契約と同時に買主Bに移転する）に帰属するのが原則である。とすると、賃料はBが取得できるのだろうか。しかし、売買ではこの点につき特則が置かれ、目的物の引渡しまでの果実は売主Aに帰属するとされている（575条）。

　その理由は、買主は代金を支払うまでの3カ月間分の利息を払わない。それにもかかわらず、目的物から生ずる果実まで取得できるのでは二重取りになってしまうからである。そこで、代金の支払いがあるまでの間の果実は売主に与えることにしたのである。したがって、引渡し前でも代金の支払があれば、売主は果実を取得できなくなる。なお、引渡しがなされるまでの目的物の管理費用は売主の負担であるから、結局、果実から管理費用を差し引いた残額が代金の利息分と均衡するという関係に立っていることになる。

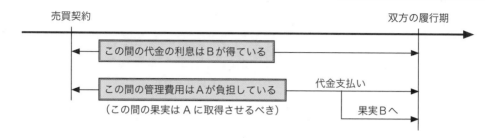

第1章

第2章

第3章

第4章

第5章

第6章

第7章

第8章

●**果実引渡義務に関する判例**‥‥‥‥‥‥‥‥‥‥‥‥‥‥‥‥‥‥‥‥‥‥‥‥【★★☆】
①売主が履行遅滞に陥っている場合であっても、買主が代金の支払いをしていない限り、売主の果実取得権はなくならない。その反面、買主も目的物の引渡しを受けるまでは、代金の利息を払わなくてよい（大連判大 13.9.24）。
②代金を受領した売主は、たとえ目的物を引き渡さないで自分で占有していても、果実を取得することはできない。なぜなら、それを認めると、売主に代金の利用と果実の取得の二重の利益を獲得させることになるからである（大判昭 7.3.3）。

A46 正解—1

1—正 本肢は、旧567条1項の売買の目的物に担保物権がついていた場合の売主の担保責任の問題である。目的物の抵当権が実行され、買主（担保不動産の第三取得者である）が所有権を失った場合に、改正後は一般の債務不履行責任の内容として、損害賠償責任と契約の解除があり、この2つの権利は買主が抵当権の存在について、善意であると悪意であるとを問わず与えられる。なぜなら、買った不動産に抵当権がついていたとしても、債務者が債務不履行をしなければいずれは抵当権は消えるはずであって、そう考えた買主を保護の対象から外す必要はないからである。

2—誤 売買契約は諾成契約である。目的物の引渡しは契約の成立要件ではない。

3—誤 「買主が売買代金を支払うまで」という部分が誤り。買主が債務の履行に着手した後は解除できなくなるのである。買主が代金をすぐに支払えるように準備をして売主に履行を催告すれば「履行の着手」となるとするのが判例である。

4—誤 売買の目的物から生じる果実は、目的物を引き渡すまでは、売主が取得することができる。

5—誤 他人物売買における買主に解除が認められる場合は、買主の善意・悪意を問わず認められる。なぜなら、悪意の買主であっても、売主の交渉能力に期待して契約を締結しているということがあり得るからである。

Q47 売主の契約不適合責任

問 民法上の売買に関する次の記述のうち、正しいものはどれか。 （地方上級改題）

1 売買の目的とした権利の一部が他人に属し、売主がその権利の全部を買主に移転することができないときでも、買主が悪意の場合は、代金減額を請求することはできない。

2 他人の物を売買の目的とした場合において、その目的物の所有者が目的物を譲渡する意思を有していないことが明らかだったときは、その売買契約は無効である。

3 数量を指示した売買において目的物の数量が不足していた場合において買主は、追完が不能であるときは直ちに代金の減額を請求することができる。

4 抵当権の設定されている不動産を売買の目的物とした場合において、その抵当権が実行され買主が所有権を失ったときは、売買契約は無効となる。

5 売買の目的物に契約に適合しない欠陥があった場合には、善意の買主はその欠陥の程度に関係なく、契約を解除し、損害賠償を請求できる。

PointCheck

◉売主の契約不適合責任···**【★★★】**

売買契約の目的物として引き渡されたものが、種類、品質または数量に関して契約の内容に適合しないものであるとき、売主は契約の内容に適合した目的物を引き渡す義務を負うため、目的物の修補等の履行の追完をしなければならない。また、売主が債務の行を追完できないような場合は、売買の対価性から、売買代金を減額で処理することが認められなければならない。ただし、不適合が買主側の理由により生じたものであるときは、売主に責任を負わせることはできず、買主はこれらの請求ができない。

さらに、不適合が、損害賠償請求（415条）、契約の解除（541条、542条）の要件にあたれば、これらの主張も買主は可能となる。これらの売買契約の売主が買主に対して担保すべき責任が、「契約不適合責任」として規定されているのである（原則、売買の規定は全ての有償契約に準用される）。さらに、契約の目的が権利である場合に、買主に移転した権利が不適合の場合にも準用されている。

ただし、この契約不適合責任は、売主が不適合について悪意重過失の場合を除き、買主が契約不適合であることを知ってから1年以内に売主に「通知」をしなければ、責任追及することができなくなる。また、契約上、以上の担保責任を負わない旨の特約（現状のまま引渡し、追完・減額を免除するなど）も有効である（契約不適合責任は任意規定）。ただし、売主が不適合を知りながら告げなかった事実や、自ら設定した権利および譲渡したような権利については、責任の免除は認められない。

(1)追完請求（562条）

目的物の修補、代替物の引渡しまたは不足分の引渡し

⑵代金減額請求（563条）

　　①追完の催告→不適合の程度に応じ代金減額を請求

　　②無催告で代金減額請求（追完不能・売主が明確に拒絶・特定期日の履行が契約目的など）

（3）損害賠償請求（415条）・解除権行使（541条、542条）

● 契約不適合責任と瑕疵担保責任の比較………………………………………………【★★☆】

	契約不適合責任		瑕疵担保責任（旧規定）
法的性質	債務不履行責任		法定責任
責任の根拠	契約の内容に適合しない		隠れた瑕疵がある
追完請求	可能	買主の帰責事由で不可	不可
代金減殺請求	催告・無催告で可能		原則不可
契約解除	541・542条で可能		契約の目的を達成できない場合
損害賠償請求	415条により可能・履行利益まで可		可能（無過失責任）・信頼利益
権利行使期間	買主が知ってから1年以内に不適合を通知		買主が知ってから1年以内に損害賠償等の請求が必要

※旧規定の瑕疵担保責任は、「隠れた瑕疵」があった場合に法が特別に認めた責任であった。その「隠れた」との要件が不明確であったり、不特定物に適用されなかったり、追完・代金減額ができないなど不都合が指摘されていたのである。今後、旧規定の内容について細かく問われることはないが、選択肢に旧規定の一部が出てくる可能性もある。なぜ不適合責任の要件が規定されたか立法趣旨の一部として、瑕疵担保責任の概要を理解しておくとよい。

A47 正解―3

1―誤　代金減額請求権は、買主の善意・悪意を問わず認められる（563条2項1号）。その一部の部分について契約を解除するのと同じことだからである。

2―誤　このような場合でも契約は有効として、債務不履行責任・契約不適合責任によって処理しようというのが民法の趣旨である（560条、561条参照）。

3―正　改正以前の規定では「数量指示売買」について減額請求を認める担保責任の規定があった。改正によって「数量指示売買」の概念はなくなっているので、このような場合も通常の債務不履行責任・契約不適合責任が適用され、追完が不能である場合は直ちに減額請求が可能である（563条2項1号）。

4―誤　売買契約は無効となるのではなく売買は有効なものとしたままで、債務不履行責任・契約不適合責任の問題となる。

5―誤　不履行（契約不適合）が、「契約および取引上の社会通念に照らして軽微」であるときは、契約の解除をすることができない（564条、541条）。

Q48 定型約款

問 定型約款に関する次の記述のうち、妥当なのはどれか。 （予想問題）

1 定型取引とは、不特定の者が不特定多数の者を相手方として行う取引であって、その内容の全部が統一され、全てが不変で画一的であることがその双方にとって合理的なものをいう。

2 定型約款とは、定型取引において、契約の内容とすることを目的として、権限を有する所轄行政庁または認定された業界団体が策定し公開された定型的契約条項いう。

3 定型契約の具体例としては、労働契約、銀行取引約定書、個別注文のコンピュータソフトウエアのライセンス契約があげられる。

4 定型約款準備者があらかじめその定型約款を契約の内容とする旨を相手方に表示し、それを契約の内容とする旨の合意をしたときには、定型約款の個別の条項についても合意をしたものとみなされる。

5 定款準備者は、事前に相当な方法でその定型約款の内容を交付して示さなければならず、事前に内容を記載した書面を記録した電磁的記録を提供しているのでは、提示しているとは認められない。

PointCheck

◉定型約款‥‥‥‥‥‥‥‥‥‥‥‥‥‥‥‥‥‥‥‥‥‥‥‥‥‥‥‥‥‥‥‥‥‥‥【★★☆】

鉄道の運送取引、電気供給契約、保険契約など、不特定多数の相手方に対して、定型約款を準備して行う契約について、「定型約款」の規定が設けられている（548条の2〜548条の4）。新設の3条のみの規定で、現時点で難しい問題は出ていないが、多くの取引で広く利用され特別法も多い。基本法として施行前に締結された定型約款にも適用されるので、条文の内容・語句について出題の可能性は大きい。

⑴定型約款の合意

　①定型取引の定義

　　・ある特定の者が不特定多数の者を相手方として行う取引

　　・その内容の全部または一部が画一的であることがその双方にとって合理的なもの

　②定型約款の定義

　　定型取引において、契約の内容とすることを目的としてその特定の者により準備された条項の総体。

　③定型取引合意

　　定型取引を行うことの合意をした者は、定型約款の個別の条項についても合意をしたものとみなす（みなし合意）。(a)定型約款を契約の内容とする旨の合意をしたとき。(b)定型約款準備者があらかじめその定型約款を契約の内容とする旨を相手方に表示していたとき。

④不当な条項の排除

　相手方が不足の不利益を被らないために、次に該当すると認められる条項については、合意をしなかったものとみなされる。(a)相手方の権利を制限し、または相手方の義務を加重する場合。(b)その定型取引の態様及びその実情並びに取引上の社会通念に照らして信義則に反して相手方の利益を一方的に害する場合。

⑵定型約款の内容の表示（定型約款準備者の表示義務）

　定型取引合意の前、または合意の後相当の期間内に相手方から請求があった場合には、遅滞なく、相当な方法でその定型約款の内容を示さなければならない（ただし、事前に相手方に対して内容を記載した書面の交付、または電磁的記録の提供でもよい）。

　定型約款準備者が定型取引合意の前において表示の請求を拒んだときは、定型約款の条項は契約の内容とならなくなる。

⑶定型約款の変更とみなし合意手続き

　定型約款準備者は、個別に相手方と合意をすることなく契約の内容を変更することができる。定型約款変更の要件は以下のようになる。

(a)相手方の一般の利益に適合するとき

(b)契約をした目的に反せず、かつ変更の必要性・内容の相当性・変更の定めの有無その他の事情に照らして合理的であるとき

(c)効力発生時期の定め、変更する旨及び変更後の定型約款の内容並びにその効力発生時期をインターネットの利用その他の適切な方法により周知すること

Level up Point! 　新設の制度規定で条文数が少ないので、一度でも目を通したかどうかで正否が決まる。民法改正への意識度が試される。

A48 正解ー4

1—誤　定型取引とは、「特定の者」が不特定多数の者を相手方として行う取引である。また、その内容の全部だけでなく、「一部が画一的」であることが双方にとって合理的であるものも含む。

2—誤　定型約款の定義は、定型取引において、契約の内容とすることを目的としてその特定の者により準備された条項の総体である。定型約款準備者は、公的組織・団体である必要はなく、不特定多数の者に個別取引を申し込む者である。

3—誤　定型契約の具体例としては、電気供給約款、保険約款、宅配便契約約款、普通預金規定、市販のコンピュータソフトウエアのライセンス契約などが具体例としてあげられている。定型約款を吟味せずに契約に組み入れることを目的とする場合であり、当事者が契約内容を吟味できる場合は除かれるので、本肢の契約では定型約款とされないことが多い。

4—正　548条の2第1項1号2号。定型約款による定型取引についての規定となる。

5—誤　定款準備者は、合意前と合意後相当期間内の請求で、遅滞なく相当な方法で内容を示さなければならないが、すでに相手方に対して定型約款を記載した書面を交付、電磁的記録を提供することも認められている。

Q49 売主の売買契約上の責任

問 売主の売買契約上の責任に関するア〜エの記述のうち、妥当なもののみをすべて挙げているものはどれか。 （国税専門官改題）

ア YがA所有の土地を無断でXに売却した場合において、Yが当該土地を取得してXに移転することができないことにつきXの責めに帰すべき事由がないときは、Xが当該土地がYの所有でないことについて善意であるか悪意であるかを問わず、Xは契約を解除することができる。

イ YがA所有の土地を無断でXに売却した場合において、Yが当該土地を取得してXに移転することができないときは、Yが当該土地が自己の所有でないことについて悪意であり、かつ、XがYの所有でないことについて善意である場合にのみ、XはYに対して損害賠償を請求することができる。

ウ YはZと共有している土地を自己単独の所有物としてXに売却したが、Zの持分を取得してXに移転することができなかった。これらの事情についてXが善意であり、かつ、Yの所有する部分のみであればXが買い受けなかった事情が存するときは、Xは当該売買契約の解除をすることができる。

エ Yは自己所有の土地をXに売却する契約を締結したが、当該土地に設定されていた抵当権が実行されたため、Xは当該土地の所有権を失った。この場合において、Xは抵当権の存在について善意であるか悪意であるかを問わず契約を解除することができるが、損害賠償を請求することができるのは、Xが善意であるときに限られる。

1　ア
2　エ
3　ア、イ
4　ア、ウ
5　イ、ウ、エ

PointCheck

◉契約不適合の「追完」の方法‥‥‥‥‥‥‥‥‥‥‥‥‥‥‥‥‥‥‥‥‥‥‥‥‥‥‥‥‥【★★☆】

　562条は、契約内容に適合しない場合の追完方法として、「目的物の修補」「代替物の引渡し」「不足分の引渡し」の3つを規定している。

　最初の「目的物の修補」は、不動産や自動車のようなもので、旧規定の「特定物に対する瑕疵担保責任」に瑕疵修補請求が認められたような形になっている。したがって、続く「代替物の引渡し」「不足分の引渡し」による追完は、目的物が不特定物（代替物）であることが想定される。

　ところで、562条ただし書は、「売主は、買主に不相当な負担を課するものでないときは、

買主が請求した方法と異なる方法による履行の追完をすることができる」と規定する。つまり、売主は契約の追完方法について、3つのうちどれかを履行として提供することができることになる。ここで、契約不適合責任が債務不履行責任として、特定物・不特定物について限定したものではないことから、たとえば、特定された中古車の引渡しの追完として、契約の趣旨に合致するのであれば、別の同種・同品質の中古車を代替として提供できる可能性もあることになる。ただし、「買主に不相当な負担を課するものではないこと」が認められなければならないのである。

 Level up Point! イでYの悪意という言葉に惑わされないこと。ウでは、一部他人物売買における代金減額請求（これは悪意の買主もできる）と、契約の解除（これは善意の買主であり、かつ残部だけなら買わなかったというときに限ってできる）とを分けて整理しておくことが必要。

A49 正解—4

ア—正 他人物売買においては、売主は、売却した権利を自分で取得してきて買主に移転する義務を負う（561条）。それができないときは、買主は通常の不履行の損害賠償請求権と契約の解除権を取得する。改正前の旧561条は、損害賠償請求権を取得するためには買主の善意が必要であるとしていたが、改正後の規定では買主の善意は要件とはならない。すなわち目的物が他人の物であることにつき悪意の場合にも売主の物でない目的物を入手して買主に移転することは可能だからである（415条）。解除については、不履行が債権者の帰責事由による場合の制限はあるが（543条）、本肢の場合はXに帰責事由はなく解除できる。

イ—誤 アの解説のとおり、債務不履行による損害賠償請求権は発生する。売主・買主の善意・悪意は関係ない。

ウ—正 権利の一部が他人物の売買においても、売主は、その他人に属している権利を取得してきて買主に移転する義務を負う。もしそれができなかったときは、売主の契約不適合責任（565条、562〜564条準用）が適用され、追完請求権・代金減額請求権を行使でき、債務不履行の損害賠償請求・契約の解除が可能である。「Yの所有する部分のみであればXが買い受けなかった事情」があるので、「不履行が契約及び取引上の社会通念に照らして軽微」ともいえず（541条ただし書）、541条の履行の催告後に相当期間を経過して解除することができる。また、「残存する部分のみでは契約の目的を達することができない」となれば、542条の無催告解除を直ちにすることも可能である。

エ—誤 Xが損害賠償を請求するにも、その善意・悪意は問わない。なぜなら、抵当権が設定されていても、順調にいけば、債務が完済され抵当権が消滅するのであるから、抵当権の設定を知っていたからといって損害発生を未然に防ぐ対策を講じる必要はないというべきだからである。

以上より、妥当なものは**ア**、**ウ**であり、正解は肢4となる。

Q50 契約総合

問 契約による債権債務関係に関する次の記述のうち、妥当なのはどれか。 （予想問題）

1 債務の履行が契約その他の債務の発生原因及び取引上の社会通念に照らして不能であるときは、債権者はその債務の履行を請求することができない。

2 債務者が債務の本旨に従った履行をしないときは、不履行が債務者の責めに帰すべき事由に基づくときに限り、債権者はこれによって生じた損害の賠償を請求することができる。

3 当事者の一方の債務の全部の履行が不能である場合において、相手方が相当の期間を定めてその履行の催告をし、その期間内に履行がないときは、相手方は、契約の解除をすることができる。

4 引き渡された目的物が種類、品質又は数量に関して契約の内容に適合しないものであるときは、買主は、売主に対し、その不適合の程度に応じて代金の減額、又は目的物の修補、代替物の引渡しによる履行の追完を請求することができる。

5 当事者双方の責めに帰することができない事由によって債務を履行することができなくなったときは、債権者は、反対給付の履行を拒むことができない。

PointCheck

◉売買契約・債権債務に関する重要改正ポイント‥‥‥‥‥‥‥‥‥‥‥‥‥‥‥【★★★】

(1)売買契約の契約不適合責任に関して

①追完請求権（売主の契約不適合責任）：562条
 ・種類・品質・数量の不適合の場合、売主に追完請求できる。
 ・不適合が買主の責めに帰すべき事由の不履行は追完請求できない。

②代金減額請求権（売主の契約不適合責任）：563条
 ・相当な期間を定め催告し、追完がない場合に不適当の程度に応じて減額請求できる。
 ・履行不能、追完拒絶、定期行為、追完見込みなしの場合、無催告で減額請求できる。

③契約不適合責任の期間制限：566条
 ・不適合を知った時から1年以内にその旨を売主に通知しないと、追完・減額・損害賠償・解除ができない。

④特定物売買等の危険移転時期：567条
 ・買主に目的物の引渡しがあった以後は、当事者双方の責めに帰することができない事由による滅失・損傷による追完・減額・損害賠償・解除ができず、買主は代金の支払いを拒むことができない。

(2)債務不履行の損害賠償に関して

①履行不能（債務不履行）：412条の2
 ・不能の判断基準が「契約その他の債務の発生原因及び取引上の社会通念に照らして」と明示され、債権者は履行の請求ができないとされた（1項）。

第1章

第2章

第3章

第4章

第5章

第6章

第7章

第8章

・契約成立時に原始的不能の場合の損害賠償請求が認められた（2項）。

②債務不履行による損害賠償（債務不履行）：415条

・要件が、「帰責事由＝故意・過失」から、「契約その他の債務の発生原因及び取引上の社会通念に照らして債務者の責めに帰することができない事由」（免責事由）に変更された（1項ただし書）。

・填補賠償の要件が明文となり、「債務者がその債務の履行を拒絶する意思を明確に表示したとき」が加えられた（2項）。

(3)危険負担に関して

●債務者主義の原則（危険負担）：536条

・危険負担の債務者主義を明確にし、債権者に履行拒絶権を認めた（1項）。

・債権者の責めに帰すべき事由の場合は債権者は履行拒絶できないとした（2項）。

(4)解除に関して

①催告による解除（解除）：541条

・要件が「不履行―催告―相当期間」とされ、債務者の帰責事由は要件ではなくなった。

・不履行が「契約及び取引上の社会通念に照らして軽微であるとき」は解除できない。

②無催告解除（解除）：542条

・履行不能、債務者の履行拒絶、契約目的達成不能、定期行為の不能といった要件が明示された。

③債権者の責めに帰すべき事由は解除できない（解除）：543条

Level up Point! 　2020年4月施行の改正民法で改正された各項目については、条文にあたって、条文の構造や用語、ただし書・かっこ書などを確認しておきたい。解釈が確定していない部分もあり、新法は条文そのままの問題が出題される可能性が非常に高い。売買を中心に、債権法全体の新構成を理解しておこう。

A50 　正解―1

1―正　412条の2第1項。新設された規定で、なじみがないと迷う記述になる。請求はできないが、債務不履行なので損害賠償・解除で対処する。

2―誤　415条1項。「不履行が債務者の責めに帰すべき事由に基づくときに限り」が誤り。「契約その他の債務の発生原因及び取引上の社会通念に照らして債務者の責めに帰することができない事由」の場合に、債務者は損害賠償を免れるのである（免責事由）。

3―誤　541条、542条1項1号。債務の全部の履行が不能であるときは、541条の催告をすることなく、直ちに契約の解除をすることができる。

4―誤　562条1項2項。買主は、相当の期間を定めて履行の追完の催告をして、期間内に履行の追完がないときに、不適合の程度に応じて代金減額請求ができる。先に追完請求をするのが原則で、減額と追完を選択できるのではない。

5―誤　536条1項。危険負担の債務者主義により、債権者は反対給付の履行拒絶権が認められる。

1 消費貸借

Level 1 ▷ **Q51,Q52**　Level 2 ▷ **Q58**

⑴意義 ▶p116

①書面によらない消費貸借：借主が、金銭その他の物を借り受け、これと同種・同等・同量の物を返還することを約束して、貸主から金銭その他の物を受け取ることによって成立する契約（要物契約、587条）。

②書面でする消費貸借：消費貸借契約を書面でする場合は、借主が物を引き渡すことを約し、貸主が同種・同等・同量の物を返還することを約束することよって成立する（諾成契約、587条の2）。物の引渡しを受けるまでは、借主は契約解除ができる（同条2項）。

⑵消費貸借の効力

①利息付消費貸借：有償契約として売主の契約不適合責任（代替物の引渡し請求等）

②無利息消費貸借：貸主は特定したものを引き渡せばよく、契約に適合しない場合に借主はその物の価額を返せば足りる。

⑶目的物の返還時期（消費貸借の終了）

①返還時期の定めのある場合→定めた時期が到来した場合

②返還時期の定めのない場合→相当の期間を定めた催告があった場合

③借主は返還時期の定めにかかわらずいつでも返還できる。

2 使用貸借

Level 1 ▷ **Q51**

⑴意義 ▶p114

当事者の一方（借主）が、物の引渡しを約束し、相手方（貸主）が無償で使用収益し、返還することを約束して成立する契約（諾成契約・無償契約、593条）。

⑵使用貸借のポイント

①受取り前の貸主の解除権（書面によらない場合）、②借主の善管注意義務・無断譲渡転貸禁止、③目的物が特定した時の状態で引き渡す貸主の責任（贈与の準用）、④期間満了・目的たる仕様収益終了・借主死亡で契約終了、⑤仕様収益目的を定めない場合の貸主の解除権、④借主はいつでも解除可能

3 賃貸借

Level 1 ▷ **Q51,Q53〜Q55**　Level 2 ▷ **Q59**

⑴意義

当事者の一方（賃貸人）がある物を使用収益させ、相手方（賃借人）がこれに対して賃料を払い契約終了時に物を返還することを約束する契約（諾成契約・有償契約、601条）。

⑵賃貸借の効力

①賃貸人の義務：修繕義務・必要費の償還（ただちに請求可）・有益費の償還（契約終了時）

②賃借人の義務：賃料支払義務・善管注意義務・用法遵守義務・原状回復義務
(3)不動産賃借権の物権化 ▶p120
　①賃借権の対抗力：不動産賃借権は登記可（民法 605 条、借地借家法 10 条・31 条）
　②賃借権に基づく妨害排除請求→対抗要件を備えた賃借権はできる（605 条の 4）
　③賃借権の時効取得可（土地の継続的用益（外形）＋賃借の意思）
(4)不動産の賃貸人たる地位の移転：不動産の新所有者（対抗要件具備）が新賃貸人 ▶p130
　①賃借人への対抗要件は登記、②合意による賃貸人地位移転の留保、③敷金関係の移転
(5)賃借人による修繕：賃貸人が相当期間内に未修繕・急迫の事情ある時、自ら修繕可能
(6)賃借物の一部滅失等の場合：賃料の当然減額、賃借目的を達せない場合の解除
(7)賃借権の譲渡・転貸：賃貸人の承諾必要、信頼関係破壊の場合の解除
　①承諾ある譲渡で旧賃借人は契約離脱、②承諾ある転貸では転貸人は直接義務を負う
(8)敷金：賃貸人に対する金銭債務を担保する目的で、賃借人が賃貸人に交付する金銭
　①賃貸借終了し賃貸物の返還を受けたとき敷金返還請求権が発生（明渡しが先履行）
　②承諾ある賃借権の譲渡の場合、旧賃借人に敷金返還請求権が発生（敷金は移転せず）

4 請負　　　　　　　　　Level 1 ▷ **Q56**　Level 2 ▷ **Q60**

(1)意義 ▶p124
　当事者の一方（請負人）がある仕事を完成することとし、相手方（注文者）がその仕事の結果に対して報酬を支払うことを約束する契約（有償契約、632 条）。
(2)請負のポイント
　①報酬の支払い時期は仕事完成後。目的物の引渡しと同時履行
　　※未完成でも可分な部分で注文者が受ける利益→報酬請求可
　②下請負の使用は自由（仕事の完成が目的。誰がやるかは重要でない）
　③請負と危険負担→債務者主義
　④仕事完成前は、注文者はいつでも損害を賠償して解除できる
　⑤注文者の破産→請負人・破産管財人から解除可
　⑥請負人の契約不適合責任（売主の責任を準用、559 条）

5 委任　　　　　　　　　Level 1 ▷ **Q57**　Level 2 ▷ **Q60**

(1)意義 ▶p126 ▶p132
　当事者の一方（委任者）が、法律行為や事務の処理をすることを相手方（受任者）に委託する契約（643 条）（有償委任と無償委任あり）。
(2)委任のポイント
　①有償委任はもちろん、無償委任でも注意義務は、善管注意義務
　②事務の処理にあたって、受任者が無過失で被った損害→委任者負担
　③有償委任（特約必要）の場合、報酬は後払い
　④受任者の無過失で途中終了→履行した分についての報酬請求可
　⑤当事者はいつでも解除可

第1章

第2章

第3章

第4章

第5章

第6章

第7章

第8章

Q51 貸借契約全般

問 典型契約としての使用貸借、消費貸借および賃貸借に関するア〜オの記述のうち、妥当なもののみをすべて挙げているものはどれか。 (国家一般改題)

ア 使用貸借は、当事者の一方が種類、品質および数量の同じ物を返還することを約して、相手方からある物を受け取ることを約することによって、その効力を生ずる。

イ 使用貸借の借主は、貸主の承諾を得なければ、第三者に借用物の使用または収益をさせることができず、借主が貸主の承諾を得ないで第三者に借用物の使用または収益をさせたときは、貸主は契約を解除することができる。

ウ 利息付消費貸借において、物に契約に適合しない不具合があったときは、貸主は不具合がない物に代えなければならず、この場合においては、借主は損害賠償を請求することもできる。

エ 賃貸借は、当事者の一方がある物の使用および収益に対する賃料を支払うことを約して、相手方からその物を受け取ることによって、その効力を生ずる。

オ 賃借人は、貸主の承諾を得なければ、その賃借権を譲り渡し、または賃借物を転貸することができないが、賃借人が賃貸人の承諾を得ないで第三者に賃借物の使用または収益をさせたとしても、賃貸人は賃借人に対して損害賠償を請求することができるだけで、当該賃貸借契約を解除することはできない。

1　ア、エ
2　イ、ウ
3　エ、オ
4　ア、イ、オ
5　イ、ウ、エ

PointCheck

●使用貸借の効力・・・【★★☆】

借主は目的物を使用し収益することができる（593条）。当事者間の合意によって定められた用法（合意がないときは目的物の性質による一定の用法）に従って使用・収益しなければならない（594条1項）。目的物を貸主の同意なしに他人に使用させてはならない（同条2項）。

借主は必要費（建物の使用貸借では、地代や建物の固定資産税など）を負担しなければならない（595条1項）。特別の必要費または有益費は償還を請求できる（同条2項）。

借主は目的物について善管注意義務（400条）を負い、使用貸借が終了したときは目的物を原状に復した上で返還しなければならないが（599条1項）、その際には目的物に付属させたものを収去する権利を持つ（599条2項）。

●**使用貸借の終了**···【★☆☆】

　使用貸借が貸主の好意に基づく（無償契約である）ことから、終了原因は以下のように定められている。

①期間・使用目的の定めがある場合

　　期間の定めがあれば期間の満了によって終了する（597条1項）。期間の定めがない場合でも、あらかじめ使用目的が定まっていれば目的達成と認められる時に終了する（同条2項）。

②期間の定めがない場合

　　期間の定めがない場合、借主の目的に従って使用・収益をなすに足るべき期間を経過すれば、貸主はただちに解除できる（598条1項）。期限も目的も定まっていなければ、貸主はいつでも解約できる（同条2項）。借主はいつでも契約解除ができる（同条3項）。

③借主の死亡

　　借主が死亡すれば、特約がない限り使用貸借は終了する（597条3項）。

④借用物受取り前の貸主の解除

　　借主が借用物を受け取るまで、貸主は契約の解除ができる。ただし、書面による契約の場合は解除できない（593条の2）。

A51 正解ー2

アー誤 種類、品質および数量の同じ物を返還することを約束するのは、消費貸借の場合である。使用貸借は借りた物自体を返さなければならない。また、使用貸借は諾成契約である（593条）。

イー正 本肢のとおりに594条が規定を置いている。有償契約である賃貸借でさえ無断譲渡・無断転貸は解除原因とされているのであるから、無償契約である使用貸借ではなおのこと本肢のようになる。

ウー正 利息付消費貸借は、有償契約（559条）であるから、貸主は契約不適合責任を負う。貸主は不具合のない物に取り替える義務を負う。また、損害賠償の責任等も負う。

エー誤 賃貸借契約は有償契約であり、合意だけで契約が成立する諾成契約とされる。物の引渡しは契約の成立要件ではない。

オー誤 無断譲渡・無断転貸の場合には、賃貸人は賃貸借契約を解除できると規定されている。ただし、判例・通説はこの解除権を制限し、解除をなすには、賃貸人と賃借人との間の信頼関係が破壊されるに至ったことが必要であると解している（判例は、信頼関係の破壊という表現の代わりに「背信的行為と認めるに足りない特段の事情がある場合には解除権は発生しない」といういい方をする）。

　以上より、妥当なものは**イ**、**ウ**であり、正解は肢2となる。

第1章
第2章
第3章
第4章
第5章
第6章
第7章
第8章

Q52 消費貸借

問 消費貸借契約に関する次の記述のうち、妥当なものはどれか。 （国税専門官）

1 消費貸借契約に期間の定めのない場合は、当事者はいつでもこれを解約できるから、貸主はいつでも予告なしに借主に対し目的物の返還を請求することができる。

2 消費貸借契約は、要物契約であるが、経済的価値の移動があれば足りるから、目的物自体の引渡しがなくても手形を受け取る等の行為があれば消費貸借契約は成立する。

3 消費貸借契約は金銭を目的とする場合にはじめて成立するものであるから、金銭以外の代替物を目的物とする場合は、消費貸借契約ではなく使用貸借契約が成立する。

4 消費貸借契約の予約がすでになされている場合には、消費貸借契約は、諾成契約となっているから、当事者間に本契約締結の合意があれば、目的物の引渡しがなくても本契約たる消費貸借契約が成立する。

5 消費貸借契約においては借主は目的物を貸主から一時的に借りるにとどまるから、借主は目的物の占有権は取得するが所有権を取得するわけではない。

PointCheck

◉消費貸借の要物契約性と書面でする消費貸借⋯⋯⋯⋯⋯⋯⋯⋯⋯⋯⋯⋯⋯⋯【★★★】

587条の原則的な消費貸借は、物の交付が契約の成立要件になっている契約（要物契約）である。そもそも消費貸借が要物契約とされたのは、それが無償契約だったことに基づいている。無償契約の場合、貸主はタダで貸すわけであるから、合意だけで契約の成立を認めてしまうと貸主に酷な場合もあるということで、物の交付が契約の成立要件とされたのである。しかし民法は、有償契約である利息付消費貸借までも要物契約としてしまっている。有償契約の場合は、対価を取って貸すのであるから、合意があればそれに拘束されるとしても不当なことはないはずである。現に賃貸借（賃料を取って貸す、有償契約である）は合意だけで契約が成立する諾成契約となっている。そのため判例・学説は、有償契約である利息付消費貸借については、要物性の緩和を認めていた。

そこで、改正により、587条の原則は維持しつつ、「書面でする消費貸借」については合意のみで契約の成立を認めた（587条の2）。ただし、借主に借りなければならない義務を負わせないために、金銭の交付を受ける前は、借主はいつでも契約を解除できるとした。

◉要物性の緩和が問題となった例⋯⋯⋯⋯⋯⋯⋯⋯⋯⋯⋯⋯⋯⋯⋯⋯⋯⋯⋯⋯⋯【★☆☆】

①「預金通帳と印鑑の交付」でも現金の交付と同視できるとする。

②「国債の交付」でも現金の交付と同視できるとする。

③「手形の交付」については、判例・通説は交付の時に契約が成立するとする（古い判例には、借主がその手形を銀行などで割り引いてもらいこれを金銭に換えた時に、手形金額と同額の現金の交付があったものと同視できるとしたものもある）。

問題でPointを理解する
Level 1 **Q52**

第1章
第2章
第3章
第4章
第5章
第6章
第7章
第8章

④金銭の授受の前に公正証書を作成して、そこに「消費貸借が成立した」と記載することについて、後から金銭が交付されれば、公正証書は有効であるとする。

⑤金銭の授受の前に抵当権設定契約をしてその登記をした場合でも、抵当権は有効だとする（これは、抵当権の付従性の方を緩和したと解することもできる）。

◉消費貸借の効力……………………………………………………………【★★★】

書面によらない587条の消費貸借は、要物契約とされているから、契約が成立したときには借りる物は借主の所にすでにある。したがって、書面による場合の諾成契約とは異なり、借りるべき物を引き渡せという権利は発生しない。また、借りた物は消費されるものであるから、借主はその物の所有権を取得している。その結果、消費貸借で発生するものは貸した物と種類・品質・数量の同じ物を返還せよという貸主の債権だけになる。このように要物性のある消費貸借は、利息付か無利息かを問わず片務契約となっている。

◉消費貸借の終了……………………………………………………………【★☆☆】

いつまで貸すのかという期限が決められていれば、その時が終了時である。その時までに返せばよい。期限が決められていなければ、貸主の請求により終了時が決まる。しかし、返還時期が定められていなかった場合でも、貸主は、今すぐ返せなどと無謀な要求はできず、相当の期間を定めて返還の請求をしなければならない（591条1項）。消費貸借では借りた物は消費されているから、返還すべき物を調達する余裕を与えて請求することが必要となるのである。他方で、借主は返還時期の定めの有無にかかわらず、いつでも返還することができる（同条2項）。

A52 正解－2

1—誤　消費貸借では、借りた物は消費されているのであるから、期間の定めのない消費貸借であっても、貸主は「今すぐ返せ」とはいえない。借りた物と種類・品質・数量の同じ物を調達する猶予期間をおいて（つまり、「相当の期間を定めて」）、請求しなければならない。

2—正　要物性は緩和の方向で解釈されている（最判昭39.7.7）。

3—誤　消費貸借の目的物は、金銭だけに限らず、代替物であればよい。例えば、米やしょう油を借りるというのも消費貸借となる。

4—誤　消費貸借の予約とは、将来、本契約である消費貸借契約を締結することを約束する契約である（旧589条）。しかし、消費貸借契約の予約があれば、本契約である消費貸借が諾成契約になるとしている点が正しくない。改正により「書面でする消費貸借」（587条の2）が諾成契約とされている。

5—誤　消費貸借では、借主は物の所有権まで取得する。そうでなければ消費することができないからである。

Q53 賃貸借・敷金

> 問 民法に定める賃貸借に関する記述として、妥当なものはどれか。 （地方上級改題）

1 賃貸借は要物契約であり、引渡しによってはじめて契約が成立するので、賃借人は返還義務を負うが、賃貸人はこれに対応する債務を負わない。

2 不動産の賃借権は、登記を行うことにより第三者に対抗力を生じ、賃借人は賃貸人に対して当然に賃借権の登記を請求する権利を有する。

3 賃貸借契約存続中は、賃料不払があっても、賃貸人は、まず敷金をこれに充当しなければならず、充当せずに延滞賃料の全額を請求することはできない。

4 賃貸人が賃借物の保存に必要な行為をしようとし、そのために賃借人が賃借した目的を達せられない場合には、賃借人は自ら修繕をし賃貸人の行為を拒むことができる。

5 目的物を賃借人に使用・収益させるという賃貸人の義務が、目的物の全部滅失その他によって全部的に履行不能になった場合には、賃貸借は終了する。

PointCheck

◉賃貸人の債務の後発的不能の場合 ……………………………………………………【★★☆】

賃貸借の目的物が賃貸中に火災などにより焼失（＝滅失）した場合、継続的な法律関係としてはどうなるであろうか。まず、賃貸人の賃借人に使用収益させる債務は履行不能になる。その場合、契約の解除がなされなくとも、以下のように契約関係は終了する。

①滅失が賃貸人の責めに帰すべき事由に基づくとき

　賃貸人に債務不履行の責任が発生し、賃貸人は元の債務の変形としての損害賠償責任を負うことになる。この場合、理論的には賃借人の賃料債務はそのまま残り、両債務同士の間で相殺が行われるはずだが、継続的契約の特殊性から賃貸借契約は終了すると解されている。

②滅失が賃貸人の責めに帰することができない事由に基づくとき

　賃貸人の債務は消滅するだけで変形物である損害賠償責任は発生しない。そこで危険負担の問題となる。この場合の危険負担は、原則である債務者主義（536条1項）によって解決されることになる。その結果、反対給付である賃料債務履行を拒むことができる。両債務が履行されない以上、賃貸借契約は終了する。

③滅失が、債権者である賃借人の責めに帰すべき事由に基づくとき

　危険負担は債権者主義（536条2項）によることになる。その結果、反対給付である賃料債務は残る。しかし、賃借人が使ってもいないのに毎月賃料を払わなければならないというのは不当である。そこで、この場合には賃貸借契約は終了すると解されている。

◉敷金 ………………………………………………………………………………………【★★★】

敷金とは、賃借人が賃貸人に対して負担する賃料その他の金銭の給付を目的とする債務を

担保させるために、賃貸人に交付された金銭である（622条の２）。したがって、債務不履行がなければ、返還されるものである。敷金については、次の規定が重要である。

①敷金はいつ返還してもらえるのか

賃貸借が終了し、かつ賃借人が目的物を返還した時である（622条の２第１項１号、明渡し時）。これによって、敷金は、明渡しのなされることまでも担保することになる。

②敷金の返還と賃借物の明渡しとは同時履行の関係に立つか

同時履行の関係には立たない。なぜなら、賃借物の明渡しがなされた後に、敷金返還請求権が発生するからである。

③賃借権の譲渡が賃貸人の承諾を得て行われた場合に、譲渡人が差し入れてあった敷金を譲渡人は返還請求できるか

敷金の返還を請求できる（622条の２第１項２号）。そう解さないと、賃借権を譲渡した者は他人の債務を担保させられることになってしまうからである。

●**賃借人の修繕権**……………………………………………………………………………【★★★】

賃貸物の修繕は賃貸人の義務だが（606条）、改正により、修繕の必要を賃貸人に通知しても相当期間内に修繕されない場合、または急迫の事情があれば、賃借人が修繕できると規定され（607条の２）、賃借人は修繕費用の償還が請求できる（608条）。

A53 正解─5

1─誤 賃貸借は、諾成契約である。合意だけで契約が成立し、賃貸人は、目的物を引き渡して使用収益させる義務を負う。

2─誤 前半は妥当である。しかし、後半は妥当とはいえない。不動産賃借権は物権化されているとはいえ、基本的には債権であるから、賃貸借契約をしても物権変動が生ずるわけではないので登記請求権は発生しない。そのために、登記に代わり得る対抗要件が考案されているのである（**Q54** 参照）。

3─誤 敷金は、賃借人が賃貸人に対して負う債務の担保であり、最終的には賃借人の明渡し義務まで担保する。したがって、その途中で延滞賃料などに充当する必要はない。充当するかどうかは賃貸人の自由である（622条の２第２項）。

4─誤 賃貸人が賃貸物の保存に必要な行為をしようとするときは、賃借人はこれを拒むことができないと規定されている（606条２項）。賃貸借の目的物が修理を必要とする状態になった場合、修理をすることは賃貸人の義務であると同時にそれは権利でもあるのである。なお、賃借人の修繕権（607条の２）は賃貸人が修繕をしない場合、急迫の事情がある場合に発生する。

5─正 履行不能になった原因が何であるかによって、法律関係は異なってくるが、結論として賃貸借が終了することは間違いない。

Q54 不動産賃借権

問 民法上の賃貸借関係に関する次の記述のうち、妥当なものはどれか。 （国税専門官）

1 賃借人が賃貸人の承諾を得て第三者に転貸した場合には、賃借人は契約関係から脱し、賃貸人と転借人の賃貸借関係のみが残ることになる。

2 賃貸借契約は、貸主が借主に目的物を引き渡すことによって成立し、借主が賃料支払義務を負うから、要物かつ片務契約である。

3 賃借人は、賃借物について権利を主張する者がある場合には、賃貸人がすでに知っているときを除いて、通知の義務を負う。

4 不動産賃借権は物権ではなく債権であるから、それを登記することはできず、善意の第三者がその不動産所有権を取得した場合には、その不動産を明け渡さなければならない。

5 賃貸人は目的物の修繕・保存に必要な行為をする義務を負うが、これらは賃貸人の権利ではないから、賃借人がこれを拒否するのは自由である。

PointCheck

◉**賃借権の対抗要件**···【★★★】

賃貸目的物が第三者に譲渡されると（605条の不動産賃借権の登記がなされている場合を除き）、原則、賃借人は賃借権を新所有者に対抗できない（売買は賃貸借を破る）。しかし、賃借人のために不動産賃借権の登記がなされることはまれであり、賃借人の立場を強化するため、特別法（借地借家法・農地法など）が簡便な対抗力具備の手段を認めている。

①土地の賃貸借

借地人がその土地の上に登記されている建物を所有するときは（借地権につき登記がなくても）借地権を新土地所有者に対抗できる（借地借家法10条1項）。

②建物の賃貸借

建物の引渡しがあったときは（建物賃借権につき登記がなくても）建物賃借権を新所有者に対抗できる（借地借家法31条）。

なお、建物保護法（借地借家法の制定により廃止）に関する判例の中に、借地権者の所有建物が長男名義で登記されていた場合に借地権の対抗力を否定したものがある（最大判昭41.4.27）。

目的物の所有者が目的物を二重に賃貸した場合には、対抗要件を具備した賃借人が優先する（最判昭28.12.18）。

●**不動産賃借権に基づく妨害停止・返還請求権（605条の4）**……………………**【★★★】**

⑴**問題の所在**

　債権は、特定人に対し一定の行為を要求する権利にすぎず、第三者に対して妨害排除を請求し得ないのが近代法の原則である（万人に対する妨害排除は物権の効力）。しかし、債権の第三者に対する保護の強化、とりわけ不動産賃借権の第三者に対する保護が要請され、賃借権に基づく妨害排除請求権、具体的には、賃借人は自己の権利に基づいて不法占拠者に妨害排除を請求できるかが議論されていたのである。

⑵**賃借人の妨害排除と605条の4の立法趣旨**

　この点について賃借人は、①目的物を使用できるように賃貸人に対して賃貸借契約上の義務を請求することができる。また、②目的物引渡を受け賃借人が占有を開始した後は、妨害者に対して占有訴権を有する。さらに、③賃借人は債権者代位権により賃貸人（＝所有者）の有する物権的請求権を行使して、自己に対して明け渡す旨請求し得る。

　これに加えて、賃借権自体に基づく妨害排除請求権の可否が問題となったのだが、不動産賃借権の保護の必要性を考えれば、賃借権に基づく妨害排除請求権を認めるべきで、判例も、「対抗力のある賃借権」には妨害排除請求権を実質的に認めていた。605条の4に規定された賃借不動産への妨害停止や返還の請求は、以上のような趣旨で追加されたものである。

A54 正解―3

1―誤　転貸というのは、賃借人が賃借人のままで、転借人に又貸しすることである。つまり、賃貸人の承諾を得て適法に転貸が行われたときは、賃貸人―賃借人の賃貸借関係と、賃借人―転借人の転貸借関係が並存することとなる。

2―誤　賃貸借契約は、当事者の合意のみによって成立し得る諾成契約である。賃貸人は、賃貸することになった目的物を引き渡す義務やそれを使用収益させる義務を負う。これに対応して賃借人は賃料を支払う義務を負う。よって、賃貸借は、双務契約である。本肢は、賃貸借を要物かつ片務契約としている点で正しくない。

3―正　賃借物について権利を主張する者がいる場合とは、他人の物を賃貸した場合にその他人が文句をいってきたようなときである。他人の物の賃貸借も他人物売買と同様に有効であるが、その他人が怒って文句をいってきたときは、賃借人は遅滞なくそのことを賃貸人に通知しなければならないと規定されている（615条）。ただし、賃貸人がすでに知っているときは通知不要と規定されている。

4―誤　賃借権は債権ではあるが、不動産の賃借権については、賃借人を保護する必要から、登記をすることが認められている。したがって賃借権が登記をしたものであるときは、賃貸目的物を譲り受けた第三者（善意・悪意不問）にも対抗できる（不動産賃借権の物権化）。

5―誤　賃貸人が目的物を修繕などその保護に必要な行為をしようとする場合、賃借人はこれを拒むことができないと規定されている（606条2項）。つまり、目的物の保存に必要な行為をするのは、賃貸人の権利でもある。

Q55 賃貸人の地位の移転

問 賃貸借に関する次の記述のうち、妥当なものはどれか。 （国家一般改題）

1 賃借人は、目的物を改良するための有益費を支出した場合には、支出した費用またはそれによる目的物の価格の増加額のいずれかを選択して、賃貸人に対しただちに償還を請求できる。

2 賃借人は、たとえば借家の屋根が破損し雨漏りがするというように、賃貸借契約の目的物に一部の滅失があった場合には、賃貸人に対し、目的物の使用収益に必要な修繕をするように請求することができるから、当該事由を理由として賃貸借契約を解除することはできない。

3 他人の所有物を無断で賃貸した場合でも、賃貸借契約は有効であるが、賃借人が所有者から目的物の返還またはその使用収益による不当利得の返還を請求されたときは、賃借人は賃貸人に対し賃料の支払いを拒絶することができる。

4 土地の賃借人が目的物である土地上に建てた建物を、賃貸人の承諾を得ずに第三者に賃貸した場合には、賃貸人は無断転貸を理由として、賃貸借契約を解除することができるとするのが判例である。

5 賃借人が賃貸人の承諾を得て第三者に賃借権を譲渡した場合には、賃借人の契約上の地位は当該第三者に移転するから、賃借人が賃貸人に交付していた敷金の権利義務関係は、原則として当該第三者に承継されるとするのが判例である。

PointCheck

◉**賃貸目的物の譲渡**‥‥‥‥‥‥‥‥‥‥‥‥‥‥‥‥‥‥‥‥‥‥‥‥‥‥‥‥‥‥‥‥【★★★】

⑴賃貸目的物の譲渡と賃貸人たる地位の移転

賃貸人が対抗要件を備えていた場合（605条、借地借家法10条・31条）、賃貸人たる地位は譲渡により、賃貸目的物と結合する状態債務関係として、所有権とともに新所有者に移転する（605条の2第1項）。この場合、賃貸人の地位の移転は賃貸人の義務の移転を伴うものではあるが、賃貸人の義務は、賃貸人が誰かによって履行方法が異なるわけではなく、また賃借人にとっても譲受人が義務を承継してくれる方が有利であるから、539条の2の規定（契約上の地位の移転）にかかわらず、賃借人の承諾は不要である（605条の3）。

⑵賃貸目的物の譲渡と賃貸人たる地位の主張

賃貸目的物の新所有者が賃借権を認めた上で、賃料請求など賃貸人の地位を賃借人に対して主張するのは、契約・債権関係上の賃貸人の地位を主張するものである。しかし、もし二重譲渡がなされた場合には、後に第二譲受人が移転登記を備え賃貸人たる地位に立つこともあり、賃借人は誰に賃料を支払えばよいか、その地位が不明確になる。確かに、新所有者は賃借人と不動産上の物権的支配を争うという関係にあるわけではないが、登記を要することによって、不動産物権が移転したという事実の確実な証明になる。そこで、賃借人の立場を

確実にするため（二重払いを避けるため）、新所有者が賃料請求などをするためには登記を必要とされる（605条の2第3項）。

⑶賃貸人の変更と延滞賃料

賃貸人たる地位は、賃借権に対抗力あれば所有権とともに当然に移転するが、新所有者が延滞賃料債権についてはすでに具体化された債権であることから、これを取得するには債権譲渡が必要であり、賃借人に対抗するには債権譲渡の対抗要件（467条）が必要である。

⑷賃貸人たる地位の移転と敷金関係

賃貸人たる地位が承継された場合、敷金関係も新賃貸人に当然承継される。なぜなら、敷金は賃貸人のための担保であり、賃貸人の地位の譲渡は担保の移転を伴うべきだからである。ただし、改正前の判例ではあるが、旧賃貸人のもとに担保されるべき賃借人の債務があるときには、それは当然に控除され、新賃貸人はその残額についてだけ承継するとした。

◉賃借物の一部滅失等による賃料の減額⋯⋯⋯⋯⋯⋯⋯⋯⋯⋯⋯⋯⋯⋯【★★★】

賃借人に帰責事由なく、賃借物の一部が滅失その他の事由で使用・収益できなくなった場合は、賃料は使用収益できない割合に応じて、「当然減額」される（611条1項）。さらに、残存する部分のみでは賃借した目的が達せないときは、解除ができる（同条2項）。

A55 正解—3

1—誤　必要費ならば、賃貸人が貸主として当然負担すべきものであるからただちに償還を請求できるが、有益費の償還は、賃貸人が不当利得をしないようにするためのものであるから賃貸借が終了した時に初めて請求し得る（608条）。選択するのは賃貸人であって、賃借人ではない。

2—誤　滅失が賃貸人の責任でなければ、賃借物の一部滅失の割合に応じて賃料は当然に減額されるが（611条1項）、残存部分では賃借の目的を達せなければ解除ができる（同条2項）。さらに、賃貸借にも契約不適合責任の規定が準用され（559条）、契約をした目的が達成できないときには契約の解除もできる（564条）。

3—正　賃貸借にも売買の規定が準用されるから（559条）、この場合、代金支払拒絶（576条）により本肢のようになる（判例）。

4—誤　建物は土地の賃借人のものであるから、建物を貸しても土地の転貸にはならない（判例）。土地を使用しているのは建物の所有者だからである。

5—誤　賃借人が適法に賃借権を譲り渡したときには敷金返還請求権が発生する（622条の2第1項2号）。ちなみに、改正前の判例は、敷金関係は、賃借権の譲受人（新賃借人）に承継されないとした。承継を認めると新賃借人の債務まで担保することとなり、敷金交付者の予期に反する不利益を与えることになるからである。なお、本肢の場合と異なり、賃貸人の交代の場合には、敷金関係は新賃貸人に承継される。

Q56 請負

問 請負に関する次の記述のうち、妥当なのはどれか。 （国家一般改題）

1 請負契約が締結されたが、その仕事が完成する前に、注文者と請負人のいずれの責めにも帰することのできない事由によって仕事の目的物が滅失した場合は、仕事を再開すれば契約で規定された期間内に完成が可能であっても、請負人の仕事完成義務は消滅する。

2 請負契約が締結されたが、その仕事が完成する前に、注文者と請負人のいずれの責めにも帰することのできない事由によって仕事の目的物が滅失した場合は、仕事の完成が完全に不能となり注文者に利益がないときであっても、請負人は報酬請求権を失わない。

3 請負契約において、注文者の報酬支払義務と同時履行の関係に立つのは、請負人の目的物の引渡義務ではなく、請負人の仕事完成義務である。

4 請負契約においては、請負人は、自らが請け負った仕事を第三者に請け負わせることができるが、委任契約においては、受任者は、自分の代わりに第三者に自由に事務を処理させることはできない。

5 建物の建築請負契約において、完成した建物に瑕疵があり、契約をした目的を達することができない場合であっても、注文者は、契約を解除して原状回復の請求をすることができない。

PointCheck

◉請負人の仕事完成義務 ⋯⋯⋯⋯⋯⋯⋯⋯⋯⋯⋯⋯⋯⋯⋯⋯⋯⋯⋯⋯⋯⋯⋯⋯⋯⋯【★★☆】

⑴下請負の自由

請負契約は仕事の完成という結果に意味のある契約であって、請負人（元請負人）は、特約で禁止されていない限り、仕事の全部ないし一部を第三者（下請負人）に自由に請け負わせることができる。下請負人は、注文者から見れば、請負人の履行補助者となる。

⑵完成物の所有権の帰属

まず、請負人が自分の材料を出して製作した場合には、自分の材料で自分が建物を作ったのであるから、建物の所有権は請負人に帰属する。その上で引渡しによって注文者に移転していく。これに対し、請負人が注文者の提供した材料を用いて製作した場合には、注文者の材料に請負人の労力が加わり新たな物ができたのであるから民法の加工の規定が適用されるべき場合であるが、請負契約では民法の加工の規定の適用を排除する合意があると考えてよい。したがって、注文者が初めから所有権を取得する。

⑶請負と危険負担ないし損失負担

仕事完成前に、完成途上にあった目的物が天災などの不可抗力によって滅失・損傷した場合、それにより仕事の完成が不能となれば請負人の債務は履行不能により消滅する。その場合は、報酬債権の方も危険負担における債務者主義の原則に従って消滅する（536条1項）。

ただし、仕事の結果の可分な部分で注文者が利益を受けるときは、その部分を完成とみな

問題で Point を理解する
Level 1 **Q56**

第1章
第2章
第3章
第4章
第5章
第6章
第7章
第8章

して、受ける割合に応じた報酬請求ができる（634条1号、注文者に帰責事由ない場合）。

これに対して、完成途上の目的物が滅失・損傷してもやり直せばまた作ることができる場合には、請負人の仕事完成義務はなお存続する。その場合の増加費用については、請負人の負担となるのが原則だが、通常は損失分担の特約をしてあることが多い。

		目的物の滅失・損傷		
		仕事完成前		仕事完成後引渡前
		完成可能→仕事続行	完成不可能→履行不能	
帰責性	請負人	報酬増額不可	請負人の賠償義務	債務不履行 請負人に賠償義務	債務不履行・賠償義務
	注文者		注文者の賠償義務	危険負担（536条2項）報酬請求可能	危険負担（536条2項）
	双方無		―	危険負担（536条1項）利益割合報酬（634条）	危険負担（536条1項）利益割合報酬（634条）

●**請負人の契約不適合責任**･･･【★★★】

⑴一般の契約不適合責任

対価的給付をなす請負契約には、売買の契約不適合責任の規定が準用（559条）され、「種類又は品質に関して契約内容に適合」しない仕事の目的物が引き渡されたときには、注文者は、損害賠償請求権の他、修補（追完）請求権、報酬減額請求権、契約解除権を有する。

　①修補（追完）請求（562条）※修補が不能な場合は不可、②報酬減額請求（563条）、③損害賠償請求（564条、415条）、④契約解除（564条、541〜543条）※不適合が軽微な場合は不可、⑤責任制限の特約も有効（572条）

⑵「注文者の供した材料の性質又は注文者の与えた指図」による不適合

注文者は、追完・報酬減額請求、損害賠償および解除はできない。ただし、請負人が材料または指図が不適当と知りながら告げなかったときは請負人は責任を負う（636条）。

⑶権利行使期間：不適合を知った時から1年以内に通知（637条1項）

⑷旧法から改正された重要ポイント

　①「建物その他の土地の工作物」の解除制限を廃止（旧635条ただし書）、②代金減額請求が可能、③「建物等の権利行使期間」の例外的延長を廃止

A56 正解―4

1―誤　仕事の続行が可能であれば、請負人の仕事完成義務は存続する。

2―誤　続行不可能な場合は、履行不能で仕事完成義務が消滅し、危険負担の債務者主義により報酬請求権も消滅する。ただし、注文書が受ける利益がある場合は、割合に応じた報酬が請求できる（634条）。

3―誤　報酬の支払は目的物引渡しと同時履行であればよい（後払いの原則、633条）。

4―正　特に定めがなければ下請負は自由。委任は再委任できないのが原則(644条の2)。

5―誤　改正前は妥当であったが、土地工作物についても解除は可能とされた（559条、564条）。

Q57 委任

問　委任契約に関する次の記述のうち、正しいものはどれか。　　　　　（地方上級）

1　委任契約は各当事者からいつでも解除することができるが、この解除の効力は将来に向かってのみ生ずるもので、遡及しない。

2　委任事務処理に費用がかかる場合、委任者は、受任者の請求がない場合でも費用を前払いしなければならない。

3　有償委任が、両当事者の責に帰すべからざる事由により途中で終了した場合には、受任者は、すでになした履行の分についても報酬を請求することはできない。

4　受任者が、自己に過失なくして委任事務処理に関して損害を受けた場合には、委任者に故意・過失がある場合に限って損害賠償を請求できる。

5　受任者は、原則として、委任された事務について第三者にさらに委任することが許されている。

PointCheck

●委任の終了事由‥‥‥‥‥‥‥‥‥‥‥‥‥‥‥‥‥‥‥‥‥‥‥‥‥‥‥‥‥‥‥【★★☆】

(1)任意の解除

　委任は、両当事者がいつでも自由に理由の制限もなく、解除できる。ただ、やむを得ない事由がなく、①相手方に不利な時期に解除したとき、②受任者の利益をも目的とする委任を解除したときは、損害を賠償しなければならない（651条）。（なお、継続的契約である委任契約の解除に遡及効はない。）この委任の任意解除は、無償委任を念頭において考えるとよく理解できる。受任者はタダで事務処理をするのだから不都合があればいつでもやめられ、委任者はタダで利益を得ているのだからいつでも辞退してよい。そこで、学説には、この規定は有償委任には適用されないとする見解もある。しかし判例は、委任は相互の信頼関係が維持されていなければ続けていられるものではなく、相手方を信用できなくなったときはいつでも解除してよいとしたものだと解する。

(2)その他の終了事由

①委任者または受任者の死亡

　委任は当事者の信頼を基礎としていることから、委任者または受任者のどちらか一方が死亡すれば終了する。相続人との間には信頼関係があるとは限らないからである。

②委任者または受任者のどちらか一方の破産

　委任者が破産した場合には破産管財人に委ねるべきだからである。受任者が破産した場合は、破産後にまで受任者で居続けることは不当だからである。

③受任者が後見開始の審判を受けたとき

　判断能力を欠く常況に至った者を受任者にしておくわけにはいかないからである。

第1章

第2章

第3章

第4章

第5章

第6章

第7章

第8章

●委任者の義務‥‥‥‥‥‥‥‥‥‥‥‥‥‥‥‥‥‥‥‥‥‥‥‥‥‥‥‥‥‥‥‥【★★☆】

(1)報酬の支払

委任は無償が原則なので（648条1項）、報酬の特約がある場合で、委任終了後（成果報酬の特約がある時は成果の引渡しと同時）に、報酬を支払う義務を負う。委任者の責めに帰すことができない事由で委任事務を履行できなくなったとき、または委任が途中で終了した場合でも、すでになされた履行の割合に応じて報酬を支払わなければならない(648条3項)。

(2)委任事務処理費用の支払

①費用前払義務：受任者の請求により費用を前払い

②費用償還義務：費用・支出の日以後の利息の償還を請求

③負担債務の代弁済義務：事務処理に必要な債務の弁済を委任者に請求

※代弁済請求に対して委任者は受任者に対して有する債権で相殺できない（判例）。

④損害賠償義務：受任者に過失なく損害を受けたとき委任者に賠償請求

A57 正解ー1

1—正　委任契約は、何の条件もなく自由に各当事者がいつでも解除できる。

2—誤　委任された事務の処理に費用がかかる場合、それは委任者の負担となる。受任者は、支出後にその費用と支出後の利息の償還を請求できる。この費用を前払いしてもらうには、受任者の請求が必要である。

3—誤　有償契約の場合の委任が受任者の責めに帰すことのできない事由によって中途で終わってしまった場合、危険負担の問題となる。原則的に考えれば委任は債務者主義が適用され、反対給付である報酬支払債務は消滅することになるはずである。しかし、民法は受任者はそれまでに履行した分の報酬を請求できるとした（648条3項）。それは、委任は事務の処理を内容とするものであり、たとえ中途で終わったとしてもそこまで履行された分については無意味ではないといえるからである。

4—誤　受任者は、委任事務の処理にあたり過失なくして損害を受けたときは、受任者は委任者に賠償を請求できると規定されている（650条3項、例えば事務の処理のために電車に乗っていて事故にあった場合など）。

5—誤　委任者は、受任者となる人を信頼して自分の事務の処理を頼むのであるから、受任者は原則として自分自身で事務の処理をするべきで、勝手に他人に任せることはできない（644条の2）。ただし、委任者の許諾またはやむを得ない事由があれば復受任者を選任でき、また自分の手足として使用する「履行補助者」の使用は許される。なお、受任者は、依頼された事務を処理することになるが、その処理にあたっては、善良なる管理者の注意をもって事務を処理しなければならない。無償委任の場合にもこの善管注意義務が要求されるところに委任の特徴がある。

Q58 消費貸借

問 民法に定める消費貸借に関する記述として、次のうち妥当なものはどれか。

（地方上級改題）

1 書面によらない消費貸借は、借主が目的物を実際に受け取ることによって成立する要物契約であるが、金銭消費貸借において、金銭の交付に先立って設定された抵当権は有効であるとされる。

2 消費貸借の予約とは、当事者間で将来本契約である消費貸借契約を締結しようと約する契約であり、予約後に当事者の一方が破産手続開始の決定を受けた場合でも、予約の効力は失われない。

3 利息付消費貸借において、貸主が交付した目的物に隠れた瑕疵があった場合、借主が善意・無過失であるときは、貸主が無過失でも、貸主は瑕疵のない物と取りかえなければならない。

4 無利息消費貸借において、貸主が交付した目的物に瑕疵があることを知りながら借主にこれを告げなかった場合、借主は、その瑕疵ある物の価額を返還するものとされ、貸主に損害賠償を請求することはできない。

5 返還時期の定めがある消費貸借において、借主は、担保を損傷した場合でも、期限の利益を失わないため、貸主は借主に対し、期限前に返還を求めることはできない。

PointCheck

◉書面でする諾成的消費貸借‥‥‥‥‥‥‥‥‥‥‥‥‥‥‥‥‥‥‥‥‥‥‥‥‥‥‥‥【★★★】

⑴書面でする消費貸借

　改正前の法文上では、消費貸借は要物契約とされ、貸主から金銭その他の物を受け取ることによって契約が成立した。改正では、旧来の要物契約は維持しつつも、合意により成立する「書面でする消費貸借」が規定され、書面による消費貸借契約では当事者の合意だけで成立する諾成的消費貸借契約が認められた。この書面には、電子メール等の電磁的記録も含まれる（同条4項）。

⑵目的物引渡し前の借主の解除権

　諾成的消費貸借の借主には、目的物引渡し前の解除権が認められる（587条の2第2項）。ただし、貸主に資金調達費用等の損害が生じた場合には、借主は損害賠償責任を負う。

⑶消費貸借の利息

　改正民法は、利息が生じる旨の特約がなければ、貸主は利息を請求することができないとし、無利息が原則と明記された（589条1項）。利息に関する特約があるときは、借主が金銭その他の物を受け取った日以後の利息を、貸主は請求することができる（同条2項）。

⑷「消費貸借の予約」の削除

　書面による諾成的消費貸借が認められ、従来規定されていた消費貸借の予約（旧589条）

は削除された。

◉利息付消費貸借が有償・片務契約である場合……………………………………【★★☆】

　一般には、有償契約は双務契約であり、無償契約は片務契約であることが多い。しかし、書面によらない場合の利息付消費貸借は、有償契約でありながら片務契約である。なぜ、このような「ねじれの現象」が起こるのかというと、有償契約である利息付消費貸借が原則要物契約とされているからである。つまり、金銭などの引渡義務という貸主の側の義務が「要物契約における物の引渡し」という契約の成立要件の中に取り込まれてしまっているために、消費貸借が成立した時点において、貸主は何も義務を負わないことになってしまうからである。

Level up Point!　消費貸借契約には、無償と有償があり、それぞれに契約責任がどのように適用されるかを確実に覚えておこう。

A58 正解ー1

1—正　金銭の交付がなされる前に設定された抵当権であっても有効に発生するとするのが判例・通説である。抵当権の付従性の緩和といえるが、消費貸借の要物性の緩和とも見ることができる。

2—誤　消費貸借の予約とは、将来、本契約たる消費貸借を締結することを目的とする契約であるという点は正しい。しかし、法改正により書面による諾成的消費貸借が認められたことにより消費貸借の予約の意義はなくなり、旧589条の内容は削除されている。

3—誤　旧規定では正解肢であったが、改正後は利息付消費貸借契約には、売買についての代替物の引渡し請求等の規定が準用される（559条、562条）。追完請求の要件は、「隠れた瑕疵」＝「借主の善意無過失」ではなくなり、「種類、品質又は数量」が「契約の内容に適合しない」ことである。「隠れた瑕疵」という旧規定の文言では妥当でない。

4—誤　無利息の消費貸借に関する貸主の責任については、贈与における規定（551条）が準用され、「目的である物又は権利を、目的として特定した時の状態で引き渡し、又は移転すること」とされる（590条1項）。消費貸借の借主は、利息の有無にかかわらず、引き渡された物が種類又は品質に関して契約の内容に適合しないものであるときは、借主は、その物の価額を返還することができる（590条2項）。

5—誤　債務者が担保を滅失・損傷・減少させた場合には、債務者は期限の利益を失うと規定されている（137条）。よって、本肢は誤り。

Q59 賃貸借

問 Aの所有する土地がBに賃貸され、さらにCに転貸されて、現在はCがその土地を使用しているという事例に関する次のア〜オの記述のうち、判例に照らし、妥当なもののみをすべて挙げているのはどれか。 (国家一般)

ア BC間の転貸借契約がAに無断で行われた場合には、Cの土地の使用によりAB間の信頼関係が破壊されているか否かを問うことなく、Aは賃貸借契約を解除することができる。

イ Aの承諾を得て転貸借契約がされたが、その後、Cが土地の所有権を取得した結果、賃貸人の地位を有するに至った。この場合であっても、転貸借関係は、BC間でこれを消滅させる合意が成立しない限り当然には消滅しない。

ウ Aの承諾を得て転貸借契約がされ、その後、Bが賃料の支払いを延滞したためAが賃貸借契約を解除しようとする場合には、特段の事情のない限り、Aは、解除前にCに対して当該延滞賃料を支払う機会を与えなければならない。

エ Aの承諾を得て転貸借契約がされ、その後、Bの債務不履行を理由にAが賃貸借契約を解除した場合には、転貸借契約は、原則としてAがCに対して土地の返還を請求した時に、BのCに対する転貸人としての債務の履行不能により終了する。

オ Aに無断で転貸借契約がされた場合には、Aは賃貸借契約を解除しなくても、Cに対して所有権に基づき土地の明渡しを請求することができる。

1　ア、イ、ウ
2　ア、ウ、オ
3　ア、エ、オ
4　イ、ウ、エ
5　イ、エ、オ

PointCheck

●賃借権の譲渡・転貸………………………………………………………………**【★★★】**

⑴無断転貸、賃借権の無断譲渡

612条2項によれば解除できるのが原則だが、信頼関係を破壊すると認めるに足りない特段の事情があるときは解除できない。

⑵適法な賃借権の譲渡

賃貸人の承諾を得て適法に賃借権の譲渡がなされると、賃借人の権利義務はすべて譲受人（新賃借人）に移転し、譲渡人（旧賃借人）は賃貸借関係から離脱する。敷金に関する敷金交付者（旧賃借人）の権利義務関係は、新賃借人に承継されない（622条の2第1項2号）。

⑶適法な転貸

賃貸人Aと賃借人Bの賃貸借関係は存続したまま、賃貸人の承諾を得て（適法に）賃貸

目的物の転貸がなされると、転貸人Bと転借人Cの間に転貸借関係は、Aに対しても主張し得るものとなる。なお、賃貸人Aと転借人Cの間に直接の契約関係はないが、民法は賃貸人の利益を保護するため特に規定を設けた。すなわち、AB間の契約に基づく賃料支払いや賃貸借終了時の目的物返還義務などについて、転借人Cは賃貸人Aに対し直接履行する義務を負うのである（613条1項）。

Aの承諾のない転貸借

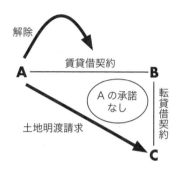

Aの承諾のある転貸借

Bの債務不履行があれば、Cに関係なくAは解除できる。AがCに土地の返還を請求した時に転貸借は履行不能になる。

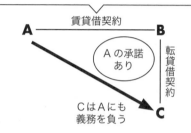

 Level up Point! 賃貸借では、特に判例の知識が必要な問題が多い。本問では、ウ、エに対応する判例がやや細かいといえるが、すべてポイントを暗記しておくことが望ましい。

A59 正解—5

ア—誤 Aは無断転貸を理由にAB間の賃貸借契約を解除することができるが、そのためには、転貸行為によりAB間の信頼関係が破壊されたといえることが必要である（通説・判例）。本肢は、この点を問うことなくAの解除権を認めている点で正しくない。

イ—正 Cが土地の所有権を取得した場合、Cは、自分の土地を転借しているということになるが、そうであってもCの転借権は消滅しない。もし消滅すると扱うと、Cは、Bとの関係で、その土地を使用収益することができなくなってしまうからである。Cが土地の所有権を取得した場合には、Cは、Bに対して、転借人であると同時に賃貸人にもなったことになる。

ウ—誤 Aが、Bの賃料支払債務の不履行を理由に、賃貸借契約を解除する場合には、Cへの催告は不要である（判例）。AはBとの信頼関係に基づいて賃貸借契約を結んだのであるからである。

エ—正 判例は、本肢のように述べている。

オ—正 無断転貸の場合、Aから見ればCは単なる不法占拠者にすぎない。したがって、AはCに対し明渡しを請求できる。

　以上より、妥当なものは**イ、エ、オ**であり、正解は肢**5**となる。

Q60 請負と委任

問 民法上の請負及び委任に関するア～オの記述のうち、妥当なもののみをすべて挙げているのはどれか。 (国家一般改題)

ア 請負の場合でも委任の場合でも、当事者の合意のみでは契約は成立せず、契約書や委任状の作成によって初めて契約が成立する。

イ 請負の場合には、注文者と請負人との間の高度の信頼関係を基礎としていることから、請負人が請け負った仕事をさらに第三者に請け負わせることはできない。委任の場合には、委任事務を受任者自身ですべて完成させることが契約の要件となっていないことから、受任者は、自分の代わりに、いつでも第三者に委任事務を処理させることができる。

ウ 請負の場合には、請負人は、目的物の引渡しが必要なときはその引渡しと同時に、目的物の引渡しが不要なときはいつでも報酬を請求することができる。委任の場合には、報酬に関する特約がなくとも、受任者は委任者に対して委任事務を履行した後に報酬を請求することができる。

エ 請負の場合において、当事者双方のいずれの責めにも帰することができない事由によって仕事の完成が全ての部分で不能となり注文者に利益が生じないときは、請負人は注文者に対して報酬を請求することができない。委任の場合において、履行の中途で委任が終了したときは、受任者は、履行の割合に応じて報酬を請求することができる。

オ 請負の場合には、請負人が仕事を完成しない間は、注文者はいつでも損害を賠償して契約を解除することができる。委任の場合には、委任者も受任者もいつでも契約を解除することができるが、当事者の一方が相手方にとって不利な時期に契約を解除したときは、その解除がやむを得ない事由によるものでない限り、相手方の損害を賠償しなければならない。

1 ア、ウ **2** イ、ウ **3** イ、オ **4** ウ、エ **5** エ、オ

PointCheck

◉請負と委任の比較⋯⋯⋯⋯⋯⋯⋯⋯⋯⋯⋯⋯⋯⋯⋯⋯⋯⋯⋯⋯⋯⋯⋯⋯⋯⋯**【★★★】**

　請負は、仕事の完成を目的とする契約で、例えば大工に建物を建築してもらうという場合である。この場合、大工がいくら一生懸命に仕事をやっても、建物の完成という結果が出なければ契約をした意味がない。つまり、誰がやってもよいから、とにかく仕事を仕上げてくれ、というのが請負の特徴である。

　これに対し委任は、法律行為をしてくることを委託したり、事務の処理を委託したりする契約である。例えば、土地の売却の代理権を与えて売買契約の締結を依頼するのが法律行為の場合であり、病気の治療を依頼するというのが事務の処理の場合である。その特徴は、行為の結果を出すことに意味があるのではなく、その行為をやってもらうこと自体に意味があ

る、という点にある。つまり、結果が出なくても、やるだけのことをやってもらえば満足するというのが委任の特徴である。また、委任では報酬を毎回ごとに支払われることも多い。このことは解除に遡及効を認めない理由ともなる（652条）。

❖**請負と委任の相違点**

	請負の場合	委任の場合
他人に履行を任せてよいか	請負人は他の者に履行の全部をやらせてもよい。 （下請負の使用も認められる）	受任者は自分で履行しなければならない（ただし、委任者の許諾ある場合等は復受任者の選任可能）。
途中で仕事の完成・事務の処理が不能になったとき	仕事が完成せず、注文者に可分の利益もなければ、報酬は請求できない。	途中までやった分の報酬を請求できる。
解除に遡及効があるか	ある。	ない。
両当事者はいつでも自由に解除できるか	仕事を完成しない間は注文者はいつでも損害を賠償して解除できる。	どちらからでも解除できる。当事者間の信頼関係が重要だから。
当事者が破産したときはどうなるか	注文者が破産したときは、どちら側からでも解除できる。	委任は当然に終了する。

Level up Point!　請負は誰がやっても結果が出ればよい債務であるが、委任は結果はどうでもよいからとにかく信頼した受任者がきちんとやってくれることが大切な債務。この特徴を忘れないこと。

A60 正解ー5

ア―誤　請負、委任どちらも当事者の合意のみで成立する諾成契約である。

イ―誤　請負と委任の説明が逆である。請負では、仕事の完成という結果が重要であり、請負人が請け負った仕事を第三者にさらに請け負わせることも可能である（下請け）。これに対し、委任は、委任者の許諾・やむを得ない事由がなければ、受任者は自ら事務を処理しなければならない。

ウ―誤　請負の場合、通常は仕事が完成しない限り注文者に利益が生じないので、目的物の引渡しが不要なときでも仕事の完成が先履行義務である。また、委任には有償委任・無償委任があり、報酬の特約があれば委任終了後に支払義務を委任者が負う。特約がなければ無償となる。

エ―正　請負では、危険負担の債務者主義（536条1項）により、報酬請求権は消滅する。利益がなければ割合に応じた報酬もない（634条）。委任では、委任が途中で終了したときは、すでになされた履行の割合に応じて報酬を支払わなければならない（648条3項）。

オ―正　請負の注文者は、仕事完成前はいつでも損害を賠償して解除できる（641条）。委任は、各当事者はいつでも契約を解除できる（651条）。

事務管理・不当利得・不法行為

1 事務管理

Level 1 ▷ Q61

(1)意義 ▶p138

法律上の義務なく、他人のために事務の管理をすること（697条）。相互扶助の精神に基づく。

例：頼まれていないのに、隣家の留守中に台風で割れた窓を修理した場合

(2)成立要件

①法律上の義務のないこと

契約がある場合には、その契約の効果を考えればよいから、事務管理の適用はない。

②他人の事務を管理すること

事務とは、人の生活に役立つ仕事というほどの意味。自分で修理する（事実行為）ほか、工務店に修理を委託する（法律行為）場合もある（事務管理をする者自身の名で契約することが必要）。

③他人のためにする意思があること

事務管理が社会の相互扶助の理想に基づく以上、他人の利益を図る意思が必要。この意思と自分の利益のためにする意思とは併存し得る。

④本人の意思および利益に適合すること

本人の意思・利益に反することが明らかな場合には事務管理をするべきではないが、それがはっきりしない場合には、管理をした者を保護し事務管理が認められる。

(3)事務管理の効果

①違法性の阻却

例えば、他人の事務を管理するにあたり、他人の庭に侵入しても不法行為は成立しない。

②管理者の義務

　a．管理継続義務

　　管理者は、いったん管理を始めた以上は途中で投げ出すことは許されず、本人が管理できるようになるまで管理を継続しなければならない。

　b．善管注意義務

　　事務管理は無償であるが、善良なる管理者の注意が要求される（通説）。ただし、緊急事務管理の場合には、悪意または重大な過失があった場合にのみ損害賠償の責任を負えばよい。

　c．その他の義務

　　管理の開始を本人に通知する義務、管理状況の報告義務、受取物の引渡し義務

③本人の義務

費用償還義務

（原則）本人は、管理者が支出した「有益な費用」を償還しなければならない（有益な費用かどうかの判断は管理行為をした時点で判断）。

（例外）本人の意思に反していた場合は、「現に利益を受ける限度」で償還すればよい。

2 不当利得

Level 1 ▷ **Q62～Q64**　Level 2 ▷ **Q68**

⑴意義 ▶p140

法律上の正当な理由がないのに、他人の損失において利得を得ていること（703条）。

⑵成立要件

①他人の財産または労務によって利益を受けたこと（受益）

積極的利得（財産が増える）、消極的利得（財産の減少を免れる）

②そのために他人に損失を与えたこと（損失）

積極的損失（財産が減少する）、消極的損失（財産が増加すべきなのに増加しない）

③受益と損失との間に因果関係があること

直接の因果関係があること

④法律上の原因のないこと

公平の理念から見て、ある者の損失においてある者に受益を保有させておくことが正当とはいえないこと

⑶不当利得の効果

①受益者が善意の場合（利得が法律上の原因を欠いたものであることを知らない場合）

「その利益の存する」（現存利益）の範囲内で返還すればよい。不当利得とはわからなかったのであるから、後から突然返せといわれても戸惑う。

②受益者が悪意の場合（法律上の原因を欠いていることを知っている場合）

受けた利益に受け取った時からの利息（法定利率年3％）を付けて返還。

そのほかに損失者に別の損害が発生していればそれも賠償。後日、不当利得として返還請求されることを知っていながら利得したものであるから、その責任は重い。

⑷不当利得の特則 ▶p142 ▶p144

①債務の不存在を知ってした弁済（705条）

不当利得返還請求はできない。債務の不存在を知っていたことの立証責任は債権者が負う（判例）。

②期限前の弁済（706条）

期限前に弁済したことにより債権者が得た利益（弁済をした時から期限までの利息－中間利息という）だけを返還請求できる。弁済したもの自体を取り戻すことはできない。

③他人の債務の弁済（707条）

（原則）債務を負っていないことを知らずに弁済したときは、原則として返還請求できる。

（例外）債務を負っていないことを知らずに弁済したときでも、債権者が債務の弁済だと勘違いして（善意で）、(a)債権証書を滅失・損傷させたり、(b)担保を放棄したり、(c)債権を消滅時効にかけてしまった場合は不当利得返還請求できない。

④不法原因給付（708条）

不法の原因とは、公序良俗違反のみを指す（強行規定違反を含まない）。返還請求ができなくなるのは、終局的な給付が終わった後である。本条は、不法行為を理由としてなす損害賠償請求権・所有権に基づく返還請求権に類推適用される（判例）。

第1章
第2章
第3章
第4章
第5章
第6章
第7章
第8章

3 一般の不法行為

Level 1 ▷ **Q65,Q67**　**Level 2** ▷ **Q69,Q70**

⑴意義（709条）

故意・過失により他人の権利または法律上保護される利益を侵害して損害を加える行為。

⑵成立要件　▶p146

①故意または過失

加害者に故意・過失のあることは被害者が立証しなければならない。

②違法性

「他人の権利または法律上保護される利益」を侵害したこと。

侵害される利益の種類・性質と侵害する行為の態様とを相関的に衡量してその行為が許されないものと判断される場合に不法行為が成立する（相関関係理論）。

→正当防衛と緊急避難が成立するときは、違法性を阻却する。

③因果関係

加害行為と損害との間に因果関係が必要

→相当因果関係説によって判断する（判例・通説）。因果関係の立証責任は、被害者にある。

④責任能力

自己の行為により、何らかの法的な責任が生じるということを弁識できる能力をいう。

→12～13歳程度（小学校卒業程度）の判断能力（判例）。しかし、飲酒運転による事故のように、「故意または過失によって一時的に弁識能力を喪失した場合」には、行為時に責任能力がなくても不法行為責任を負う。

⑶効果　▶p150

①金銭賠償の原則

財産的損害も精神的損害もともに金銭に評価して賠償される。

→名誉毀損による不法行為についてだけは、損害賠償だけでなく、「名誉を回復するのに適当な処分」（＝謝罪広告）を命ずることができる。また、慰謝料請求権も当然に相続される。

②過失相殺

公平の理念に基づき、加害者の損害賠償責任の中から被害者の落ち度の分を差し引くこと。過失相殺をするためには被害者にもある程度の判断能力は必要。この判断能力のことを事理弁識能力と呼ぶ。

※被害者側の過失について

「被害者自身と身分上、生活関係上一体をなすと見られる関係にある者」の過失も過失相殺において考慮できる（判例）。保母（＝保育士）は被害者側に入らない（判例）。

③消滅時効

不法行為責任は、被害者（または法定代理人）が損害および加害者を知った時から3年で消滅時効にかかる。そして、不法行為の時から20年経てば時効消滅する。

また、人の生命・身体の侵害による損害賠償請求権については、改正により特則が規定された。損害および加害者を知った時から「5年」（724条の2）、不法行為の時（権利を行使することができる時）から「20年」（167条）と、一般規定よりも長期化されている。

4 特殊の不法行為

Level 1 ▷ **Q66**　　Level 2 ▷ **Q69,Q70**

⑴責任無能力者の監督義務者の責任（714条）

①意義：加害行為をした者に責任能力がないため不法行為が成立しない場合に、その者を監督すべき立場にある者（親権者など）が責任を負う。

②成立要件：加害行為をした者に、責任能力の点だけを除いて、その他の不法行為の要件はすべて備わっていたこと（責任能力があるときは、本条は適用されない）。

③責任能力のある未成年者の場合は、本条は不適用

親権者の監督義務の懈怠と未成年者の不法行為による損害との間に因果関係があれば、親権者自身に709条の不法行為が成立する（判例）。

⑵使用者責任（715条）▶ p148

①意義：ある事業のために使用されている者（被用者）が、その事業の執行について第三者に損害を与えた場合に、使用者が責任を負う（報償責任の原理）。

②成立要件

　a．ある事業のために他人を使用していること

　b．事業の執行について損害を与えたこと

　　→客観的に行為の外形から見て職務中といえればよい（判例、外形標準説）

　c．被用者に709条の不法行為が成立すること

　d．ただし、次のどちらかを使用者が立証した場合には、使用者は免責される。

　　・被用者の選任・監督につき相当の注意をしたこと

　　・相当の注意をしても損害が発生したといえること

③使用者責任の効果

　a．使用者は、被用者の加害行為から生じた損害をすべて賠償する責任を負う。

　　→被用者が負う不法行為責任と、連帯債務となる（不真正連帯債務）。

　b．賠償に応じた使用者は、被用者に対して求償できる。この求償権について、判例は信義則上相当と認められる範囲に制限されるとしている。

⑶土地工作物責任（717条）

①意義：土地の工作物の瑕疵により他人に損害を与えた場合に、工作物の占有者に負わせる（占有者が免責される場合は工作物の所有者に責任を負わせる）。

②成立要件

　a．土地の工作物　b．設置保存に瑕疵　c．占有者に免責事由がないこと

③効果

　a．第一次的に占有者に責任　b．占有者に免責事由がある場合、所有者に無過失責任

⑷共同不法行為責任（719条）▶ p149

①意義：数人が共同の加害行為により他人に損害を与えた場合や、いずれが損害を与えたか不明のとき、行為者全員に全損害について連帯責任を負わせる。

②要件

　a．各行為者がそれぞれ不法行為の要件を備える　b．各行為者間に共同関係があること

③効果

共同不法行為者が負担する損害賠償債務は不真正連帯債務（改正前の判例、**Q21**参照）。

Q61 事務管理

問 事務管理に関するア～オの記述のうち、妥当なもののみを全て挙げているのはどれか。ただし、争いがある場合は判例の見解による。 (国家一般)

ア Aは、隣人Bが長期の海外出張で不在中に、B宅の庭の排水溝から汚水があふれ出ていることに気付き、このまま放置するとB宅の庭が水浸しになってしまうと思い、これを防止する意図で、自らの手で排水溝を修理した。この場合において、Aに、このような意図に加えて、排水溝からあふれ出た汚水が自宅の庭に流れ込むのを防止する意図があったときは、Aに事務管理は成立しない。

イ Aは、隣人Bが長期の海外出張で不在中に、B宅の庭の排水溝から汚水があふれ出ていることに気付き、このまま放置するとB宅の庭が水浸しになってしまうと思い、これを防止する意図で、Aの名で業者と修繕契約を結び、排水溝を修理してもらった。この場合において、Aは、Bに対して、自己に代わって排水溝の修理代金を業者に支払うように請求することはできない。

ウ Aは、隣人Bが長期の海外出張で不在中に、B宅の屋根の一部が破損していることに気付き、このまま放置すると雨漏りでB宅の内部が水浸しになってしまうと思い、これを防止する意図で、Bの名で業者と修繕契約を結び、屋根を修理してもらった。この場合において、AがBの名でした契約の効果は、原則としてBに帰属する。

エ Aは、公国を散歩中に、公園のベンチで腕から血を流し気絶しているBに気付き、止血するものを持っていなかったので、とっさにBが着ていた衣服の袖を破ってBの腕を縛り、止血の応急措置をした。この場合において、原則としてAはBの衣服の毀損について賠償責任を負わない。

オ Aは、隣人Bが突然の交通事故で意識不明の重体となり、長期間の入院を余儀なくされてしまったため、Bの不在中、Bが日頃から自宅の庭で大切に育てていた植木の手入れをBのためにしている。この場合において、Aはいつでもこの植木の手入れを中断することができる。

1 ア **2** エ **3** イ、オ **4** ウ、エ **5** ウ、オ

PointCheck

●事務管理の留意点……………………………………………………【★★★】

(1)管理者の注意義務

　事務管理は無償であるにもかかわらず、管理にあたっては、善良なる管理者の注意をもって管理しなければならないと解されている(通説)。しかし、緊急事務管理(「本人の身体、名誉または財産に対する急迫の危害を免れさせるため」の事務管理)の場合には、注意義務は軽減され、悪意または重大な過失があった場合にのみ責任を負えば足りる(698条)。

⑵本人の損害賠償義務

　管理行為をするにあたって管理者が過失なくして損害を被った場合でも、本人が頼んだわけではないので、本人はその損害を賠償する義務を負わない（この点は委任と異なる）。

⑶事務管理が本人の意思に反する場合

　本人からいえば、事務管理をしてもらうことがその意思に反するという場合がある。しかし、本人の意思や本人の利益に反していても、それが外からはっきりしないという場合がある。そのような場合に事務管理の成立を認めないとすれば、「他人のために」と思って管理行為をした者に酷な扱いとなる。そこで通説は、たとえそれが本人の意思や利益に反するという場合でも、それが「明らかでない」以上は、事務管理は成立するものと解している。ただし、その場合の費用償還義務については、本人は現存利益の限度で償還すればよいとされている（702条3項）。

⑷費用償還請求

　本人の費用償還義務については、管理者が支出した「有益な費用」を償還しなければならないのが原則である。例えば、本人は管理者が壊れた窓の応急修理のために、購入した材料についてその代金を償還しなければならない。

　本人にとってそれが有益な費用かどうかは管理行為をした時点で判断する。したがって、家屋の応急修理をしたが、本人が帰宅するころには、だめになっていても費用の償還義務はある。ただし、事務を管理することが本人の意思に反していた場合であれば「現に利益を受ける限度」で償還すればよいとされるので、本人が帰宅した時には修理箇所がだめになっていれば、費用の償還義務はないことになる。

⑸管理者の代理権

　管理者が本人のために事務管理を処理するにあたり、第三者となす契約において、本人の代理人として行動した場合にも、それは無権代理となる。管理者に本人を代理する権限は認められていないからである。

A61　正解一2

ア―誤　他人のためにする意思と自己のためにする意思が並存しても事務管理となる。

イ―誤　702条2項は、委任に関する650条2項を引用しているので、管理者は、事務処理に必要な債務を負担したときは、本人に弁済させることができる（弁済期にないときは、本人に相当の担保を供させることもできる）。

ウ―誤　Aに代理権はなく無権代理であり、Bの名でしても契約の効果はBに帰属しない。Bに追認をしてもらうか、**イ**と同様に弁済をさせることになる。

エ―正　緊急事務管理の場合、悪意・重過失がなければ責任は負わない。

オ―誤　「管理者は、本人又はその相続人若しくは法定代理人が管理をすることができるに至るまで、事務管理を継続しなければならない。ただし、事務管理の継続が本人の意思に反し、又は本人に不利であることが明らかであるときは、この限りでない」（700条）。

※管理者の義務：①管理開始通知、②管理継続、③善管注意、④事務処理報告、⑤受取物等引渡、⑥金銭消費責任

Q62 不当利得

問 **不当利得に関する次の記述のうち、妥当なものはどれか。** （国家一般）

1 不当利得において、利益を受けたというためには、その事実によって財産が積極的に増加したことが必要であり、財産の減少を免れた場合はこれに該当しない。

2 不当利得において、損失を与えたというためには、積極的に既存の財産が減少したことが必要であり、増加するはずであった財産の不増加の場合はこれに該当しない。

3 不当利得において、受益と損失との間に因果関係があるというためには、事実上何らかの因果関係があれば足り、両者の間に中間事実が介在したときでも因果関係が認められるとするのが判例である。

4 不当利得においては、利得が法律上の原因なくして生じたものであることが必要であるが、時効によって権利を取得した者は、法律上の原因なくして権利を取得したものとはいえないから、原権利者に対し不当利得の返還義務を負わない。

5 不法の原因のため給付をした者は、その給付した物の返還を請求することができないが、この場合の「不法」とは、その原因となる行為が強行法規に違反した不適法なものであることをいうとするのが判例である。

PointCheck

◉受益と損失の種類 ………………………………………………………………【★★☆】

積極的利得：無効な契約の履行として金銭を受け取った場合のように、財産が増加する場合である。

消極的利得：無断で他人の空き地を駐車場として使用していた場合のように、当然払うべき金銭の支出を免れた場合である。

積極的損失：無効な契約の履行として金銭を払った場合のように、財産が減少する場合である。

消極的損失：無断で空き地を駐車場として使用された場合のように、当然払われてよいはずの金銭が入ってこないという場合である。

◉因果関係の直接性 ………………………………………………………………【★★☆】

その損失がなければその受益はなかったといえる関係が因果関係であるが、損失と受益との間に中間の事実が幾重にも介入していると、その受益を返すべきだとはいいにくくなってくる。そこで判例は、この因果関係を制限して、「直接の因果関係」がなければならないとした。不当利得が問題になる場合の多くは、この直接の因果関係がある場合である。例えば、債務が履行された後に契約が取り消された場合には、すでに履行されていた物が不当利得となるが、この場合、履行行為によって一方で受益が生じ、他方で損失が生じている。このように受益と損失が表裏一体になっている場合が直接の因果関係である。

問題でPoint を理解する
Level 1 **Q62**

第1章

第2章

第3章

第4章

第5章

第6章

第7章

第8章

　しかし、CがAから金銭をだまし取り、その金銭でBへの借金を払ったという場合（「騙取金による弁済」の場合）、Aの損失はCの騙取行為によるものであり、Bの受益はCの弁済行為によるものである。この場合には、Aの損失とBの受益との間に直接の因果関係があるかどうか疑わしくなってくる。しかし判例は、このような場合にも不当利得返還請求権を認め得るとして、因果関係の直接性を緩和して因果関係を肯定する。通説も、「損失と受益との間には、社会通念上因果関係ありといえればよい」として判例を支持する（なお、判例は「騙取金による弁済」について不当利得の成立が認められるのは、受益者が悪意・重過失の場合に限るとしている）。

●受領権者としての外観を有する者への弁済が有効になった場合の処理⋯⋯⋯⋯⋯【★☆☆】

　真の債権者は、債権を失うから損失がある。弁済を受けた者は、金銭を取得しているから、受益がある。受益と損失は、弁済という１つの行為によって生じているから、両者の間には直接の因果関係がある。そして、弁済を受けた者には受領権限がなく、法律上の原因がない。したがって、不当利得が成立し弁済を受けた者は、債権を失った者に受領した金銭に利息をつけて返還しなければ

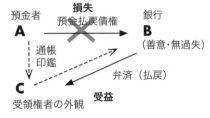

ならない。さらに損害があれば損害も賠償しなければならない（悪意の不当利得者となるからである）。

A62 正解ー4

1―誤　受益には、本来生ずるはずであった財産の減少を免れた場合も含まれる。

2―誤　損失には、増加するはずであった財産の不増加も含まれる。

3―誤　従来の判例は、不当利得の成立範囲を適切に調整するための手段として、因果関係は直接のものであることを要求し、第三者の行為が中間に介在するときは因果関係は認められないとしていた。近時の判例は直接性の要件を緩和しつつあるが、事実上何らかの因果関係があれば足りるとは述べていない。

4―正　時効による権利取得は、権利の上に眠る者を保護に値せずとして、永続した事実状態をそのまま権利関係に高めるものであるから、不当利得は成立しない（通説）。

5―誤　不法原因給付における「不法」は、社会の倫理・道徳に違反する醜悪な場合(＝公序良俗違反）をいい、強行法規に違反するだけの場合を含まない（判例・通説）。不法原因給付の規定（708条）は、90条（公序良俗違反）と表裏一体の関係。

Q63 不法原因給付

問 **不当利得返還請求権に関する次の記述のうち、正しいものはどれか。** （地方上級）

1 不法原因給付は、不当利得として返還を請求することはできないが、所有権に基づく返還請求は認められる。

2 債務の不存在を知らないで弁済した者が、非債弁済として不当利得返還請求をする場合、債務の不存在を知らなかったことの立証は弁済者側でしなければならない。

3 債務者が期限前の弁済をした場合は、債務がいまだ弁済期にないことを知らないで弁済したときに限り不当利得返還請求が認められる。

4 弁済者が債務の不存在を知りつつ弁済した場合であっても、なお、非債弁済として不当利得返還請求をすることができる。

5 錯誤によって他人の債務を弁済した者は、債権者が善意で担保を放棄した場合には、もはや不当利得による返還請求をなし得ない。

PointCheck

◉不法原因給付の趣旨（708条）・・・【★★★】

不法原因給付の規定（708条）と公序良俗に関する規定（90条）は、表裏一体の関係にある。例えば、AがB女と妾契約を結び、家屋を贈与する約束をしたとする。このような契約は公序良俗に反して無効である（90条）。それにもかかわらず、AがB女に家屋を引き渡し、移転登記まで済ませたとする。しかし、後になってAとBの仲が悪くなり、Aが契約の無効を主張し、家屋を不当利得として返還させようとしてもそれは認められない。このことを規定したのが不法原因給付の規定（708条）なのである。つまり、90条は公序良俗違反の約束がまだ履行されていない段階において、法の助力を拒む規定であり、708条は公序良俗違反の約束が事実上履行されてしまった後において、元に戻すための法の助力を拒む規定なのである。したがって、708条の「不法の原因」の不法は、公序良俗違反のことを指し、強行規定違反を含まない。

708条は、クリーンハンズの原則（「法廷に入る者の手はきれいでなければならない」）に基づく。これは、Aが裁判所に訴えて返還を請求する場合、Aは、自分が公序良俗に反する行動をとったことを主張することになるが、そのような者は自ら汚い手をしている者だから、法の保護を受ける資格がないということである。

◉不法原因給付の留意点・・・【★★★】

①不法の原因とは、公序良俗違反のみを指す。強行規定違反を含まない。

②返還請求ができなくなるのは、終局的な給付が終わった後である。すなわち、登記済みの不動産の場合は移転登記をすること、未登記不動産の場合は引渡し、抵当権の場合は実行がなされたことが必要である。なぜなら、例えば移転登記が済まないうちに不法原

因給付の成立を認めてしまうと、受益者の移転登記請求を認めざるを得なくなり、法の趣旨に反する結果になるからである。

③本条は、AがBの不法行為を理由としてなす損害賠償請求権に類推適用される（判例）。

④Aの所有権に基づく返還請求権にも類推適用されるので（判例）、Aは所有権に基づいて家屋の返還請求もできない。このように、Aに返還請求の余地が認められなくなることの反射として、不法原因給付の目的物の所有権は相手方に移ると解されている（判例）。

⑤BがAとの間で家屋を任意に返還する約束をすれば、それは有効である（判例）。

A63 正解ー5

1―誤　不法原因給付になる場合には、不当利得としての返還請求だけでなく、所有権に基づく物権的請求権も制限される（708条類推。判例）。そうしないと、708条の趣旨は実現できなくなるからである。このように解される結果、返還請求権がすべて否定されることになる。そこでこの反射的効果として、目的物の所有権は、贈与者の手を離れて受贈者に帰属することになると解されている（最大判昭45.10.21）。

2―誤　債権が存在しないにもかかわらず弁済をした場合には、不当利得となり、返還請求ができそうなものであるが、民法は、弁済をした者が悪意だった場合には返還請求はできないとしている（705条）。この場合に判例は、弁済をした者が返還請求をするにあたり、自らその善意を立証する必要はなく、弁済を受けた債権者が、弁済者の悪意を証明しなければならないとしている。こう解する方が、善意の証明ができなくても債権者が悪意の証明に失敗すれば返還請求が認められることになり、弁済者の保護が厚くなる。

3―誤　期限前の弁済では、いったん弁済してしまった物は返還してもらえない。本肢は善意であれば弁済した物それ自体を返還してもらえるとしている点で妥当でない。期限前の弁済がなされた場合に不当利得となるのは、期限までの利息分（中間利息）だけである。したがって、弁済者は善意であったときはこの中間利息の返還を請求することができる（善意の立証責任は弁済者にある）。これに対し、弁済者が、期限前であることを知って弁済していた場合には、期限の利益の放棄をしたものとなるから返還請求はできない。

4―誤　本肢も肢2と同じ705条の問題である。本肢では弁済者が悪意だった場合を取り上げている。例えば、債務のないことを知りながら、「これは借金の返済ですからどうぞ」といった場合である。このような場合は借金の返済にかこつけて金銭の援助でもしようというのであろうから、後日不当利得としての返還請求を認める必要はない。

5―正　他人の債務の弁済の場合である。債権者が第三者の弁済があったものと信じた場合（善意）で、担保の放棄などをすれば、いかに弁済者が善意で弁済したものだとしても返還請求は認められない。

Q64 不当利得の特則

問 不当利得に関する次の記述のうち、妥当なものはどれか。 (国税専門官)

1 物の給付が不法原因給付に該当する場合には、受益者が目的物を給付者に任意に返還することはもちろん、目的物を給付者に返還する旨の契約をすることもできない。
2 利得が原物の形で現存している場合には、善意の受益者は、その原物を返還すれば足り、仮にこの原物から果実を生じていたとしても、これを返還する必要はない。
3 悪意の受益者は、受けた利益に利息を付して返還することを要するが、仮に損害があったとしても、その損害を賠償する責任を負わない。
4 債務者が錯誤により弁済期前であることを知らないで弁済した場合には、その弁済額は不当利得となるから、債務者はその弁済額を請求することができる。
5 物の給付が不法原因給付に該当する場合には給付した物の返還を請求することはできないが、それに代わる価格の返還は請求することができる。

PointCheck

◉不当利得の特則 ……………………………………………………………【★★★】

⑴債務の不存在を知ってした弁済（705 条）

AがBに債務を負っていないのに弁済をしたとする。この場合、法律上の原因のない受益としてAはBに対して不当利得返還請求ができるのが原則だが、705 条は、Aが債務を負っていないのを知りながら弁済をした場合には、不当利得返還請求権は発生しないと定めた。債務の不存在を知りながら弁済したAを保護する必要はないからである。なお、本条に関しては、返還請求を受けたBの方でAの悪意（債務のないことを知っていたこと）を立証しなければならないとされている（判例）。

⑵期限前の弁済（706 条）

AがBにまだ弁済期がまだ到来していない債務を弁済したとする。この場合、Aが期限前であることを知りながら弁済した場合には、Aは期限の利益を放棄したものといえるので、不当利得の問題は生じない。これに対し、期限前なのに錯誤によって弁済した場合には、Aは期限前に弁済したことにより債権者が得た利益（弁済をした時から期限までの利息－中間利息という）の返還を請求できる。なお、Aは錯誤があっても弁済したもの自体を（本来の期限にまた弁済し直すからといって）取り戻すことはできない。

⑶他人の債務の弁済（707 条）

AがBに債務を負っていないのに弁済をした場合、Aが債務を負っていないのを知りながら弁済したときは不当利得返還請求権はないが、知らないで弁済した場合には返還請求権はある（ここまでは⑴の場合の問題である）。「他人の債務の弁済」についての 707 条は、この場合の善意の弁済者Aについて、さらに特則を定めたものである。

すなわち、Aが弁済したときに、本当にBがCに対して債権を持っていたという場合があ

問題でPoint を理解する
Level 1 **Q64**

第1章
第2章
第3章
第4章
第5章
第6章
第7章
第8章

る。その場合には債権者Bは、Aの弁済を、Cの債務の弁済（第三者の弁済）と考えることがある。そしてその結果、Cに対する債権の、①債権証書を滅失・損傷したり、②担保を放棄したり、③債権を消滅時効にかけてしまうことがある。そこで、債権者が善意でこれらの行為をした場合には、不当利得返還請求権は認められないとしたのである。

(1)債務の不存在を知ってした弁済

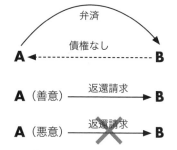

(2)期限前の弁済

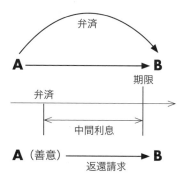

(3)他人の債務の弁済

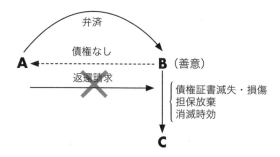

A64 正解―2

1―誤　不法原因給付の場合でも、任意の返還は認められる。
2―正　善意占有者に関する189条1項との均衡上、不当利得に基づく返還請求についても果実の返還義務はないとするのが通説である。
3―誤　悪意の受益者は、受けた利益に利息を付して返還するとともに、損害があればそれも賠償しなければならない（704条）。
4―誤　期限前の弁済（706条）は不当利得とならず、錯誤があった場合に中間利息の返還が認められるだけである。
5―誤　価格賠償も認められない（これを認めれば708条の趣旨が没却される）。

Q65 不法行為

問 民法上の不法行為に関する次の記述のうち、妥当なものはどれか。 （国税専門官）

1 不法行為を原因として生ずる損害には、財産的損害と精神的損害とがあるが、事柄の性質上、損害賠償の対象となるのは、財産的損害に限られる。

2 不法行為による損害賠償については、債務不履行による損害賠償の場合と異なり、金銭賠償ではなく原状回復を原則としている。

3 不法行為が成立するためには、損害が故意または過失により発生したことが必要であるが、この場合の過失とは、刑法における業務上の過失と同程度の過失とされる。

4 不法行為が成立するためには、加害者に責任能力があることが必要であり、責任能力の認められない犬などの動物による加害行為の場合には、その動物の飼主が不法行為責任を問われることはない。

5 不法行為が成立するためには、加害者の行為と被害者の損失との間に因果関係のあることが必要であるが、この因果関係は原則として原告すなわち被害者が立証しなければならない。

PointCheck

◉生命侵害の場合の親族に対する慰謝料 ･････････････････････････････････ **【★★☆】**

711条は、他人の生命を侵害した者は、被害者の父母・配偶者・子に対して、その財産権を侵害していない場合でも、損害賠償をしなければならないとしている。この規定は、生命侵害の場合においては、被害者の父母・配偶者・子も固有の悲しみを感じるのであるから、固有の慰謝料請求権を認めようというものである。

⑴身体傷害の場合の近親者の慰謝料請求

この規定に関して問題となる点の第一は、711条が生命を侵害された場合についてあえて規定を置いている以上、身体を傷害された場合には、これらの者に固有の慰謝料請求権は発生しないというべきではないか、言い換えると身体傷害の場合には、711条の反対解釈から、父母・配偶者・子に固有の慰謝料請求権は発生しないと解すべきではないかという点である。判例は、711条が生命を侵害された場合について近親者の慰謝料請求権を規定していることから、身体を傷害された場合に、これらの者に慰謝料請求権を認めるためには、「死亡したときにも比肩しうべき精神上の苦痛」を受けたと認められる場合であることが必要であるとしている（具体的には、幼い少女が、スキー場で暴走してきたスキーヤーによって顔面の一部をひかれ、一生消えないスキー板の跡が顔に残ったという場合であった。母親の慰謝料請求権を認めた）。

⑵慰謝料請求ができる者

　生命侵害の場合に慰謝料の請求権を認められる者は、父母・配偶者・子に限定する趣旨かどうかが問題となる。判例は、被害者の兄弟姉妹について、被害者と特別な関係があって「被害者との間に711条所定の者と実質的に同視できる身分関係が存在し、被害者の死亡により甚大な精神的苦痛を受けた」者には、固有の慰謝料請求権が認められるとしている（具体的には、被害者の義理の妹で、顕著な身体障害者であるために、被害者と同居し、被害者の庇護の下に生活していたという場合）。

A65 　正解—5

1—誤　財産的損害（積極的損害・消極的損害）はもちろん、精神的損害についても賠償請求（慰謝料の請求）ができる。

2—誤　不法行為における損害の回復も、金銭賠償によるのが原則である。なぜなら、加害行為がなされた前の状態に戻すことは実際問題として不可能な場合が多いし、生じた損害を金銭による償いによって回復することもある程度までは可能だからである。ただし、名誉毀損による不法行為がなされた場合には、裁判所は、損害賠償を命ずるほかに、「名誉を回復するのに適当な処分」を命ずることができるとされており、これは一種の原状回復を認めたものだといえる。

3—誤　過失は、注意して行動すべきなのに、その注意を怠って損害を発生させた場合である。その場合、どの程度の注意をすべきだったのか、すなわち、注意義務の内容・程度は、法律の要求によって定まる問題である。そこで、民法の要求する注意義務の内容・程度と刑法の要求するそれとは同じものかというと、それは違うものである。なぜなら、民法は発生した損害を公平の理念に従って回復することを目的とするのに対し、刑法は、犯罪者を処罰し犯罪の発生防止を目的とするものであり、それぞれの法の目的によって過失の基準となる注意義務の内容・程度にも微妙な差異を生じるからである。

4—誤　動物が自分の意思で人にかみついたという場合であっても、動物の占有者（飼主など）は、責任を負わなければならない。ただし占有者が、その動物の種類や性質に従って相当の注意を払って管理をしていたと証明した場合には、責任を負わなくてよい（718条）。なお、動物の飼主が動物をけしかけて、人に害を与えさせた場合は、それは人の行為であるから、けしかけた者に709条の不法行為が成立することに注意。

5—正　因果関係の存在を原告（被害者）が証明しなければならないというのは、正しい。損害賠償の請求は、被害者が加害者を名指しして損害の原因は加害者にあると主張する場合であるから、加害行為と損害発生との間の因果関係は被害者が証明していくべきものである。

Q66 特殊不法行為

問 不法行為に関する次の記述のうち、妥当なものはどれか。 （国税専門官）

1 教唆者や幇助者など自ら不法行為を実行していない者については、不法行為責任を問うことはできない。

2 慰謝料請求権は、その性質上被害者の一身に専属する権利であって、被害者の死亡とともに消滅し、原則として相続の対象とならないとするのが判例である。

3 20歳未満の未成年者は不法行為による損害賠償責任を問われることはないが、その親は監督責任を問われることがある。

4 業務上自動車使用を許されていた被用者が、勤務時間終了後遊びに行くため会社の自動車を運転中起こした事故であっても、使用者に対し責任を問うことができるとするのが判例である。

5 使用者が使用者責任に基づき被害者に損害を賠償した場合は、被用者に故意または重過失があった場合に限り、使用者は被用者に対し求償することができる。

PointCheck

◉使用者責任の趣旨･･･【★★☆】

Cに雇われているBが、その仕事をやっている最中に、故意または過失により、Aに損害を与えたとする。この場合、直接の加害行為者であるBが709条により不法行為責任を負うのは当然である。しかし、よく考えてみるとBを働かせて利益を得ているCが知らん顔をしているというのはおかしい。そこで715条は、Bの使用者であるCもBと連帯してBの行為についての責任を負えとした。これが使用者責任である。

「利益の帰す所に損害もまた帰すべし」という考え（報償責任の原理）に基づく。

◉使用者責任の要件･･･【★★★】

⑴ある事業のために他人を使用していること

　①事業とは仕事という程度の意味。営利的か非営利的かは問わない。

　②他人の使用は、契約に基づく場合に限らない。契約がなく事実上使用しているという場合でもよい。指揮監督関係があればよい。

　③使用関係が、有償か無償かも問わない。

⑵事業の執行について損害を与えたといえること

　①事業の執行について、というのは、被用者が自分の職務中にという程度の意味。

　②職務中といえるかどうかについては、本当に職務中でなくても客観的に行為の外形から見て職務中といえばよい（判例、外形標準説）。しかし、職務外であることについて、悪意または重過失ある第三者に対しては使用者責任は否定される。

⑶被用者に709条の不法行為が成立すること

使用者責任は、被用者の不法行為責任を使用者も負うという代位責任である。

●不法行為の教唆者・幇助者‥‥‥‥‥‥‥‥‥‥‥‥‥‥‥‥‥‥‥【★☆☆】

教唆というのは、自分では加害行為を行わずに、他人をそそのかして加害行為をさせる場合である。例えば、AがBをそそのかして、Cを殴らせた場合である。

幇助というのは、加害行為自体ではない行為により、加害行為を容易にしてやる場合である。例えば、Cを殴ろうと思っているBに対して、AはCが帰宅途中に通る場所と時間をBに教えてやり、がんばれと激励した場合である。

教唆者も幇助者も共同不法行為者として扱われ、生じた損害の全部に対して連帯して責任を負う（不真正連帯債務）。

●共同不法行為‥‥‥‥‥‥‥‥‥‥‥‥‥‥‥‥‥‥‥‥‥‥‥‥‥‥‥【★★☆】

数人の者が共同して不法行為を行い、他人に損害を与えた場合を共同不法行為という。共同不法行為が成立するためには、各行為者がそれぞれ独立した不法行為の要件を備えるとともに、各行為者間に関連共同（主観的・客観的、どちらでもよい）があることが必要である。例えば、BとCが共謀の上Aを殴ったような場合である。この場合、共謀がなされているので関連共同（主観的関連共同）が認められ、BCには共同不法行為が成立する。共同不法行為が成立する場合には、BもCも連帯してAの全損害を賠償しなければならない（自分の加えた損害分に限られない）。

A66 正解—4

1—誤 教唆者や幇助者も不法行為責任を負う（719条2項）。
2—誤 判例は、慰謝料請求権の相続性を肯定する。
3—誤 責任無能力者は、制限行為能力者のように画一的に定まるのではなく、具体的に決められる。未成年者でも、責任能力を有するとされ不法行為責任を負うべき場合はある。
4—正 本肢のような事案で、「外形標準説」の立場から使用者責任（715条）を認めた判例がある。
5—誤 故意または重過失があった場合に求償が限定されるのは、公務員による不法行為の場合（国家賠償法1条2項参照）である。民法の場合にそのような限定はなく、判例は「損害の公平な分担」の見地から求償を制限する。

Q67 不法行為と過失相殺

問 過失相殺に関する次の記述のうち、判例に照らし、妥当なものはどれか。 （国家一般）

1 過失相殺は、不法行為者が責任を負うべき損害賠償の額を定めるにつき、公平の見地から、損害発生についての被害者の不注意を考慮するかどうかの問題であるから、被害者が未成年者の場合には、特段の事情のない限り、未成年者に行為の責任を弁識する能力があることが過失相殺のために必要である。

2 被害者に対する加害行為と被害者の疾患とがともに原因となって損害が発生した場合において、当該疾患の態様・程度などに照らし、加害者に損害全額を賠償させるのが公平でないと認められるときは、過失相殺の規定を類推することができる。

3 被害者が平均的な体格ないし通常の体質と異なる身体的特徴を有しており、それが損害の発生に寄与し、またはそれによって損害が拡大した場合には、当該身体的特徴が疾患によるものでなくても、特段の事情のない限り、過失相殺の規定を類推することができる。

4 被害者の心因的要因が損害の拡大に寄与した場合は、身体的特徴が損害の拡大に寄与した場合と異なり、過失相殺の規定を類推することができない。

5 過失相殺は公平の理念によるものであるから、被害者の過失には、被害者本人と身分上または生活関係上一体をなすとみられるような関係がある者の過失を包含すべきものと解され、したがって、特段の事情のない限り、被害者が通っていた保育園の保育士の過失を被害者側の過失として斟酌することができる。

PointCheck

◉過失相殺‥‥‥‥‥‥‥‥‥‥‥‥‥‥‥‥‥‥‥‥‥‥‥‥‥‥‥‥‥‥‥**【★★★】**

例えば、Bが運転中、考え事をしていて歩行者Aをはね、Aに重傷を与えたとする。この場合に、Aも歩行者用信号が赤なのに無理に横断しようとしていたという場合であれば、Bに全損害を負担させるのは不公平である。そこで、このような場合は公平の理念に基づき、Bの損害賠償の額の中からAの落ち度分を差し引くのが不法行為での過失相殺である（722条2項）。

◉不法行為での過失相殺の注意点‥‥‥‥‥‥‥‥‥‥‥‥‥‥‥‥‥‥‥**【★★★】**

⑴債務不履行における債権者の過失の場合との違い

被害者の落ち度（過失）がどんなに大きいものであっても加害者の責任をゼロにすることはできない点と、裁判所は被害者の落ち度（過失）を認めても過失相殺しないことも自由であるという点の2点で、債務不履行の過失相殺と異なる。

⑵過失相殺能力

過失相殺をするためには被害者のAにもある程度の判断能力は必要である。これを判例は、事理を弁識する能力と呼ぶ。事理弁識能力は、最高裁の判例によれば、7～8歳程度で認め

られている。
⑶被害者側の過失

　冒頭の例で被害者Aが幼児だった場合、母親が買い物に気を取られているすきにAが車道に出てBの車にはねられたとすると、Aの母親にも落ち度がある。これを被害者側の過失といい、公平の見地から被害者側の過失も過失相殺の対象になると解されている。
　　→被害者側といえる範囲：被害者自身と身分上・生活関係上一体をなすと見られる関係にある者をいう（父母、配偶者など）。

⑷過失相殺の規定の類推適用
　①被害者の心因的素因が損害拡大に寄与した場合→類推する。
　②被害者の特異な性格と回復への自発的意欲の欠如が相まって、適切な治療がなされず、症状が悪化した場合→類推する。
　③被害者の加害行為前から存在した疾患も原因となって損害が発生した場合→類推する。
　④被害者が平均的な体格、ないし通常の体質と異なる身体的特徴を有していてもそれが疾患とは認められない場合→特段の事情のない限り、類推しない。

A67　正解−2

1—誤　行為の責任を弁職する能力とは、責任能力をいう。しかし、過失相殺は、自分が積極的に責任を負うという場合ではなく、発生した損害のうち、自分の落ち度によるといえる部分については減額されるというだけのことであるから、責任能力までは必要でない。判例によれば、事理を弁識し得る能力が必要だとされている。この事理弁識能力というのは、責任能力よりも低い能力で足りると考えられている。

2—正　このような場合には、損害賠償の額を定めるにあたり、過失相殺の規定を類推適用して被害者の疾患を斟酌できる、とするのが判例である。

3—誤　被害者が平均的な体格ないし通常の体質と異なる身体的特徴を有していたとしても、それが疾患にあたらない場合には、特段の事情がない限り、損害賠償の額を定めるにあたり、斟酌することはできない、とするのが判例である。特段の事情としては、そのような身体的特徴により、日常生活において慎重な行動が要請される場合が挙げられている。

4—誤　本肢のような場合、過失相殺の規定を類推することができる。

5—誤　被害者の過失には、被害者本人と身分上または生活関係上一体をなすと見られるような関係がある者（被害者側）の過失を包含する、という点は妥当だが、そのあてはめとして、保育園の保育士がこれにあたるとしている点は判例に反する。判例は、被害者である幼児の監督者である父母やその家事使用人は、被害者本人と身分上または生活関係上一体をなすと見られる関係にある者としているが、両親より幼児の監督を委託された者（保育園）の被用者（保育士）は、これにあたらないとしている。

Q68 不当利得

不当利得に関する次の記述のうち、妥当なものはどれか。 （国家一般）

1 債務者が、弁済期が到来していないことを知りながらあえて弁済した場合には、期限の利益を放棄したものとして、弁済した金銭の返還請求はできないが、弁済期までの利息についてはいかなる場合においても不当利得が成立するので、債権者に対し利息に相当する額の返還請求ができる。

2 不法な原因に基づいて贈与をし、未登記の不動産を受贈者に引き渡した場合には、その引渡しをもって不法原因給付が成立するので、贈与者は不当利得に基づく返還請求はできないが、そのような贈与は、公序良俗に反し無効となるので、その後に贈与者名義で所有権の保存の登記をすれば、受贈者に対し、所有権に基づく返還請求ができるとするのが判例である。

3 不当利得が成立するためには、法律上の原因なく他人の財産または労務によって利益を受けたことが必要であるが、本来であれば自己の財産から支出するはずであった出費を免れた場合であっても、利益を受けたとはいえないので、免れた額の返還義務を負わないとするのが判例である。

4 Aが、建物賃借人であるBとの請負契約に基づき建物の修繕工事をした後にBが無資力となり、AのBに対する請負代金債権の全部または一部が無価値となった場合において、当該建物の所有者であるCが法律上の原因なく当該修繕工事に要した財産および労務の提供に相当する利益を受けたといえるのは、BとCの間の賃貸借契約を全体としてみた場合に、Cが対価関係なく利益を受けたときに限られる。

5 法律上の原因なく他人の財産または労務によって利益を受けた者は、受益の時点で善意であれば、その利益の現存する範囲で返還する義務を負うので、その後に悪意となったとしても、悪意となった後に受益した物を使用して収益を得た場合など、悪意となった後に受けた利益については返還義務を負わないとするのが判例である

PointCheck

◉転用物訴権について（てんようぶつ そけん）‥‥‥‥‥‥‥‥‥‥‥‥‥‥‥‥‥‥‥‥‥‥‥‥‥‥‥‥‥‥‥‥‥‥【★★☆】

不当利得の一種として扱われている問題に転用物訴権と呼ばれる場合がある。これについては、次の判例が重要である。

(1)ブルドーザー事件

「BはCにブルドーザーを賃貸したが、そのブルドーザーが故障したので、CはAに修理を依頼した。修理完了後まもなくCは倒産してしまい、AはCから修理代金を回収することが困難になった。Bは修理が終わったブルドーザーの返還を受けていた。そこで、AはBに対して、Bの所有物であるブルドーザーはAの修理によって修理代金相当分の価値を増しており、それはAの損失に基づくものだとして、不当利得の返還を請求した」。これが転用物

問題でPointを理解する
Level 2 **Q68**

第1章
第2章
第3章
第4章
第5章
第6章
第7章
第8章

訴権といわれる事案である（「転用」とは、Ｃの受益がＢに回っていったというところからついた呼び名である。訴権は請求権と同じと思ってよい）。

判例は、Ａの主張を認めてＢに受益の返還を命じた。しかし、この判決に対しては、Ｂに不当利得が成立するのは、Ｂが無償で修理結果を手に入れたといえる場合に限るべきで、修理分を実質的にはＢが負担しているような場合、すなわち賃料を安くしていてその代わり修理代はＣの負担とすると決めていたような場合には、不当利得の成立を否定すべきだとの学説からの批判があった。

(2)ビル改修事件

この事件は、(1)の事件のブルドーザーの修理が、ビルの改修工事に変わっただけである。判決は、Ｂに不当利得が成立するのは、Ｂが「対価関係なしに……利益を受けたときに限り」として、ブルドーザー事件の判決に制限を加えた。

この事件では、賃貸ビルの改修代が問題となったのであるが、賃貸人Ｂは権利金を取らないこととし、その代わりに改修代は賃借人Ｃの負担とすると決められていた。したがって、ビルの所有者Ｂは無償で改修結果を手に入れたわけではなく、権利金免除という対価を支払っていたのである。判決は、Ｂの不当利得を否定した。

Level up Point! 不当利得の分野は出る問題が限られるが、やはり事例問題の難易度が高い。しかし、この問題で判例・典型事案をつぶすことで必要な知識は得られる。

A68 正解―4

1―誤　前半は妥当である。後半は、「いかなる場合にも」という部分が妥当でない。中間利息分を不当利得として請求する場合、債務者が期限前であることを知らないで弁済したこと（錯誤）が必要である（706条）。

2―誤　まず、未登記の不動産の場合、それを受贈者に引き渡せばそれをもって不法原因給付が成立するという点は妥当である。しかし、後半は妥当でない。すなわち、引渡しによって不法原因給付が成立した以上、当該不動産の所有権は、受贈者に反射的に移転していると解される。したがって、その後に贈与者名義で所有権の保存の登記をしてもその登記は無効である。

3―誤　本来であれば自己の財産から支出するはずであった出費を免れた場合は、消極的利得の場合である。これも不当利得となる。

4―正　本肢は、「転用物訴権」の場合である。判例は、本肢のように述べている。

5―誤　善意の受益者の返還義務の範囲が現存利益に限られるのは、その受益に法律上の原因があって返す必要はないと思っていたからである。したがって、利得者が法律上の原因のないことを認識した以後は、その返還義務を現存利益に限る理由はない、というのが判例の態度である。よって、悪意となった後に受益した物を使用して収益を得た場合には、悪意の不当利得者として返還義務を負う。

Q69 不法行為

問 不法行為に関する次の記述のうち、正しいものはどれか。　　　　　　　　（地方上級）

1　過失により、一時的に心神喪失となった者が他人に与えた損害は、心神喪失状態でなされた行為によるものであるから、その損害について責任を問うことはできない。

2　請負人が注文者の過失ある指示によって第三者に与えた損害については、請負人は注文者から一応独立して業務を実施する者であるため、第三者が注文者に対して責任を問うことはできない。

3　土地の工作物の所有者は、その工作物の前所有者の設置または保存によって瑕疵が生じた場合には、その瑕疵によって生じた損害について責任を負うことはない。

4　胎児は、不法行為による損害賠償の請求権についてはすでに生まれたものとみなされるため、両親またはその他の親族が、胎児のために加害者との間で行った和解は、胎児を拘束することになる。

5　不法行為の損害賠償についての過失相殺は、損害の発生・拡大についての被害者の不注意を斟酌するのであるから、被害者に事理を弁識するに足る知能（事理弁識能力）がそなわっていることが必要である。

PointCheck

●特殊不法行為の頻出ポイント……………………………………………【★★★】

①監督義務者の責任は、未成年者に責任能力がない場合に未成年者が賠償責任を負わないため、被害者保護の見地から監督義務者に責任を負わせるものである。未成年者でも責任能力があれば、未成年者が賠償責任を負う。

②責任能力とは、行為の責任を弁識するに足りる能力である。

③責任能力ある未成年者の監督者は、714条の反対解釈の結果としてまったく責任がないのではない。監督上の不注意と損害の発生との間に因果関係があれば、一般の不法行為責任（709条）を負う。

④未成年者の監督義務者の責任も無過失責任ではなく、監督義務を怠らなかったことを立証すれば免責される。

⑤被用者は使用者・監督者が責任を負う場合でも直接の不法行為者として責任を負う。

⑥使用者の責任と被用者の責任の関係につき通説・判例は、絶対的効力を認めない不真正連帯債務と解し、被害者の保護を厚くする。

⑦715条ただし書は使用者の免責事由で、使用者が挙証しなければならない。免責事由を立証しない限り、使用者責任を負う。

⑧土地工作物の占有者は、損害の発生を防止するについて必要な注意をしたことを立証すれば責任を負わない（717条1項ただし書）。所有者は工作物の終局的支配者として、占有者が責任を負わない場合に責任を負う（無過失責任）。

問題でPointを理解する

Level 2 **Q69**

第1章

第2章

第3章

第4章

第5章

第6章

第7章

第8章

⑨請負契約の注文者は自己の注文・指示により加えた損害については賠償責任を負う（716条）。

Level up
Point！ 　肢5までたどり着けば正解は容易に判断できる。しかし、他の肢の知識も覚えておこう。不法行為全般について、広く論点を挙げているので、一部分でも弱点があると厳しい問題となる。不法行為の問題は、不法行為全般にわたるバランスのとれた学習が合格力養成には欠かせない。

A69 正解ー5

1ー誤　心神喪失の間に他人に損害を加えても不法行為は成立しない（713条本文）。責任能力を欠くからである。しかし、その心神喪失が一時的なものであり、しかも、故意または過失によって自分で招いたものである場合にまで免責を認めるのは不当である。そこで、民法713条ただし書は、このような場合には心神喪失中の行為についても不法行為が成立するとした。

2ー誤　請負人は注文者から一応独立して業務を行う者であるから、注文者に指揮監督権はなく、請負人の行為に対して注文者は原則として責任を負わないが（716条本文）、例外的に、注文者の注文または指図に過失があったときは責任を負う（同条ただし書）。

3ー誤　土地の工作物の設置・保存の瑕疵から損害が生じた以上、たとえそれが前所有者の所有時に生じたものであっても、現所有者は土地工作物責任（717条）を負う（判例・通説）。

4ー誤　民法721条は、不法行為による損害賠償請求権について胎児にも権利能力を認めているが、これは胎児の出生を（法定）停止条件とするものであり、胎児が出生するまでは法定代理人はないと解されている（判例・通説）。したがって両親等が胎児の代理人として行為することはできない。

5ー正　過失相殺（722条2項）は、損害の発生・拡大についての被害者の不注意を公平の見地から考慮する場合であり、その不注意によって積極的に被害者が損害賠償責任を負う場合ではない。したがって、被害者に責任能力のあることは要件とならない。しかし、事理を弁識するに足る能力は要ると解されている（判例）。

Q70 不法行為の判例

問 不法行為に関する次の記述のうち、妥当なものはどれか。 （国家一般）

1 医療事故における過失の認定においては、医師の注意義務の基準は診療当時のいわゆる臨床医学の実践における医療水準であり、医師には業務の性質に照らし、危険防止のために経験上必要とされる最善の注意義務が要求されるとするのが判例である。

2 家屋の賃借人Aの失火により、賃貸家屋が滅失したことから、賃貸人Bが債務不履行を理由にAに損害賠償請求を行ったが、Aには失火ノ責任ニ関スル法律に規定されている「重大ナル過失」が認められない場合には、Aは損害賠償責任を負わないとするのが判例である。

3 法人の代表者が職務権限外の行為により第三者に損害を与えた場合において、その行為が外形から見て職務権限内の行為であると認められる場合は、当該第三者が職務権限外の行為であることを知らないことについて重大な過失があるときでも、当該法人は当該第三者に対して損害賠償責任を負うとするのが判例である。

4 未成年者A、B、Cが共同で不法行為をした場合に、B、Cが、実行犯のAに教唆や幇助をしたにとどまるときは、B、Cは損害賠償責任を負うことはない。

5 不法行為による損害賠償請求権の除斥期間は、不法行為時から20年とされており、この期間を経過した場合には、訴え提起が遅れたことについて被害者側にやむを得ない事情があるときであっても、除斥期間である以上、損害賠償請求権は消滅する。

（参考） 失火ノ責任ニ関スル法律
民法第709条ノ規定ハ失火ノ場合ニハ之ヲ適用セス但シ失火者ニ重大ナル過失アリタルトキハ此ノ限ニ在ラス

PointCheck

◉失火ノ責任ニ関スル法律（失火責任法）‥‥‥‥‥‥‥‥‥‥‥‥‥‥‥‥‥‥‥‥‥‥‥‥‥‥【★★★】

失火責任法は、民法709条の不法行為の規定の適用を「失火」（過失による出火）の場合に制限している。すなわち、失火の場合に709条の不法行為が成立するのは、重過失の場合だけであって、軽過失の場合には不法行為は成立しないとしている。このような規定が置かれたのは次の理由からである。日本では木造の家屋が多く、いったん火災が発生すると辺り一面に類焼し、個人の賠償能力を超える莫大な損害が発生する。自宅を失った者に、類焼先の家屋の損害賠償責任までも負担させるのは酷というものである。

このように失火責任法は、類焼先に対する損害賠償責任を回避させようとするものであり、そのために同法は不法行為に基づく損害賠償責任だけを免責の対象にしたのである。したがって、例えば借家人が失火により借家を焼失させた場合、借家人が大家に対して負うべき保管義務（善管注意義務）違反による債務不履行責任については、同法は適用されず、軽過失であっても責任を免れないことになる（なお、この場合借家人には不法行為責任も成立し得

るが、これについては軽過失免責が働く）。

●**法人の代表者のなした職務権限外の行為について**……………………………【★★☆】
　法人の代表者のなした職務権限外の行為については、表見代理の規定（110条）の類推適用によって第三者を保護することも可能である。しかし、表見代理の類推適用による場合には、第三者は善意・無過失であることが必要であり、軽過失のあった場合には保護されないことになる。これに対し、法人の不法行為として第三者の保護を考えるときは、代表者のなした職務権限外の行為を外形標準説によって職務権限内（「職務を行うについて」といえる）かどうかを判断していくことになる。外形標準説による場合、第三者は善意・無重過失であることが必要であるが、軽過失であってもかまわないから、法人の不法行為として構成する方が、保護を受ける第三者の範囲は広いことになる。

Level up Point!　やや難しい問題ではあるが、実力チェックには最適である。判例を押さえて繰り返し問題演習をしよう。

A70 正解―1

1―正　未熟児網膜症事件の判例は、本肢のように述べている。判例によれば、人の生命・健康を管理すべき業務（医業）に従事する者の注意義務は、危険防止のために経験上必要とされる最善の注意義務でなければならないとし、この最善の注意義務の基準は、診療当時のいわゆる臨床医学の実践における医療水準に照らして判断されるとした。

2―誤　失火責任法は、債務不履行責任には適用されないから、Aは重過失がなくても、責任を負う。

3―誤　法人の代表者のなした不法行為が「職務を行うについて」といえるかどうかについては、外形的に見て判断するというのが判例・通説である（外形標準説）。しかし、これは被害者保護のためであるから、被害者に悪意・重過失の認められる場合には、外形標準説は採用すべきでない。その結果、代表者の職務権限外の行為により第三者が損害を被った場合で、第三者がそのことを知らないことについて重過失のあるときは、外形標準説によることなく、職務外の行為として扱われ、法人の損害賠償責任は否定される。

4―誤　教唆者・幇助者も共同不法行為者とみなされるから、BCもAと連帯して損害賠償責任を負うことになる（719条2項）。

5―誤　改正により724条は20年の「消滅時効」と明定したので、158条から161条の「時効の完成猶予」が適用され時効は完成しない。なお旧法での判例は、不法行為の被害者が不法行為のときから、20年を経過する前6カ月以内に心神喪失の状況にあった場合について、後見人に就職した者がその時から、6カ月内に当該損害賠償請求権を行使した場合には、除斥期間の効果は生じないとした。

第8章

親族・相続

1 親族

親族：6親等内の血族・3親等内の姻族・配偶者をいう

血族：自然血族→血縁（血のつながり）のあるもの

　　　法定血族→養子になった者と養親（および養親の血族）の関係

姻族：配偶者の血族（配偶者の父母）および血族の配偶者（おじの妻）

　　　※配偶者は、血族でも姻族でもない。親等もないが、親族に含まれる

2 婚姻

Level 1 ▷ **Q71〜Q73**

(1)婚姻の要件

婚姻意思の合致＋婚姻の届出→要式行為

婚姻意思：夫婦として、共同生活をする意思（実質的意思）

→成年被後見人も、意思能力を回復していれば、単独で婚姻をすることができる

(2)婚姻の無効

婚姻意思を欠く場合・届出をしない場合

(3)婚姻障害（取消し原因）　▶p162

①婚姻不適齢……男→18歳未満、女→16歳未満

②重婚……………配偶者のある者がさらに婚姻届を提出する場合

③再婚禁止期間…女は、前婚の解消・取消しから100日以内の再婚は不可（例外：解消・取消し時に懐胎なし、またはすでに懐胎しその後出産すれば即再婚可）

④近親婚…………直系血族間の婚姻・3親等内の傍系血族間の婚姻

　　　　　　　　直系姻族間の婚姻・養子（その配偶者・直系卑属）と養親（その直系尊属）との婚姻

⑤未成年者の婚姻…父母の同意が必要。しかし、父母の一方が反対したり、意思を表示できないときは、他方の同意だけでよい。同意がないのに、誤って受理されれば、完全に有効

※①〜④の婚姻は受理されないが、誤って受理されたときは、取り消すことができる。なお、詐欺・強迫による婚姻も取り消すことができる。婚姻の取消しには遡及効は認められない。

(4)婚姻の効力　▶p164

〈身分上の効力〉

①夫婦同氏の原則

　夫婦は、夫または妻のどちらかの氏を共同して称しなければならない。

②同居・協力・扶助の義務

③貞操義務

④夫婦間の契約取消権

⑤配偶者としての相続権

⑥未成年者は成年に達したものとみなされる（成年擬制）

　この成年擬制は、民法以外の法律関係には及ばない（選挙権×、飲酒×、喫煙×）。

〈財産上の効力〉

①夫婦の一方が婚姻前から所有していた財産（例：妻の独身時代の預金）や婚姻中自己の名で得た財産（例：妻のパート収入）は、その特有財産となる（夫婦別産制）

②夫婦の共同生活にかかる費用（婚姻費用）は、夫婦で分担する

③日常家事債務については連帯責任を負う

⑸婚姻の解消　▶p164　▶p166

婚姻の解消 { 配偶者の一方の死亡

離婚 { 協議離婚→調停離婚→審判離婚

裁判離婚

婚姻の解消が氏と姻族関係に与える効果

配偶者の死亡……氏はそのまま。しかし、届出をして復氏可。　姻族関係もそのまま。しかし、届出をして姻族関係終了可。

離婚………………氏は当然に復氏する（3カ月以内の届出→婚姻中の氏の続称可）。　姻族関係も当然に消滅する。

⑹内縁

　内縁とは、事実上夫婦共同生活を営んでいるが、婚姻の届出をしていない場合をいう。夫婦共同生活の実態がある以上、準婚関係として婚姻に関する規定が類推適用される。ただし、戸籍への記載が前提となる効果は認めることができない。

　　類推適用できないもの：氏の共同、姻族関係の発生、成年擬制、相続権、子が嫡出子となること、夫婦間の契約取消権（これは規定に合理性がないため）

　　類推適用できるもの：同居・協力・扶助の義務、貞操義務、婚姻費用の分担、日常家事債務の連帯責任、財産分与請求権

3 親子

Level 1 ▷ **Q74, Q75**

⑴実子　▶p168

　実子とは、親と血のつながっている子である。実子には嫡出子と非嫡出子がある。

嫡出子：婚姻関係にある男女間で懐胎・出生した子

非嫡出子：婚姻関係にない男女間で懐胎・出生した子

①嫡出子の場合の嫡出推定

　婚姻成立後200日後から婚姻解消後300日以内に生まれた子は、夫の子と推定される（嫡出推定、772条2項）。推定される嫡出子の父子関係を否定するには、嫡出否認の訴えによらなければならない（夫のみが提訴権者で、出生を知った時から1年以内に提起）。

②非嫡出子の場合

　非嫡出子の父を決定するのは、父親による認知である。

認知の効果：子の出生の時に遡って親子関係が生じ、親権・扶養・相続などの権利義務が一挙に発生してくる（全効果一挙発生主義）。

③準正

準正とは、非嫡出子に対する認知とその父母の婚姻とがそろった場合に、その非嫡出子を嫡出子に昇格させる制度である。婚姻と認知のどちらが後にくるかで、婚姻準正（出生→認知→婚姻）と認知準正（出生→婚姻→認知）の区別がある。

⑵養子 ▶ p170

①普通養子

普通養子は、縁組の合意と届出によって成立する。15歳未満の者は法定代理人によって縁組をしてもらう（代諾養子）。縁組の日から養親の嫡出子たる身分を取得し、養親の親族の一員になるが、実方との親族関係もそのまま残る。

②特別養子

特別養子は、実父母による監護が難しい場合に家庭裁判所が養親の申立により審判によって成立させる。これにより、実親との親族関係は断絶し（近親婚の禁止は残る）完全に養方の嫡出子として扱われることになる。離縁も審判によるが、養親から離縁の申立はできない（離縁した後は、離縁の日から実父母との関係が復活する）。

4 親権について

Level 2 ▷ **Q78**

親が未成年の子を監護・教育する権利義務を親権という。親権は父母が婚姻中は共同して行う。共同してとは父母の意思に基づけば足り、行為の名義は単独名義でもよい。しかし、父母の一方が他方の同意なしに勝手に共同の名義で行為(同意や代理行為)をした場合には、善意の第三者に対しては有効な行為となる。

▶ p176

5 相続

Level 1 ▷ **Q76,Q77**　Level 2 ▷ **Q79,Q80**

⑴相続人と相続分 ▶ p172

①相続人…配偶者は常に相続人となる

第一順位の相続人：子

第二順位の相続人：直系尊属（親等が近い者が先に相続人となる。つまり、父母が先に相続人となり、父母のいないときに祖父母が相続人となる）

第三順位の相続人：兄弟姉妹が相続人となる

②相続分

相続分については、被相続人が遺言によって定めることもできる（指定相続分）。遺言で定めていなければ民法の規定するところによる（法定相続分）

〈法定相続分〉

　　a．配偶者と子の相続人の組合せ：配偶者が2分の1、子は全員で2分の1

　　　　※非嫡出子の相続分は嫡出子と同等

　　b．配偶者と直系尊属の相続人の組合せ：配偶者が3分の2、直系尊属は3分の1

　　c．配偶者と兄弟姉妹の相続人の組合せ：配偶者が4分の3、兄弟姉妹が全員で4分の1

③代襲相続・再代襲相続
　子が親の死以前に死んでいた場合にその子の子（被相続人の孫）が相続すること
　ａ．代襲相続の原因（代襲原因）
　　　・子が被相続人の死亡以前に死亡　・子が相続欠格に該当　・子が相続人から廃除
　ｂ．再代襲相続
　　　代襲相続人に、ａの代襲原因が起こった場合、その者の子（ひ孫）が相続すること
　ｃ．代襲相続人や再代襲相続人は、被相続人の子孫（直系卑属）であることが必要
　　　→養子の縁組前の子は養親の代襲相続人になれない
　ｄ．兄弟姉妹の場合にも代襲相続は認められている。ただし、再代襲はない
　ｅ．代襲相続人の相続分は、代襲される者の相続分と同じである

⑵相続の承認と放棄
①単純承認……被相続人の権利義務を無限に相続する形態
②限定承認……相続はするが、被相続人の債務と遺贈は、被相続人の財産だけからしか弁済しないという相続の形態
③相続放棄……相続人とならないことにする行為。家庭裁判所に行って行う

⑶遺産分割 ▶p178
　共同相続（＝相続人が複数）の場合、相続財産はいったん全員の共有になる。その後、「遺産分割」を行い、各財産が分けられる。
　遺産分割の効力は、被相続人の死亡時に遡る。しかし、この遡及効は、第三者を害することはできない（第三者には登記が必要と解されている）。

⑷遺言（ゆいごん・いごん）▶p174
①効力の発生時期……遺言者が死亡した時
②撤回の自由…………死ぬまでは何度でも書き直せる
③共同遺言の禁止……２人以上の者が同一の証書で遺言をなす（共同遺言）ことは禁止
④厳格な要式行為……普通方式、特別方式
⑤遺言能力……成年被後見人は医師２人立会い、未成年者は15歳以上なら遺言可能

⑸遺留分 ▶p175
相続財産の一定割合を確保できる法定相続人の地位
①相続財産の２分の１（ただし、相続人が直系尊属のみの場合は３分の１）
②兄弟姉妹に遺留分はない
③遺留分侵害額の金銭支払い請求：被相続人のなした贈与・遺贈から相続分を金銭で確保

⑹相続財産の範囲
①包括承継：被相続人の財産に属した一切の権利義務の承継
　・占有の相続（占有も承継するため死亡により取得時効は中断しない）
　・生命侵害による慰謝料請求（請求の意思を表明しなくても相続される）
②相続されない財産
　・一身専属権（扶養請求権、生活保護受給権、公営住宅の使用権）
　・死亡が終了原因となるもの（代理権・委任・使用貸借・雇用・組合など）
　・死亡により生じ受給権者の権利となるもの（死亡退職金、生命保険金請求権）

第1章
第2章
第3章
第4章
第5章
第6章
第7章
第8章

Q71 婚姻の要件

問 婚姻に関する次の記述のうち、正しいものはどれか。 （国家一般）

1 成年被後見人が婚姻をするには、その成年後見人の同意を得ることが必要である。

2 一定の範囲の親族同士の間では婚姻することができないが、養親と養子のように自然の血族関係のない者の間での婚姻は許される。

3 詐欺または強迫を理由として婚姻を取り消したときは、婚姻ははじめに遡って無効となる。

4 未成年者が婚姻をしたときは、すべての法律関係において成年に達したものとみなされるから、選挙権も取得する。

5 夫婦の一方が婚姻前から所有していた財産はもちろん、婚姻中に自己の名義で取得した財産はその者の特有財産となる。

PointCheck

●婚姻取消しの請求権者‥‥‥‥‥‥‥‥‥‥‥‥‥‥‥‥‥‥‥‥‥‥‥‥‥‥‥【★☆☆】

⑴詐欺・強迫による取消しの場合

詐欺・強迫を受けた本人

⑵その他の取消しの場合

取消し原因のある婚姻の各当事者・その親族・検察官（ただし、検察官は当事者が死亡した後はできない）

⑶重婚の場合

⑵の者および当事者の配偶者（Aと婚姻中のBがCと重婚した場合のA）

⑷再婚禁止期間内の婚姻の場合

⑵の者および再婚前の配偶者

●婚姻の取消し原因（婚姻障害）‥‥‥‥‥‥‥‥‥‥‥‥‥‥‥‥‥‥‥‥‥‥‥【★★★】

⑴婚姻不適齢

男は 18 歳、女は 16 歳にならなければ婚姻できない。

・この年齢に達しない婚姻（不適齢婚）→取り消し得る。

・取消しの請求期間→適齢に達するまでの間。本人が適齢に達して後 3 カ月間は可能。

⑵重婚：婚姻（届出をしたもの）している者がさらに婚姻

・取消しの請求期間→重婚状態のある間。

⑶再婚禁止期間

女は、前婚の解消 (離婚・夫の死亡)、または取消しの日から起算して、100 日を経過した後でなければ、再婚をすることができない。ただし、前婚の解消または取消しの時に、①懐胎していなかった場合、②すでに懐胎していた後に出産した場合には、100 日前でも再婚

できる。

　再婚禁止期間は、離婚後の再婚で父子関係の紛争発生を防ぐためである。民法は別に、婚姻成立の日から200日後または婚姻解消・取消しの日から300日以内に生まれた子は婚姻中に懐胎したものとし、夫の子と推定しているので、前婚解消後100日を経過して再婚すれば、前婚の推定と後婚の推定は重ならないことになる。

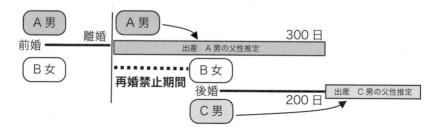

(4)近親婚の禁止

　直系血族同士や直系姻族同士、あるいは3親等内の傍系血族同士の間は婚姻できない。いったんこれらの関係に立った以上はその関係が終了した後も婚姻できない。ただし、傍系血族のうち、養子と養方の傍系血族の間はよい（養子は実子と婚姻できる）。

(5)詐欺・強迫による婚姻の場合

　・取消しの請求期間→詐欺・強迫の状態を脱却してから3カ月以内。

A71 　正解ー5

1—誤　身分的法律行為は、本人の意思を重んじるべきものだから、成年被後見人であっても、判断能力を有している状態であれば、成年後見人の同意を得ることなく、単独で婚姻することができる（738条）。

2—誤　養親と養子の間でも婚姻することはできない。離縁した後も同様である。道義的に見て好ましくないからである（736条）。

3—誤　婚姻の取消しの効果は、遡及効を有さず、将来に向かって婚姻が解消するだけである。これにより、取り消されるまでに生まれていた子は嫡出子としての地位を失わないなど身分関係の安定が図れる（748条1項）。

4—誤　婚姻による成年擬制が認められるのは、法律行為能力の取得という民法上の効果についてであり、満20歳以上と見なされるわけではないから、選挙権を取得したり、飲酒や喫煙が自由になることはない。

5—正　いわゆる夫婦別産制である（762条）。

Q72 婚姻の効力・離婚

民法に定める婚姻に関する次の記述のうち、妥当なものはどれか。 （地方上級）

1 婚姻には、当事者間の婚姻意思の合致を必要とし、婚姻の効力が発生するには、婚姻届が受理されるだけでは足りず、戸籍簿に記載される必要がある。

2 未成年者が婚姻をするには、父母の同意が必要であり、未成年者の夫婦が離婚する場合も、父母の同意が必要である。

3 夫婦間の契約は、婚姻中、夫婦の一方から取り消すことができるが、婚姻が実質的に破綻しているときは、夫婦間の契約を夫婦の一方から取り消すことは許されない。

4 日常家事に関して夫婦の一方が第三者に対して債務を負担したときは、他の一方は、その第三者にあらかじめ債務を免れる旨の意思表示をした場合でも、連帯して責任を負う。

5 夫婦の一方は、婚姻を継続し難い重大な事由があるときは、離婚の訴えを提起することができるが、自ら婚姻の破綻を招いた有責配偶者からの離婚請求は認められることはない。

PointCheck

◉婚姻の財産上の効力についての留意点‥‥‥‥‥‥‥‥‥‥‥‥‥‥‥‥‥‥‥‥‥【★★★】

夫婦の財産上の権利義務関係については、婚姻前に特に決めてあればそれによるが（夫婦財産契約）、決めていないときは、民法の規定するところによる。これを法定財産制という。法定財産制では、

　①夫婦の一方が婚姻前から所有していた財産（例：妻の独身時代の預金）や婚姻中自己の名で得た財産（例：妻のパート収入）は、その特有財産となる（夫婦別産制、762条）。

　②夫婦の共同生活にかかる費用（婚姻費用）は、夫婦で分担しなければならない（760条）。

　③日常家事債務については連帯責任を負う。ただし、第三者に対し責任を負わないことを予告しておけば責任を免れ得る（761条）。

◉協議離婚‥‥‥‥‥‥‥‥‥‥‥‥‥‥‥‥‥‥‥‥‥‥‥‥‥‥‥‥‥‥‥‥‥‥‥‥‥‥【★★☆】

協議離婚には、離婚意思の合致と届出が必要である。離婚の意思としては、法律上の婚姻関係を解消する意思があれば足り、本当に夫婦共同生活まで解消する意思は不要である（判例）。したがって、氏を変更するためだけにする協議離婚も有効とされる（判例）。未成年の子がいるときは、夫婦のどちらか一方を親権者と定めて届出に記載しなければならない。詐欺・強迫による離婚はこれを取り消すことができる。離婚の取消しは、婚姻の取消しと異なり、遡及効がある。その方が婚姻状態に切れ目がなくなり法律関係が安定するからである。

協議離婚届の当時、離婚の意思を有しないことが明確な場合には、届出による協議離婚は無効である（判例）。また、協議離婚届を作成した後、離婚の意思を翻し、その旨を市町村長に申し出ておけば、離婚は無効である（判例）。

● 調停離婚・審判離婚、裁判離婚‥‥‥‥‥‥‥‥‥‥‥‥‥‥‥‥‥‥‥‥‥‥‥‥‥【★☆☆】

　調停離婚・審判離婚は、離婚の協議が整わないときに、当事者の意思を尊重しつつ離婚を成立させるものである。

　これに対して裁判離婚は、調停離婚や審判離婚に至らない場合にも、法定の離婚原因があれば裁判所が判決によって離婚させることができるというものである。

　離婚原因は、①不貞行為　②悪意の遺棄　③３年以上の生死不明　④強度の精神病　⑤その他婚姻を継続し難い重大な事由である。

● 有責配偶者の離婚請求‥‥‥‥‥‥‥‥‥‥‥‥‥‥‥‥‥‥‥‥‥‥‥‥‥‥‥‥‥‥【★★☆】

　夫が他の女性と情交関係を持ったために夫婦関係が破綻したという場合に、破綻原因を作った夫自身が、婚姻を継続し難い重大な事由があるとして離婚の請求をすることが認められるかが問題となる。かつての判例は、「法はそのような不徳義勝手気ままを許すものではない」として、夫からの離婚請求をまったく認めなかった。しかし、近時は、別居期間の長さ、未成熟の子の有無、相手方配偶者の離婚による不利益などを勘案し、有責配偶者からの離婚請求であっても離婚が認められる余地があるとするようになってきている（最大判昭62.9.2）。

A72 正解―3

1―誤　婚姻は届出が受理されれば効力を発生する（739条１項）。たとえ戸籍簿に記載されなかったとしても届出の効果に影響はない（判例）。

2―誤　後半が妥当でない。父母の同意が必要なのは婚姻をする場合だけであり、離婚する場合にはたとえ20歳未満であっても父母の同意は不要である。

3―正　夫婦間の契約取消権は、夫婦間の契約は夫婦の道義と愛情によって処理されるべきで法律問題化させるべきではないという趣旨による。したがって、婚姻が実質的に破綻している夫婦の場合には適用を制限すべきことになる（判例）。

4―誤　夫婦の一方が第三者に対し責任を負わない旨を予告していた場合には、連帯して責任を負うことはない（761条ただし書）。

5―誤　かつての判例は、本肢のように、いかに婚姻が破綻していてもその原因を作った（不倫をした）有責配偶者から離婚を請求することはできないとしていた。しかし、破綻した夫婦関係を続けるのは問題があるので、その後判例を変更し、有責配偶者からの離婚請求が許されないのは信義則に反する場合に限るとし、信義則に反しない場合として、①長期の別居、②未成熟の子の不存在、③相手方が離婚により精神的・社会的・経済的に極めて苛酷な状態に陥らないこと、という基準を挙げている。

第1章
第2章
第3章
第4章
第5章
第6章
第7章
第8章

Q73 離婚

問 離婚に関する次の記述のうち、正しいものはどれか。 （地方上級）

1 婚姻によって氏を改めた夫または妻は、離婚した場合でも原則として復氏しない。

2 協議上の離婚をするときに未成年者の子がある場合、その協議で一方を親権者と定めなければならず、第三者が親権者となることはありえない。

3 協議離婚届出書を当事者の一方が他方に委託され役所に届け出た場合でも、その他方当事者が届け出の前に離婚の意思を翻していたときには、離婚の届け出は無効である。

4 裁判離婚で離婚の効力が生ずるのは、確定判決の判決文書が役所に送付され受理されたときである。

5 協議上の離婚をした者の一方は、相手方に対して財産分与の請求ができるが、財産分与を受けた場合にはもはや慰謝料を請求することができない。

PointCheck

◉離婚の要件・効果 ・・【★★★】

⑴協議離婚の要件
①離婚意思の存在（離婚届出をなす意思）、②届出

⑵裁判離婚の離婚原因
①不貞行為、②悪意の遺棄、③3年以上の生死不明、④回復見込みのない強度の精神病、⑤婚姻を継続しがたい重大な事由

⑶効果
①婚姻解消、②親権者・監護者の決定、③復氏、④財産分与

◉配偶者の死亡した場合と離婚の場合の比較 ・・【★★★】

配偶者の死亡 ┬ 氏はそのまま（届出をして復氏可）
　　　　　　　└ 姻族関係もそのまま（届出をして姻族関係終了可）

離　　　　婚 ┬ 氏は当然に復氏する（3カ月以内の届出で婚姻中の氏の使用可）
　　　　　　　└ 姻族関係も当然に消滅

◉財産分与 ・・・【★★☆】

離婚をする場合には、夫婦の一方から相手方に対し、財産分与の請求ができる。
　財産分与の趣旨
①夫婦の財産関係の清算。これは夫名義になっている財産の中の妻の貢献分を、離婚に際して清算させるというもの。

②離婚後の扶養

③離婚に有責な配偶者に対する慰謝料請求（これは、後日に別途請求してもよい）

●**離婚による財産分与と慰謝料請求との関係**……………………………………【★★☆】

　離婚による財産分与がなされた場合であっても、それが損害賠償を含めた趣旨と解することができないか、または、その額や方法の点から見て請求者の精神的苦痛を慰謝するには足りないと認められる場合には、財産分与請求とは別に慰謝料の請求ができる（最判昭46.7.23）。これに対し、財産分与が慰謝料を含めた趣旨で行われていると解される場合は、もはや、重ねて慰謝料の請求をすることはできない。

A73 正解－2

1－誤　婚姻によって氏を改めた者の氏は、離婚によって、自動的に婚姻前の氏に戻る。もしも、婚姻中に称していた氏を称し続けたいときは、離婚の日から3カ月以内に届け出ることによって、離婚するまでの間に称していた氏を称することができる（767条2項）。

2－正　父母の婚姻中の親権は、夫婦2人で共同行使していたものである。離婚する場合には、それをどちらか一方に集中させる。すなわち、父母が協議上の離婚をするときは、その協議で父母のうちのどちらか一方を親権者と決めなければならない（819条1項、裁判上の離婚のときは、裁判所が父母のどちらか一方を親権者と定める）。第三者を親権者とすることは許されない。なお、子の監護者となる者は、父母の一方でなくてもかまわない（766条1項）。

3－誤　離婚は届出によって行われる要式行為であるから、本来は、届出がなされた時点で離婚の意思が存在していなければならないものである。しかし、本人ではない者が本人の代わりに届け出る場合、届出を受理する担当者には、本人に離婚意思があるかどうかはわからない。そこで、判例は、このような場合に離婚が無効となるのは、翻意したことを担当の戸籍係に表示するなどして、翻意が明確になった場合に限って、離婚届は無効となるとした。

4－誤　裁判離婚の場合には、判決が確定した時点で離婚の効果が発生する。役所が判決文を受理したときではない。

5－誤　離婚が一方の不貞行為を理由になされた場合などにおいては、他方は、精神的苦痛の賠償として慰謝料を請求することができる。財産分与をするにあたり、この慰謝料分を財産分与の中に含めて分与額を算定することもできる。もしも、そうしていた場合には、その後に慰謝料を請求することは許されない。二重取りになるからである。しかし、財産分与の中に慰謝料分を含めるかどうかは当事者の自由であるから、慰謝料分を含めずに財産分与がなされたという場合もある。もし、そうである場合ならば、財産分与を受けた後でも、慰謝料を請求することができる。

Q74 認知

問 民法に規定する認知に関する記述として、判例、通説に照らして、妥当なのはどれか。
(地方上級)

1　父又は母が未成年者又は成年被後見人であるときは行為能力が制限されているので、当該父又は母が認知をするには、法定代理人の同意が必要となる。

2　父は、胎内に在る子を認知することができ、この場合においては、子の利益を守るため、母の承諾を得る必要はない。

3　死亡した子については、子の名誉を守るため、父又は母は、子の直系卑属の有無にかかわらず、認知することができる。

4　最高裁判所の判例では、嫡出でない子につき父がした嫡出子出生届又は非嫡出子出生届が、戸籍事務管掌者によって受理されたときは、認知届としての効力を有するとした。

5　最高裁判所の判例では、認知は子の経済的保護を図るためのものであるから、子が十分な金銭的対価を得ているのであれば、子の父に対する認知請求権は放棄することができるとした。

PointCheck

◉嫡出子 ･･･【★★☆】

嫡出子 法律上婚姻関係にある男女間 に懐胎・出生した子	生来 嫡出子	①推定される嫡出子
		②推定されない嫡出子
		③推定の及ばない子
	準正 嫡出子	①婚姻準正
		②認知準正

◉嫡出推定 ･･･【★★☆】

　婚姻成立後 200 日後から婚姻解消後 300 日以内に生まれた子は、夫の子と推定される。これが嫡出推定である。これに対し、婚姻届はあるが届出後 200 日が経過する前に子が出生した場合、この子には嫡出推定は働かない。ただし、このような子も嫡出子として出生届は受理される扱いである。これを推定されない嫡出子という。また、夫がずっと服役中だった場合のように、妻が夫によって懐胎することが不可能だった期間に出生した子は、その出生がたとえ推定期間内であっても夫の子と推定することは不当である。そこでこのような子には推定力は働かないと解されている（推定の及ばない子）。この推定されない嫡出子や推定の及ばない子については、いつでも、だれでも、父と子の親子関係の不存在を裁判で主張することができる。これに対し、推定される嫡出子の父子関係を否定するには、嫡出否認の

訴えによることが必要である。

❖嫡出推定の関係

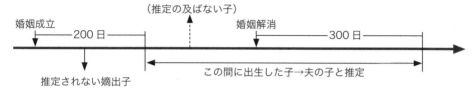

◉認知のポイント‥‥‥‥‥‥‥‥‥‥‥‥‥‥‥‥‥‥‥‥‥‥‥‥‥【★★★】
①非嫡出子の父を決定するのは父の認知となる（分娩不明の場合、母の認知も可能）。
②未成年者や成年被後見人であっても単独で認知ができる（780 条）。
③認知は、届出のほか、遺言することもできる（781 条 2 項）。
④認知には認知される側の承諾が必要な場合がある。
   a．成年になった子の認知：成年である子の承諾が必要（782 条）。
     →父が名乗り出て成人した子に扶養を要求することを牽制するため。
   b．胎児の認知：母の承諾が必要（783 条 1 項）。
     →母の名誉の保護と認知が誤りでないことの確認のため。
   c．死亡した子：原則として認知できない。
     →死亡した子の財産を直系尊属として相続するのを制限するため。
     →例外的に、死亡した子に直系卑属がいるときは、尊属は相続できないから、死亡
      した子の認知を認めてよい（783 条 2 項）。直系卑属がすでに成年になっていた
      ときはその承諾が必要である。
⑤子の方から、父に対して、認知の訴えを提起する強制認知も認められる。
   子、直系卑属または法定代理人は認知の訴えを提起することができ、父の死亡後も 3
  年間はこの訴えを提起することができる（被告は検察官となる）。
⑥認知請求権は身分法上の権利であり、放棄することができない。

A74 正解―4

1―誤　制限行為能力者でも認知能力があり、法定代理人の同意は不要である（780 条）。
2―誤　胎児の認知には母の承諾が必要となる（783 条 1 項）。
3―誤　相続財産目当ての認知を防止するため、優先する相続人である直系卑属がいる
     場合に限り認知ができるとした（783 条 2 項）。
4―正　非嫡出子を「妻との嫡出子」として父が提出した出生届、および父の資格なく
     した不適法な非嫡出子出生届は、出生届としては無効だが、認知の効力が認め
     られるとされた（判例、無効行為の転換理論）。
5―誤　養育費や手切れ金の名目で十分な金銭を授受していたとしても、認知請求権は
     子の父に対する身分法上の権利であり放棄することはできない。

Q75 養子縁組

問 特別養子縁組に関する次の記述のうち、妥当なものはどれか。　　　（国家一般）

1　特別養子縁組は実子と同様の地位を養子に与えるものであるから、離縁は一切認められない。
2　特別養子縁組は一定の要件が備わるときに、父母または後見人と養親となる者との合意のみにより行うことができる。
3　特別養子縁組は実方の血族との親族関係を終了させることが目的であるから、親族間では特別養子縁組はできない。
4　特別養子縁組において養親となる者は、配偶者のある者でなければならない。
5　成年に達した者を特別養子縁組の養子とするには、家庭裁判所の許可を得なければならない。

PointCheck

◉養子……………………………………………………………………………………【★★★】

　普通養子は、縁組の合意と届出によって成立する。普通養子は縁組の日から養親の嫡出子たる身分を取得し、また養親の親族の一員になっていく。しかし、実方の親族との親族関係もそのまま残っている。

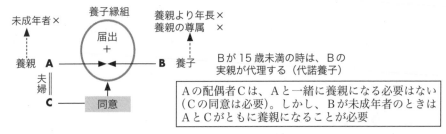

　特別養子は、実父母が監護できないときに、家庭裁判所の審判により成立する。特別養子になった者と実父母の側との親族関係は消滅する。

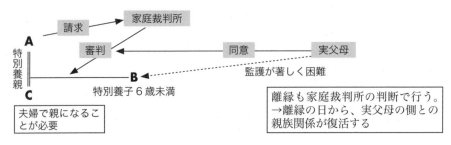

●特別養子縁組の要件（普通養子の要件との比較）……………………………………【★★★】

(1)夫婦が共同で養親となること

①特別養子の養親となる者は、配偶者のある者でなければならない。

②夫婦がともに養親とならなければならない。

→普通養子の場合には、このような要件はない。配偶者のない者でも養親になれるし、配偶者のある者が自分だけ養親になることもできる。ただし、他方配偶者の同意が必要。また、未成年者を養子とする場合には、夫婦で養親になることが必要。

(2)養親の年齢

・養親は、25歳以上でなければならない。ただし、養親の一方だけが25歳未満のときでも20歳以上の場合には縁組が認められる。

→普通養子の場合には、年齢制限はない。あるのは、養子が養親の尊属であったり、養親より年上であったりしてはならないということだけ。

(3)養子の年齢

・家庭裁判所に対して縁組の請求をするときに、原則として6歳未満であること。

→普通養子の場合は、何歳になっても、養親よりも年上でなければ養子になれる。

(4)実父母の同意

特別養子によって、実父母との間の法的な親子関係が消滅するために、実父母の同意が要件となる。親権の有無を問わない。

→普通養子の場合は、実父母との親族関係も存続する。

(5)子の利益のための必要性

父母による監護が著しく困難・不適切などにより、子の利益のために特に必要があると認められることが必要である。

→普通養子の場合には、このような考慮は重要でない。

(6)試験養育期間

6カ月間の試験養育期間を置くこと。

→普通養子の場合には、明日からでも養子になれる。

A75 正解ー4

1—誤　817条の10により、一定の場合に離縁が認められる。

2—誤　特別養子縁組の成立は、家庭裁判所の審判による（817条の2）。

3—誤　親族間での特別養子縁組は禁じられていない。

4—正　817条の3第1項。

5—誤　特別養子縁組には養子の年齢制限があり、原則として6歳未満でなければならない（817条の5）。

Q76 相続人と相続分

> **問** 相続に関するア～オの記述のうち、妥当なもののみを全て挙げているのはどれか。

（国家一般）

ア Aには、配偶者B及びAとBの子Cがいる。Cにはその子Dがおり、Dにはその子Eがいる。Aが死亡したが、Aが死亡した当時、C及びDも既に死亡していた場合は、Aの相続人は、Bのみである。

イ Aには、配偶者B、Aの弟であるC及びDがいる。AとBの間には子はなく、Aの両親は既に死亡している。Cにはその子Eがおり、Eにはその子Fがいる。Aが死亡したが、Aが死亡した当時、C及びEも既に死亡していた場合は、Aの相続人は、B及びDである。

ウ Aには、配偶者B及びAとBの子Cがおり、Cにはその子Dがいる。CはAに対して虐待を行ったので、Aは、Cに対する廃除の請求を家庭裁判所に対して行い、廃除の審判が確定している。Aが死亡したが、Aが死亡した当時、Cも既に死亡していた場合は、Aの相続人は、B及びDである。

エ Aには、配偶者Bがおり、AとBの間には子C及びDがいる。Dにはその子Eがいる。Aが死亡したが、DはAの相続を放棄した。この場合は、Aの相続人は、B、C及びEである。

オ Aには、配偶者B及びAとBの子Cがいる。AはDとDを子とする養子縁組をしており、Dにはこの養子縁組前に出生していた子Eがいる。Aが死亡したが、Aが死亡した当時、Dも既に死亡していた場合は、Aの相続人は、B、C及びEである。

1 ア、イ　　**2** ア、オ　　**3** イ、ウ　　**4** ウ、エ　　**5** エ、オ

PointCheck

◉**法定相続分**･･【★★★】

	配偶者	第一順位（子）代襲・再代襲	第二順位（直系尊属）	第三順位（兄弟姉妹）
配偶者と子	2分の1	2分の1※	—	—
配偶者と直系尊属	3分の2	なし	3分の1	—
配偶者と兄弟姉妹	4分の3	なし	なし	4分の1

※複数の子は相続分均等、非嫡出子は嫡出子と同等

◉**相続の単純承認・限定承認、相続の放棄**･････････････････････････【★★★】

　単純承認というのは、被相続人の地位がそのまま相続人に承継される場合で、無限に被相続人の権利義務を承継する（920条）。

　限定承認というのは、被相続人から承継した財産の限度でしか債務の弁済をしないという

条件付きでなす承認で、相続開始を知った時から、財産目録を調整して相続人全員で家庭裁判所で申述してなす（922条）。

相続放棄とは、初めから相続人にはならなかったことにするものでやはり相続開始を知った時から、家庭裁判所で申述してなす（939条）。

◉相続欠格···【★☆☆】

相続に関して不正に利益を得ようとして、不正行為をした者・しようとした者は、相続的共同関係の破壊者というべきであるので、相続人となる資格を奪われる（891条）。相続欠格の例としては、被相続人または先順位・同順位の相続人の殺害や、詐欺・強迫による遺言の妨害行為がある。

◉代襲相続・再代襲相続···【★★☆】

代襲相続とは、相続人となるべき子が死亡などにより相続できない場合に、その子の子（被相続人からみれば孫）が相続することをいう。代襲相続の原因（代襲原因）となるのは、被相続人の子が、①被相続人の死亡以前（同時に死亡したときを含む）に死亡していたとき、②相続欠格に該当したとき、③相続人から廃除されたときである（887条。子が相続を放棄したときは、代襲原因ではないので注意）。再代襲相続とは、代襲相続人となるはずの孫に、上の①②③のことが起こった場合に、孫の子（ひ孫）が代襲相続することをいう。

代襲相続人や再代襲相続人になるには、代襲される者の子孫（直系卑属）であるというだけでは足りず、被相続人から見てもその子孫（直系卑属）であるといえることが必要である。したがって、死亡していた子が養子だった場合に、養子縁組前の養子の子は被相続人から見れば他人であるから、代襲相続はできない。

兄弟姉妹の場合にも代襲相続は認められている（被相続人から見れば姪や甥が代襲相続人）。ただし、兄弟姉妹の場合には再代襲は認められていない。

代襲相続人の相続分は、代襲される者の相続分と同じである（901条）。

◉相続人の廃除···【★☆☆】

相続欠格にまでは至らない者でも相続人とすることが好ましくない者に対しては、被相続人が家庭裁判所に請求してその審判によって相続権を剥奪することが認められる（892条）。これを相続人の廃除という。遺留分を持たない相続人（兄弟姉妹）を廃除することはできない。あえて相続人から廃除しなくてもその者の相続分をゼロと指定すればよいからである。廃除の事由は、被相続人に対する虐待・侮辱・著しい非行である。廃除は遺言でもできる。

A76 正解—3

ア—誤 Aのひ孫Eが再代襲するので、相続人はBE。
イ—正 兄弟姉妹は代襲までで、再代襲はしないのでFは相続人に含まれない。
ウ—正 相続欠格や廃除の場合でも孫Dは代襲相続できる。
エ—誤 相続放棄は代襲原因にならず、孫は相続人とならない。相続人はBC。
オ—誤 養子縁組前の子EはAの直系卑属にはならず代襲相続しない。相続人はBC。

Q77 遺言

問 民法に規定する遺言に関する記述として、通説に照らして、妥当なものはどれか。

(地方上級)

1 遺言は、法律行為であり制限行為能力制度が適用されるので、法定代理人の同意のない未成年者の遺言は、未成年者の年齢にかかわらず無効である。
2 遺言の方式には、普通方式と特別方式があり、普通方式には自筆証書遺言と公正証書遺言、特別方式には秘密証書遺言がある。
3 遺言は、一人が1つの証書でしなければならないということはなく、2人以上の者が同一の証書で共同遺言しても有効とされる。
4 遺言は、遺言者の死亡の時からその効力を生ずるが、遺言に停止条件を付した場合において、その条件が遺言者の死亡後に成就したときは、遺言は、条件が成就した時からその効力を生ずる。
5 遺言者は、有効に作成された遺言について、遺贈を受ける者として遺言中に指定されている受遺者との契約により、その遺言の取消権を放棄することができる。

PointCheck

◉**遺言の方式**‥‥‥‥‥‥‥‥‥‥‥‥‥‥‥‥‥‥‥‥‥‥‥‥‥‥‥‥‥‥‥【★★☆】

遺言が問題となるのは本人の死後である。ということは、遺言の効力を吟味する時にはもう意思表示をした本人はこの世にいないということであり、不明確な遺言は避けておかなければならない。その結果、遺言事項は法定され、一定の方式が要求されている。

(1)普通方式

自筆証書遺言は自分で全文を手書きし（財産目録の例外あり）、日付・氏名を自書し押印するものである。これには、死後、紛失して出てこない危険がある。そこで、公正証書遺言という方式がある。これは、証人の立会いの下、公証人の前で口授して作成してもらう遺言である（口のきけない者の場合は、通訳人の通訳による申述または自書）。公正証書遺言は安心できる方法であるが、その反面、費用がかかる上、内容が生前から明らかになってしまう難点がある。そこで、秘密証書遺言という方法もある。これは自分で書いた遺言書に署名・押印をし、それを封筒にいれて封印し、公証人に提出して自分の遺言であることを述べて保管しておいてもらうという方法である。しかし、これも費用がかかるのがネックとなる。

⑵特別方式

①危急時遺言

危急時遺言は、死亡の危機に直面している者が行う遺言であり、これには、死亡危急時遺言（病気などで死にそうな場合、人に口授して書き取ってもらう）と船舶遭難者遺言（船舶が遭難して死にそうな場合）がある。危急時遺言は、遺言の日から 20 日以内に家庭裁判所で「確認」の手続きをとることが必要とされている。

②隔絶地遺言

隔絶地遺言は交通を断たれたところにいる者が行う遺言であり、これには、伝染病隔離者遺言（伝染病で隔離されている場合）と在船者遺言（船舶中にいる場合）がある。

※これら特別方式の遺言は、公証人の所に行くのは困難な場合であり、普通方式の自筆証書によったのでは遺言書の紛失など最終意思を確保し難い、という場合に意味がある。

●遺留分……………………………………………………………………………………【★☆☆】

⑴意義

被相続人が遺言によって相続分を指定した場合でも、兄弟姉妹以外の相続人は、相続財産一定割合の権利を金銭で確保できる。

⑵遺留分の割合

①相続人が直系尊属のみの場合：相続財産の３分の１

②それ以外の場合：相続財産の２分の１

⑶遺留分侵害額の金銭支払い請求

被相続人の遺贈・生前贈与によって遺留分が侵害された場合、遺留分権利者およびその承継人は、遺留分侵害額を金銭で受遺者・受贈者に請求することができる。

A77 正解―4

1―誤　遺言に制限行為能力制度が適用されるという点が正しくない。未成年者であっても、15 歳になっていれば単独で遺言ができる（961 条）。

2―誤　秘密証書遺言も普通方式の遺言の一種である。

3―誤　遺言は２人以上の者が同一の証書でしてはならないと規定されている（975条、共同遺言の禁止）。これを認めると、いったんした遺言を自由に撤回することが難しくなるからである。

4―正　本肢のように、民法（985条）は規定している。例えば、Aが、Bが故郷に転勤してきたら不動産を与えるという遺言をした場合、その後、Aが死亡しても、Bが故郷に転勤するまでは遺贈の効力は発生しないということである。

5―誤　遺言は人の最終意思によってなされるべきものであるから、撤回の自由が認められている。この自由を、本肢のような契約によって制限することは不当であるので、民法は、遺言者は、遺言を撤回する権利を放棄することができないと定めている（1026条）。

Q78 親権

問 親権に関する次の記述のうち、妥当なものはどれか。 (国家一般)

1 未成年者が婚姻した場合は、婚姻生活の独立の要請から成年に達したものとみなされるが、当該婚姻が取消し、離婚、一方の死亡などによって解消したときは、当該未成年者は再び親権に服することになるというのが通説である。

2 嫡出でない子については母が親権者となるのが原則であるが、父が認知した場合は、父母が共同して親権を行使することとなる。

3 特別養子縁組は子と実父母との親族関係を消滅させるものであるから、養親による虐待等により例外的に離縁が認められた場合であっても、実父母の親権は回復せず、後見が開始する。

4 親権を行う父または母は、家庭裁判所の宣告により、親権を喪失することがあるが、いかなる場合であっても、親権を辞することは許されない。

5 親権者が民法の規定に違反して親権者と子の利益相反行為につき法定代理人として行った行為は、無権代理行為となり、子が成年に達した後、追認をするのでなければ本人に効力は及ばないとするのが判例である。

PointCheck

●親権…………………………………………………………………………………………【★★☆】

❖親権の種類と内容

　未成年の子は父母の親権に服する。養子は養親の親権に服する。親権は、婚姻中の父母が共同して行うのが原則である。共同行使というのは、父母共同の意思に基づけばよく、共同名義で行為することが必要なわけではない(父名義のみの取引でも、母の同意があれば有効)。ただ、共同親権者の一方が「他方の同意なし」に「共同名義」でした取引行為につき、善意の相手方を保護した825条には注意すること。

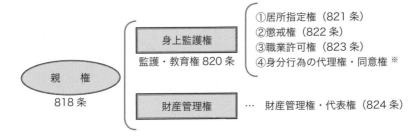

```
                              ┌─①居所指定権（821 条）
                              │ ②懲戒権（822 条）
               身上監護権       │ ③職業許可権（823 条）
               監護・教育権 820 条│ ④身分行為の代理権・同意権 ※

    親  権
    818 条
               財産管理権  … 財産管理権・代表権（824 条）
```

※身分行為の代理権（認知の訴えの提起など）や同意権
（未成年者の婚姻の同意）は個別の条文で規定される。

問題でPointを理解する
Level 2 Q78

第1章
第2章
第3章
第4章
第5章
第6章
第7章
第8章

●**親権者と子の利益相反行為**‥‥‥‥‥‥‥‥‥‥‥‥‥‥‥‥‥‥‥‥‥‥‥‥‥‥【★★☆】

　利益相反行為については、(a)子の債務について子を代理して子の財産に抵当権を設定しても利益相反行為ではないが、(b)共同相続人たる数人の子を代理して遺産分割協議を行うことは利益相反行為となると覚える。行為の外形を基準とするのであって、親権者の意図や実質的効果から判定するのではない。利益が相反する共同親権者の一人は特別代理人を選任する必要があり、この特別代理人と他方の親権者が共同して親権を行使する。親権者が未成年者を代理してなした行為が利益相反行為であると、それは無権代理となり、子が成年となった後で追認するのでなければ子に効力は及ばない（判例）。

●**親権の喪失・停止**‥‥‥‥‥‥‥‥‥‥‥‥‥‥‥‥‥‥‥‥‥‥‥‥‥‥‥‥‥‥【★★☆】

⑴親権・管理権に関する審判

　家庭裁判所は、子・親族・未成年後見人・未成年後見監督人・検察官の請求により、父または母について、以下の審判ができる（原因が消滅すれば審判の取り消し可能）。

　①虐待または悪意の遺棄

　　親権の行使が著しく困難・不適当→子の利益を著しく害する→親権喪失の審判

　②親権の行使が困難・不適当　　　→子の利益を害する　　　→親権停止の審判

　③管理権の行使が困難・不適当　　→子の利益を害する　　　→管理権喪失の審判

⑵親権・管理権の辞任

　父母のやむを得ない事由→家庭裁判所の許可→親権・管理権の辞任

Level up Point!　本問は比較的やさしい部類に属する問題である。家族法は対策が手薄になりがちなので、条文と趣旨を押さえるだけでも十分合格レベルとなる。このほか、親権に関する問題としては、共同親権者の一方が双方の名義で行った代理行為（同意行為）が、他方配偶者の意思に反していた場合の規定（825条）なども見ておこう。

A78　正解ー5

1―誤　未成年者の婚姻によりいったん生じた成年擬制の効果は、その後20歳になる前に婚姻の解消があっても存続し、親権が復活することはない（通説）。

2―誤　非嫡出子は母の単独親権に服している。父母の協議（または家庭裁判所の審判）で認知した父を単独親権者とすることはできる（819条4項・5項）。

3―誤　特別養子縁組にも例外的に離縁は認められ、離縁の日からいったん消滅した実父母との親族関係が復活し（817条の10、817条の11）、実父母が親権者となる。

4―誤　父または母は、やむを得ない事由のあるときは家庭裁判所の許可を得て、親権を辞することができる（837条1項）。

5―正　親権者と子との利益が相反する行為については、家庭裁判所の選任した特別代理人が必要であり（826条1項）、親権者の代理権は制限される。

Q79 相続と登記

問 相続と登記に関する次の記述のうち、判例に照らし、妥当なものはどれか。（国家一般）

1 Aが死亡し、Aが所有していた不動産をB、Cが共同相続したところ、Cが勝手に単独相続による所有権移転登記をして、Dに当該不動産を譲渡してしまった。この場合、Bは自己の持分を登記なくしてDに対抗できる。

2 Bは、死亡したAからAが所有していた不動産の遺贈を受けたが、遺贈による所有権移転登記をしないうちに相続人Cの債権者Dが当該不動産を差し押さえた場合、Bは遺贈による所有権を登記なくしてDに対抗できる。

3 Aが死亡し、共同相続人BC間でAが所有していた不動産の遺産分割協議が調ったが、分割結果とは異なる持分割合の登記がなされ、Cの債権者Dが本来Bの持分であるが登記上Cの持分となっている部分を差し押さえた場合、Bは自己の持分を登記なくしてDに対抗できる。

4 Aが死亡し、Aが所有していた不動産をB、Cが共同相続したが、Cが相続放棄した後に、Cの持分に対して債権者Dが差し押さえた場合、Bは自己の所有権を登記なくしてDに対抗できない。

5 夫Aが、所有する不動産を妻Bに「相続させる」趣旨の遺言を作成した後死亡し、その後、A・Bの子Cの債権者Dが当該不動産を差し押さえた場合、Bは自己の所有権を登記なくしてDに対抗できない。

PointCheck

◉遺産分割と登記 ……………………………………………………………………【★★★】

これは、遺産分割により不動産の単独所有者となった（法定相続分よりも権利を取得した）者は、その法定相続分を超える部分の取得について、分割前にそれを取得していた第三者に対し、登記なくして対抗できるのか（分割前の第三者の関係）、分割後に取得してくる第三者に対してはどうなのか（分割後の第三者の関係）という問題である。

この問題の結論は、以下のようになる。

①分割前の第三者

遺産分割の遡及効は第三者の権利を害することができないと規定されているので（909条ただし書）、分割によって取得した部分（法定相続分を超えた部分）は第三者に主張できない。ただし、この場合第三者は登記をしていることが必要である（判例。権利保護要件）。

②分割後の第三者

遺産分割によって、遡及的に物権変動が起こったのであるから、第三者との関係は対抗関係となり、177条により早く登記をした方が勝つと解されている。

●相続放棄と登記··【★★★】

　これは、相続放棄により不動産の単独所有者となった者は、自分の相続分を超える部分について、放棄前に放棄をなした者からそれを譲り受けていた第三者に対し、登記なくして自己の取得分を対抗できるのか（放棄前の第三者の関係）、放棄後に取得してくる第三者に対してはどうなのか（放棄後の第三者の関係）という問題である。この放棄の場合の結論は、放棄をした者は、最初から一度も権利を取得しなかったものと考えられるから、放棄前の第三者も放棄後の第三者も何も取得できる権利は見あたらず、単なる無権利者にすぎないという態度を貫くことである。

> **Level up Point!**　本問は、相続と登記に関する論点の総まとめである。特に事例形式であるのでしっかり学習して実力を養ってほしい。

A79 正解ー1

1―正　Cが単独相続した旨の登記は、実体関係に合っていないので、無効な登記である。登記には公信力がないから、Cの単独所有の登記を信じてもその信頼は保護されない。したがって、Cから不動産を譲り受けたDが取得できるものは、Cの持分だけであり、Bの持分については無権利である。無権利者に対抗するのに登記は不要である。よってBは、自己の共有持分についての登記がなくても、Dに対抗できる。

2―誤　判例は、遺贈を被相続人から贈与を受けたのと同様にとらえる。その結果、Aから遺贈を受けたBは贈与を受けたのと同じことであり、当該不動産を差し押さえたCの債権者Dとの間には、二重譲渡の関係が生じ、Bは登記なくしてDに対抗できないとしている。

3―誤　遺産分割協議によって、法定の相続分と異なる権利を取得した場合、法定相続分を超える部分については分割により新たな物権変動があったのと同視して、登記がなければ分割後の第三者には対抗できないと解するのが判例である。

4―誤　相続の放棄により、Cは、最初から相続人にはならなかったものと扱われるから、Cの放棄後にDがCの相続分を差し押さえることはできない。Cには一度も権利を取得したことがなかったのであるから、BとDとの間には対抗関係は生じておらず、Bは登記なしにDに所有権を対抗できる、とするのが判例である。

5―誤　Aの相続人である妻Bに対してなした「不動産を相続させる」という遺言は、相続分の指定を伴う遺産分割方法の指定と解されている。この場合、分割を協議しても結果はもう決められているのであるから無駄であり、遺産分割協議を必要としないというのが判例の立場である。遺産分割協議をしないでどうなるのかというと、被相続人の死亡により直接にその不動産がBに相続されたと見ることになる。相続による取得であれば、対抗要件はなくても対抗できるから、Bは所有権を登記がなくしてDに対抗できる。

Q80 遺言

1 遺産の全部を「公共に寄与する」との遺言は、具体的な受遺者を指定していないため、遺言執行者が受遺者まで選定しなければならず、遺言者が遺言書作成に至った経緯やその置かれた状況等を考慮したとしても、選定権濫用の危険があり無効である。

2 特定の遺産を特定の相続人に「相続させる」との遺言があった場合、当該遺言は遺産分割方法を指定した趣旨であると考えられ、相続による承継を当該相続人の受諾の意思表示にかからせたなどの特段の事情のない限り、遺産分割協議を行うことによって、遺産の帰属が確定する。

3 終生扶養を受けることを前提として養子縁組を行い、大半の不動産を遺贈する旨の遺言をした者が、後に協議離縁をし、扶養を受けないことにした場合であっても、受遺者は遺言者の相続人に対し、当該不動産の所有権移転登記を請求することができる。

4 第1の遺言を第2の遺言によって撤回した遺言者が、さらに第3の遺言によって第2の遺言を撤回した場合に、第3の遺言書の記載に照らし、遺言者の意思としては第1の遺言の復活を希望することが明らかであるときであっても、特段の事情のない限り、第1の遺言と同じ内容の新たな遺言をしなければならない。

5 公正証書遺言の作成にあたり、民法所定の証人が立ち会っていれば、証人となることができない者が同席していたとしても、その者によって遺言の内容が左右されたり、遺言者が自己の真意に基づいて遺言をすることを妨げられたりするなど、特段の事情のない限り、当該遺言は無効とならない。

PointCheck

◉遺言についてのその他の判例……………………………………………………………………【★☆☆】

①自筆証書遺言において年月の後の日付を「吉日」と記載するのは、無効である。

「吉日」というだけでは、その月の何日なのかを特定することができない。

②氏名の記載が、氏のみ、名のみの場合であっても、遺言の内容その他によって、何人が遺言者であるかを知ることができる場合には、遺言は有効である。

③病気その他の理由から、他人に手を添えてもらって書かれた遺言であっても、遺言者に自書能力があり、他人の添え手が遺言者の手を用紙の正しい位置にくるようにするためや筆記を容易にするためであったことが筆跡の上で判定できるときは、有効な遺言となる。

④押印が指印でも有効である。

⑤カーボン用紙を下に敷いて複写する方法で書かれた遺言も有効である。

⑥遺言者が遺言書のうち日付以外の部分を記載し、署名・押印もしてそれを保管し、数日後になってその日付を記入した場合、遺言の成立日は、数日後の日付の日である。

●改正相続法に関するポイント……………………………………………………………【★★☆】
①配偶者居住権（1028条）：相続開始時に居住していた配偶者の居住権を保障
②自筆証書遺言（968条2項）：財産目録はパソコン作成・コピー（要署名押印）が可能
③遺留分制度（1042条）：減殺請求から、遺留分侵害額の金銭の請求権に変更
④特別寄与制度（1050条）：被相続人の療養看護について、被相続人に対する金銭請求
⑤預貯金払戻制度：遺産分割対象の預貯金を、分割前に一定の範囲で払戻可能

Level up Point！　本問は遺言に関しての判例問題である。肢2を除けば、**Point Check**および解答解説の判例を暗記しておけばよい問題である。肢2は、最高裁の判例に反対する見解のものであり、物権変動の理論とも関連する問題であるので、ここまで学習すれば十分なレベルと考えてよい。

A80 正解ー5

1―誤　判例は、「公共に寄与する」という遺言を有効と判示している。判例によれば、「公共に寄与する」という遺言は、遺言書の文言全体の趣旨や被相続人の置かれていた状況などから、財産を法定相続人に相続させずに、公益目的のために役立ててもらいたいとの趣旨であると解釈できるのであるから、このような遺言の効力は否定されないとした。

2―誤　相続人に対して、特定の財産を「相続させる」旨の遺言は、遺産分割方法の指定であると解される。その指定内容が法定相続分を超える場合には、相続分の指定も含まれていると解される。このような遺産分割方法の指定があった場合について、判例は、分割結果の指定がある以上、分割協議は無駄なので分割協議はしなくてよいとする。そして、被相続人の死亡によって、直接に指定された分についての相続が起こったものととらえている（最判平3.4.19）。

3―誤　このような場合、遺贈は取り消されたものとみなされる、とするのが判例である。遺言の撤回（＝取消し）のやり方は、後から別の遺言によってなす（前の遺言を撤回する旨を書く）のが原則であるが、後から作成した遺言内容が前に作成していた遺言内容と抵触する場合にも、その抵触する部分について、撤回がなされたとみなされている。また、遺言後になした生前処分その他の法律行為が前にしてあった遺言と抵触する場合も同様に撤回となる。判例は、後から「養子と協議離縁をし、扶養を受けないことにした」行為は、この抵触する行為にあたるとして遺言の撤回があったものとしている。

4―誤　第1の遺言を撤回する第2の遺言がなされると第1の遺言は無効となる。それではこの第2の遺言を第3の遺言で撤回すると、第1の遺言は復活するのであろうか。これについて、民法は第1の遺言はその効力を回復しないと規定している（1025条）。判例は、この原則を踏まえた上で、なお遺言者が第1の遺言を復活させたい意思が明確なときには、第1の遺言の復活を認めてよいとしている（最判平9.11.13）。よって本肢は誤り。

5―正　判例は本肢のように述べて、このような遺言を有効とした。

INDEX

◆参考文献

内田貴	『民法Ⅰ〜Ⅳ』	東京大学出版会
川井健	『民法概論1〜3』	有斐閣
川井健	『担保物権法』	青林書院
川井健・鎌田薫編	『物権法・担保物権法』	青林書院
大村敦志	『基本民法1、2、3』	有斐閣
潮見佳男	『プラクティス債権総論』	信山社
潮見佳男	『基本講義 債権各論1、2』	新世社
平野裕之	『プラクティス債権総論』	信山社
四宮和夫・能見善久	『民法総則』	弘文堂
近江幸治	『民法講義1〜7』	成文堂
星野英一	『民法概論Ⅰ〜Ⅳ』	良書普及会
星野英一	『民法 財産法』	放送大学教育振興会
星野英一	『家族法』	放送大学教育振興会
松坂佐一	『民法提要』	有斐閣
我妻栄	『民法講義Ⅰ〜Ⅳ、Ⅴ1〜Ⅴ4』	岩波書店
我妻栄・有泉亨・川井健	『民法1〜3』	勁草書房
平井宜雄編	『民法の基本判例』	有斐閣
星野英一・平井宜雄・能見善久編	『民法判例百選Ⅰ、Ⅱ（第5版）』	有斐閣
中田裕康・潮見佳男・道垣内弘人編	『民法判例百選Ⅰ、Ⅱ（第6版）』	有斐閣
水野紀子・大村敦志・窪田充見編	『家族法判例百選（第7版）』	有斐閣
加藤一郎・米倉明編	『民法の争点Ⅰ、Ⅱ』	有斐閣
内田貴・大村敦志編	『民法の争点』	有斐閣

❖ **MEMO** ❖

MEMO

本書の内容は、小社より2020年3月に刊行された
「公務員試験 出るとこ過去問 3 民法II」(ISBN：978-4-8132-8745-2)
および2023年3月に刊行された
「公務員試験 出るとこ過去問 3 民法II 新装版」(ISBN：978-4-300-10603-7)
と同一です。

公務員試験　過去問セレクトシリーズ

公務員試験　出るとこ過去問　3　民法II　新装第2版

2020年 4 月 1 日　初　　版　第 1 刷発行
2024年 4 月 1 日　新装第2版　第 1 刷発行

編 著 者	Ｔ Ａ Ｃ 株 式 会 社	
	（出版事業部編集部）	
発 行 者	多　　田　　敏　　男	
発 行 所	ＴＡＣ株式会社　出版事業部	
	（ＴＡＣ出版）	

〒101-8383
東京都千代田区神田三崎町3-2-18
電話　03（5276）9492（営業）
FAX　03（5276）9674
https://shuppan.tac-school.co.jp/

印　　刷	株式会社　光　　　　　邦	
製　　本	株式会社　常　川　製　本	

© TAC　2024　　　Printed in Japan

ISBN 978-4-300-11123-9
N.D.C. 317

公務員講座のご案内

大卒レベルの公務員試験に強い！

2022年度 公務員試験

公務員講座生※1
最終合格者延べ人数

5,314名

※1 公務員講座生とは公務員試験対策講座において、目標年度に合格するために必要と考えられる、講義、演習、論文対策、面接対策等をパッケージ化したカリキュラムの受講生です。単科講座や公開模試のみの受講生は含まれておりません。
※2 同一の方が複数の試験種に合格している場合は、それぞれの試験種に最終合格者としてカウントしています。(実合格者数は2,843名です。)
＊2023年1月31日時点で、調査にご協力いただいた方の人数です。

国家公務員 (大卒程度)	計	2,797名
地方公務員 (大卒程度)	計	2,414名
国立大学法人等	大卒レベル試験	61名
独立行政法人	大卒レベル試験	10名
その他公務員		32名

1位 全国の公務員試験で合格者を輩出！

詳細は公務員講座(地方上級・国家一般職)パンフレットをご覧ください。

2022年度 国家総合職試験

公務員講座生※1

最終
合格者数 **217名**

法律区分	41名	経済区分	19名
政治・国際区分	76名	教養区分※2	49名
院卒/行政区分	24名	その他区分	8名

※1 公務員講座生とは公務員試験対策講座において、目標年度に合格するために必要と考えられる、講義、演習、論文対策、面接対策等をパッケージ化したカリキュラムの受講生です。単科講座や公開模試のみの受講生は含まれておりません。
※2 上記は2022年度目標の公務員講座最終合格者のほか、2023年度目標公務員講座の最終合格者40名が含まれています。
＊ 上記は2023年1月31日時点で調査いただいた方の人数です。

2022年度 外務省専門職試験

最終合格者総数55名のうち
54名がWセミナー講座生です。※1

合格者
占有率※2 **98.2%**

外交官を目指すなら、実績のWセミナー

※1 Wセミナー講座生とは、公務員試験対策講座において、目標年度に合格するために必要と考えられる、講義、演習、論文対策、面接対策等をパッケージ化したカリキュラムの受講生です。各種オプション講座や公開模試など、単科講座のみの受講生は含まれておりません。また、Wセミナー講座生はそのボリュームから他校の講座生と掛け持ちすることは困難です。
※2 合格者占有率は「Wセミナー講座生(※1)最終合格者数」を、「外務省専門職採用試験の最終合格者総数」で除して算出しています。また、算出した数字の小数点第二位以下を四捨五入して表記しています。
＊ 上記は2022年10月10日時点で調査にご協力いただいた方の人数です。

WセミナーはTACのブランドです

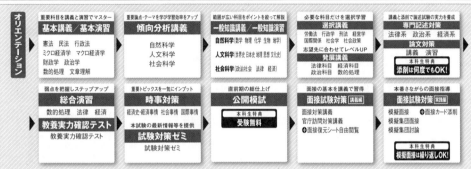

TAC出版 書籍のご案内

TAC出版では、資格の学校TAC各講座の定評ある執筆陣による資格試験の参考書をはじめ、資格取得者の開業法や仕事術、実務書、ビジネス書、一般書などを発行しています!

TAC出版の書籍

*一部書籍は、早稲田経営出版のブランドにて刊行しております。

資格・検定試験の受験対策書籍

- ❂日商簿記検定
- ❂建設業経理士
- ❂全経簿記上級
- ❂税 理 士
- ❂公認会計士
- ❂社会保険労務士
- ❂中小企業診断士
- ❂証券アナリスト

- ❂ファイナンシャルプランナー(FP)
- ❂証券外務員
- ❂貸金業務取扱主任者
- ❂不動産鑑定士
- ❂宅地建物取引士
- ❂賃貸不動産経営管理士
- ❂マンション管理士
- ❂管理業務主任者

- ❂司法書士
- ❂行政書士
- ❂司法試験
- ❂弁理士
- ❂公務員試験(大卒程度・高卒者)
- ❂情報処理試験
- ❂介護福祉士
- ❂ケアマネジャー
- ❂社会福祉士　ほか

実務書・ビジネス書

- ❂会計実務、税法、税務、経理
- ❂総務、労務、人事
- ❂ビジネススキル、マナー、就職、自己啓発
- ❂資格取得者の開業法、仕事術、営業術
- ❂翻訳ビジネス書

一般書・エンタメ書

- ❂ファッション
- ❂エッセイ、レシピ
- ❂スポーツ
- ❂旅行ガイド (おとな旅プレミアム/ハルカナ)
- ❂翻訳小説

書籍のご購入は

1 全国の書店、大学生協、ネット書店で

2 TAC各校の書籍コーナーで

資格の学校TACの校舎は全国に展開！
校舎のご確認はホームページにて

資格の学校TAC ホームページ
https://www.tac-school.co.jp

3 TAC出版書籍販売サイトで

CYBER TAC出版書籍販売サイト
BOOK STORE

24時間
ご注文
受付中

TAC 出版 | で | 検索

https://bookstore.tac-school.co.jp/

新刊情報を
いち早くチェック！

たっぷり読める
立ち読み機能

学習お役立ちの
特設ページも充実！

TAC出版書籍販売サイト「サイバーブックストア」では、TAC出版および早稲田経営出版から刊行されている、すべての最新書籍をお取り扱いしています。
また、無料の会員登録をしていただくことで、会員様限定キャンペーンのほか、送料無料サービス、メールマガジン配信サービス、マイページのご利用など、うれしい特典がたくさん受けられます。

サイバーブックストア会員は、特典がいっぱい！(一部抜粋)

通常、1万円(税込)未満のご注文につきましては、送料・手数料として500円(全国一律・税込)頂戴しておりますが、1冊から無料となります。

専用の「マイページ」は、「購入履歴・配送状況の確認」のほか、「ほしいものリスト」や「マイフォルダ」など、便利な機能が満載です。

メールマガジンでは、キャンペーンやおすすめ書籍、新刊情報のほか、「電子ブック版TACNEWS(ダイジェスト版)」をお届けします。

書籍の発売を、販売開始当日にメールにてお知らせします。これなら買い忘れの心配もありません。

(2021年7月現在)

公務員試験対策書籍のご案内

やるぞー!!
来年5月6月〜本試験
学習スタート

TAC出版の公務員試験対策書籍は、独学用、およびスクール学習の副教材として、各商品を取り揃えています。学習の各段階に対応していますので、あなたのステップに応じて、合格に向けてご活用ください!

INPUT

『みんなが欲しかった！公務員 合格へのはじめの一歩』
A5判フルカラー
- ●本気でやさしい入門書
- ●公務員の"実際"をわかりやすく紹介したオリエンテーション
- ●学習内容がざっくりわかる入門講義

・数的処理（数的推理・判断推理・空間把握・資料解釈）
・法律科目（憲法・民法・行政法）
・経済科目（ミクロ経済学・マクロ経済学）

『みんなが欲しかった！公務員 教科書＆問題集』
A5判
- ●教科書と問題集が合体！でもセパレートできて学習に便利！
- ●「教科書」部分はフルカラー！見やすく、わかりやすく、楽しく学習！

・憲法
・【刊行予定】民法、行政法

『新・まるごと講義生中継』
A5判
TAC公務員講座講師
郷原 豊茂 ほか
- ●TACのわかりやすい生講義を誌上で！
- ●初学者の科目導入に最適！
- ●豊富な図表で、理解度アップ！

・郷原豊茂の憲法
・郷原豊茂の民法Ⅰ
・郷原豊茂の民法Ⅱ
・新谷一郎の行政法

『まるごと講義生中継』
A5判
TAC公務員講座講師
渕元 哲 ほか
- ●TACのわかりやすい生講義を誌上で！
- ●初学者の科目導入に最適！

・郷原豊茂の刑法
・渕元哲の政治学
・渕元哲の行政学
・ミクロ経済学
・マクロ経済学
・関野喬のパターンでわかる数的推理
・関野喬のパターンでわかる判断整理
・関野喬のパターンでわかる空間把握・資料解釈

要点まとめ

『一般知識 出るとこチェック』
四六判
- ●知識のチェックや直前期の暗記に最適！
- ●豊富な図表とチェックテストでスピード学習！

・政治・経済
・思想・文学・芸術
・日本史・世界史
・地理
・数学・物理・化学
・生物・地学

記述式対策

『公務員試験論文答案集 専門記述』
A5判
公務員試験研究会
- ●公務員試験（地方上級ほか）の専門記述を攻略するための問題集
- ●過去問と新作問題で出題が予想されるテーマを完全網羅！

・憲法〈第2版〉
・行政法

書籍の正誤に関するご確認とお問合せについて

書籍の記載内容に誤りではないかと思われる箇所がございましたら、以下の手順にてご確認とお問合せをしてくださいますよう、お願い申し上げます。

なお、正誤のお問合せ以外の書籍内容に関する解説および受験指導などは、一切行っておりません。
そのようなお問合せにつきましては、お答えいたしかねますので、あらかじめご了承ください。

1 「Cyber Book Store」にて正誤表を確認する

TAC出版書籍販売サイト「Cyber Book Store」の
トップページ内「正誤表」コーナーにて、正誤表をご確認ください。

CYBER TAC出版書籍販売サイト
BOOK STORE

URL：https://bookstore.tac-school.co.jp/

2 1の正誤表がない、あるいは正誤表に該当箇所の記載がない
⇒ 下記①、②のどちらかの方法で文書にて問合せをする

★ご注意ください★

お電話でのお問合せは、お受けいたしません。
①、②のどちらの方法でも、お問合せの際には、「お名前」とともに、
「対象の書籍名（○級・第○回対策も含む）およびその版数（第○版・○○年度版など）」
「お問合せ該当箇所の頁数と行数」
「誤りと思われる記載」
「正しいとお考えになる記載とその根拠」
を明記してください。
なお、回答までに１週間前後を要する場合もございます。あらかじめご了承ください。

① ウェブページ「Cyber Book Store」内の「お問合せフォーム」より問合せをする

【お問合せフォームアドレス】

https://bookstore.tac-school.co.jp/inquiry/

② メールにより問合せをする

【メール宛先　TAC出版】

syuppan-h@tac-school.co.jp

※土日祝日はお問合せ対応をおこなっておりません。
※正誤のお問合せ対応は、該当書籍の改訂版刊行月末日までといたします。

乱丁・落丁による交換は、該当書籍の改訂版刊行月末日までといたします。なお、書籍の在庫状況等により、お受けできない場合もございます。
また、各種本試験の実施の延期、中止を理由とした本書の返品はお受けいたしません。返金もいたしかねますので、あらかじめご了承くださいますようお願い申し上げます。

（2022年7月現在）